科学家学术成长资料采集工程丛书

国 工 程 院 院 士 传 记

水运人生
刘济舟传

李荣庆　杨林虎◎著

…6 年
…北京

1943 年
保送至天津
工商学院

1948 年
在天津新港
参加工作

1953 年
参加厦门
海堤建设

1959 年
援建越南
海防造船厂

1980 年
任石臼港建设
指挥部总指挥

1982 年
任交通部基本
建设局局长

1988 年
任秦皇岛港煤三期
工程协调组组长

1995 年
当选中国工程院院士

2011 年
逝世于北京

图书在版编目（CIP）数据

水运人生：刘济舟传／李荣庆，杨林虎著．—北京：
中国科学技术出版社，2017.5

（老科学家学术成长资料采集工程丛书．中国工程院
院士传记丛书）

ISBN 978-7-5046-7443-2

I.①水… II.①李… ②杨… III.①刘济舟-传记

IV.① K826.16

中国版本图书馆 CIP 数据核字 (2017) 第 091119 号

责任编辑	李　红
责任校对	杨京华
责任印制	张建农
版式设计	中文天地

出　　版	中国科学技术出版社　上海交通大学出版社
发　　行	中国科学技术出版社发行部
地　　址	北京市海淀区中关村南大街 16 号
邮　　编	100081
发行电话	010-62173865
传　　真	010-62173081
网　　址	http://www.cspbooks.com.cn

开　　本	787mm×1092mm　1/16
字　　数	345 千字
印　　张	22
彩　　插	2
版　　次	2017 年 5 月第 1 版
印　　次	2017 年 5 月第 1 次印刷
印　　刷	北京华联印刷有限公司
书　　号	ISBN 978-7-5046-7443-2 / K · 221
定　　价	90.00 元

老科学家学术成长资料采集工程
领导小组专家委员会

主 任：杜祥琬

委 员：（以姓氏拼音为序）

巴德年　陈佳洱　胡启恒　李振声
齐 让　王礼恒　王春法

老科学家学术成长资料采集工程
丛书组织机构

特邀顾问（以姓氏拼音为序）

樊洪业　方 新　谢克昌

编 委 会

主 编：王春法　张 藜

编 委：（以姓氏拼音为序）

艾素珍　崔宇红　定宜庄　董庆九　郭 哲
韩建民　何素兴　胡化凯　胡宗刚　刘晓勘
罗 晖　吕瑞花　秦德继　王 挺　王扬宗
熊卫民　姚 力　张大庆　张 剑　周德进

编委会办公室

主 任：孟令耘　张利洁

副主任：许 慧　刘佩英

成 员：（以姓氏拼音为序）

董亚峥　冯 勤　高文静　韩 颖　李 梅
刘如溪　罗兴波　沈林苣　田 田　王传超
余 君　张海新　张佳静

老科学家学术成长资料采集工程简介

　　老科学家学术成长资料采集工程（以下简称"采集工程"）是根据国务院领导同志的指示精神，由国家科教领导小组于 2010 年正式启动，中国科协牵头，联合中组部、教育部、科技部、工信部、财政部、文化部、国资委、解放军总政治部、中国科学院、中国工程院、国家自然科学基金委员会等 11 部委共同实施的一项抢救性工程，旨在通过实物采集、口述访谈、录音录像等方法，把反映老科学家学术成长历程的关键事件、重要节点、师承关系等各方面的资料保存下来，为深入研究科技人才成长规律，宣传优秀科技人物提供第一手资料和原始素材。

　　采集工程是一项开创性工作。为确保采集工作规范科学，启动之初即成立了由中国科协主要领导任组长、12 个部委分管领导任成员的领导小组，负责采集工程的宏观指导和重要政策措施制定，同时成立领导小组专家委员会负责采集原则确定、采集名单审定和学术咨询，委托科学史学者承担学术指导与组织工作，建立专门的馆藏基地确保采集资料的永久性收藏和提供使用，并研究制定了《采集工作流程》《采集工作规范》等一系列基础文件，作为采集人员的工作指南。截至 2016 年 6 月，已启动 400 多位老科学家的学术成长资料采集工作，获得手稿、书信等实物原件资料 73968 件，数字化资料 178326 件，视频资料 4037 小时，音频资料 4963 小时，具有重要的史料价值。

采集工程的成果目前主要有三种体现形式，一是建设"中国科学家博物馆网络版"，提供学术研究和弘扬科学精神、宣传科学家之用；二是编辑制作科学家专题资料片系列，以视频形式播出；三是研究撰写客观反映老科学家学术成长经历的研究报告，以学术传记的形式，与中国科学院、中国工程院联合出版。随着采集工程的不断拓展和深入，将有更多形式的采集成果问世，为社会公众了解老科学家的感人事迹，探索科技人才成长规律，研究中国科技事业的发展历程提供客观翔实的史料支撑。

总序一

中国科学技术协会主席　韩启德

　　老科学家是共和国建设的重要参与者，也是新中国科技发展历史的亲历者和见证者，他们的学术成长历程生动反映了近现代中国科技事业与科技教育的进展，本身就是新中国科技发展历史的重要组成部分。针对近年来老科学家相继辞世、学术成长资料大量散失的突出问题，中国科协于2009年向国务院提出抢救老科学家学术成长资料的建议，受到国务院领导同志的高度重视和充分肯定，并明确责成中国科协牵头，联合相关部门共同组织实施。根据国务院批复的《老科学家学术成长资料采集工程实施方案》，中国科协联合中组部、教育部、科技部、工业和信息化部、财政部、文化部、国资委、解放军总政治部、中国科学院、中国工程院、国家自然科学基金委员会等11部委共同组成领导小组，从2010年开始组织实施老科学家学术成长资料采集工程。

　　老科学家学术成长资料采集是一项系统工程，通过文献与口述资料的搜集和整理、录音录像、实物采集等形式，把反映老科学家求学历程、师承关系、科研活动、学术成就等学术成长中关键节点和重要事件的口述资料、实物资料和音像资料完整系统地保存下来，对于充实新中国科技发展的历史文献，理清我国科技界学术传承脉络，探索我国科技发展规律和科技人才成长规律，弘扬我国科技工作者求真务实、无私奉献的精神，在全社会营造爱科学、学科学、用科学的良好氛围，是一件很有意义的事情。采集工程把重点放在年龄在 80 岁以上、学术成长经历丰富的两院院士，以及虽然不是两院院士、但在我国科技事业发展中作出突出贡献的老科技工作者，充分体现了党和国家对老科学家的关心和爱护。

自 2010 年启动实施以来，采集工程以对历史负责、对国家负责、对科技事业负责的精神，开展了一系列工作，获得大量反映老科学家学术成长历程的文字资料、实物资料和音视频资料，其中有一些资料具有很高的史料价值和学术价值，弥足珍贵。

以传记丛书的形式把采集工程的成果展现给社会公众，是采集工程的目标之一，也是社会各界的共同期待。在我看来，这些传记丛书大都是在充分挖掘档案和书信等各种文献资料、与口述访谈相互印证校核、严密考证的基础之上形成的，内中还有许多很有价值的照片、手稿影印件等珍贵图片，基本做到了图文并茂，语言生动，既体现了历史的鲜活，又立体化地刻画了人物，较好地实现了真实性、专业性、可读性的有机统一。通过这套传记丛书，学者能够获得更加丰富扎实的文献依据，公众能够更加系统深入地了解老一辈科学家的成就、贡献、经历和品格，青少年可以更真实地了解科学家、了解科技活动，进而充分激发对科学家职业的浓厚兴趣。

借此机会，向所有接受采集的老科学家及其亲属朋友，向参与采集工程的工作人员和单位，表示衷心感谢。真诚希望这套丛书能够得到学术界的认可和读者的喜爱，希望采集工程能够得到更广泛的关注和支持。我期待并相信，随着时间的流逝，采集工程的成果将以更加丰富多样的形式呈现给社会公众，采集工程的意义也将越来越彰显于天下。

是为序。

总序二

中国科学院院长　白春礼

　　由国家科教领导小组直接启动，中国科学技术协会和中国科学院等 12
个部门和单位共同组织实施的老科学家学术成长资料采集工程，是国务院
交办的一项重要任务，也是中国科技界的一件大事。值此采集工程传记丛
书出版之际，我向采集工程的顺利实施表示热烈祝贺，向参与采集工程的
老科学家和工作人员表示衷心感谢！

　　按照国务院批准实施的《老科学家学术成长资料采集工程实施方案》，
开展这一工作的主要目的就是要通过录音录像、实物采集等多种方式，把
反映老科学家学术成长历史的重要资料保存下来，丰富新中国科技发展的
历史资料，推动形成新中国的学术传统，激发科技工作者的创新热情和创
造活力，在全社会营造爱科学、学科学、用科学的良好氛围。通过实施采
集工程，系统搜集、整理反映这些老科学家学术成长历程的关键事件、重
要节点、学术传承关系等的各类文献、实物和音视频资料，并结合不同时
期的社会发展和国际相关学科领域的发展背景加以梳理和研究，不仅有利
于深入了解新中国科学发展的进程特别是老科学家所在学科的发展脉络，
而且有利于发现老科学家成长成才中的关键人物、关键事件、关键因素，
探索和把握高层次人才培养规律和创新人才成长规律，更有利于理清我国
科技界学术传承脉络，深入了解我国科学传统的形成过程，在全社会范

围内宣传弘扬老科学家的科学思想、卓越贡献和高尚品质，推动社会主义科学文化和创新文化建设。从这个意义上说，采集工程不仅是一项文化工程，更是一项严肃认真的学术建设工作。

中国科学院是科技事业的国家队，也是凝聚和团结广大院士的大家庭。早在1955年，中国科学院选举产生了第一批学部委员，1993年国务院决定中国科学院学部委员改称中国科学院院士。半个多世纪以来，从学部委员到院士，经历了一个艰难的制度化进程，在我国科学事业发展史上书写了浓墨重彩的一笔。在目前已接受采集的老科学家中，有很大一部分即是上个世纪80、90年代当选的中国科学院学部委员、院士，其中既有学科领域的奠基人和开拓者，也有作出过重大科学成就的著名科学家，更有毕生在专门学科领域默默耕耘的一流学者。作为声誉卓著的学术带头人，他们以发展科技、服务国家、造福人民为己任，求真务实、开拓创新，为我国经济建设、社会发展、科技进步和国家安全作出了重要贡献；作为杰出的科学教育家，他们着力培养、大力提携青年人才，在弘扬科学精神、倡树科学理念方面书写了可歌可泣的光辉篇章。他们的学术成就和成长经历既是新中国科技发展的一个缩影，也是国家和社会的宝贵财富。通过采集工程为老科学家树碑立传，不仅对老科学家们的成就和贡献是一份肯定和安慰，也使我们多年的夙愿得偿！

鲁迅说过，"跨过那站着的前人"。过去的辉煌历史是老一辈科学家铸就的，新的历史篇章需要我们来谱写。衷心希望广大科技工作者能够通过"采集工程"的这套老科学家传记丛书和院士丛书等类似著作，深入具体地了解和学习老一辈科学家学术成长历程中的感人事迹和优秀品质；继承和弘扬老一辈科学家求真务实、勇于创新的科学精神，不畏艰险、勇攀高峰的探索精神，团结协作、淡泊名利的团队精神，报效祖国、服务社会的奉献精神，在推动科技发展和创新型国家建设的广阔道路上取得更辉煌的成绩。

总序三

中国工程院院长 周 济

由中国科协联合相关部门共同组织实施的老科学家学术成长资料采集工程，是一项经国务院批准开展的弘扬老一辈科技专家崇高精神、加强科学道德建设的重要工作，也是我国科技界的共同责任。中国工程院作为采集工程领导小组的成员单位，能够直接参与此项工作，深感责任重大、意义非凡。

在新的历史时期，科学技术作为第一生产力，已经日益成为经济社会发展的主要驱动力。科技工作者作为先进生产力的开拓者和先进文化的传播者，在推动科学技术进步和科技事业发展方面发挥着关键的决定的作用。

新中国成立以来，特别是改革开放30多年来，我们国家的工程科技取得了伟大的历史性成就，为祖国的现代化事业作出了巨大的历史性贡献。两弹一星、三峡工程、高速铁路、载人航天、杂交水稻、载人深潜、超级计算机……一项项重大工程为社会主义事业的蓬勃发展和祖国富强书写了浓墨重彩的篇章。

这些伟大的重大工程成就，凝聚和倾注了以钱学森、朱光亚、周光召、侯祥麟、袁隆平等为代表的一代又一代科技专家们的心血和智慧。他们克服重重困难，攻克无数技术难关，潜心开展科技研究，致力推动创新发展，为实现我国工程科技水平大幅提升和国家综合实力显著增强作出了杰出贡献。他们热爱祖国，忠于人民，自觉把个人事业融入到国家建设大局之中，为实现国家富强而不断奋斗；他们求真务实，勇于创新，用科技为中华民族的伟大复兴铸就了辉煌；他们治学严谨，鞠躬尽瘁，具有崇高的科学精神和科学道德，是我们后代学习的楷模。科学家们的一生是一本珍贵的教科书，他们坚定的理想信念和淡泊名利的崇高品格是中华民族自强不息精神的宝贵财富，永远值得后人铭记和敬仰。

通过实施采集工程，把反映老科学家学术成长经历的重要文字资料、实物资料和音像资料保存下来，把他们卓越的技术成就和可贵的精神品质记录下来，并编辑出版他们的学术传记，对于进一步宣传他们为我国科技发展和民族进步作出的不朽功勋，引导青年科技工作者学习继承他们的可贵精神和优秀品质，不断攀登世界科技高峰，推动在全社会弘扬科学精神，营造爱科学、讲科学、学科学、用科学的良好氛围，无疑有着十分重要的意义。

中国工程院是我国工程科技界的最高荣誉性、咨询性学术机构，集中了一大批成就卓著、德高望重的老科技专家。以各种形式把他们的学术成长经历留存下来，为后人提供启迪，为社会提供借鉴，为共和国的科技发展留下一份珍贵资料。这是我们的愿望和责任，也是科技界和全社会的共同期待。

周济

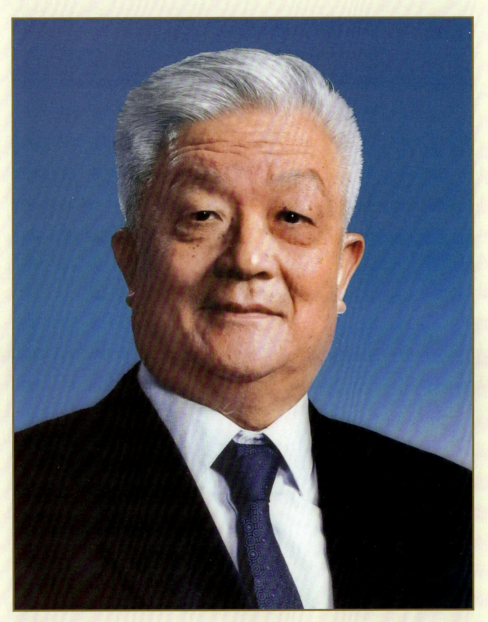

刘济舟

2014 年 5 月 14 日，采集小组在日照港集团有限公司进行资料采集

2014 年 8 月 15 日，采集小组成员在厦门海堤纪念馆与厦门海堤建设者们合影
（后排右起：杨林虎，刘樱；前排右起：叶式珍、胡震雷、吴冠英、李荣庆）

序

　　《水运人生　刘济舟传》一书，作者通过对大量资料进行科学、系统的分析与整理，深刻而真实地再现了刘济舟院士一生工作、生活和思想成长的情况，读后深感在眼前仿佛重演了他的一生。

　　刘济舟院士大学毕业后即到天津新港参加工程建设，这也是新中国水运事业的发源地，被称为新中国水运事业的摇篮。就是从那里开始了他六十余年的水运工程职业生涯。

　　刘济舟院士是从施工基层干起的，他把一生都奉献给了水运事业。厦门海堤建设期间，他成功主持了新中国第一座沉箱的预制和安装，保证了当时交通和战事的需要。作为我国援外建设先行者，在援越工程建设中，他在国外一待就是五年，将在国内的预应力技术成功应用于海防造船厂工程中，大大节省了工程造价，加快了工期，提升了工程品质。从本传记中可清晰地看出，无论是在国内工程，还是在援外工程中，他虽已是技术方面的主管，但经常与工人们一起劳动，深入建设一线。丰富的基层实践经历和扎实的理论基础为他解决重大工程技术问题打下了坚实的基础。

　　在走上行业领导岗位后，刘济舟院士先后主管了援外工程和我国水运工程建设的技术与行政管理。在马耳他 30 万吨级干船坞、宁波港北仑港区矿石码头、石臼港煤码头、秦皇岛港煤三期码头等大型工程建设中都做出了突出贡献。他组织并主持了沿海各港选址、规划论证、可行性研究、初步设计及审定等重要工作，制定了我国港口发展建设的蓝图。全国大部分海港和内河港，都先后留下他的足迹和汗水，他以高度的责任心不断追求科技进步，力求使工程建设做到又快又省。刘济舟院士主持建设和参与决策的国家重点工程，不仅直接创造了巨大的经济效益和社会效益，也进一步推动了水运工程学科水平的发展。

结合大规模的水运工程建设实践，刘济舟院士不断推动我国建港理论技术水平提升和工程技术标准化的发展。他主持完成了我国第一套完整的港口建设技术规范，奠定了我国水运工程建设标准的基础。在国际上出现结构可靠度设计理念后，他又积极推动我国港口工程结构设计规范向可靠度设计的转变，使港口工程结构设计标准与国际接轨，并带动了相关领域的研究。我国目前健全、合理的水运工程标准体系与刘济舟院士在标准管理方面的贡献是分不开的。

刘济舟院士是我国水运工程领域的技术权威，把自己的一生毫无保留地献给了中国的水运建设事业。他一生信念坚定，务实敬业，勤于实践，推崇新技术，重视人才培养，六十余年来，对于我国水运工程建设和学科发展，他功不可没，作出了卓越贡献，是大家敬仰和学习的楷模。

谢世楞

2017年5月

目 录

图片目录

导　言

　　刘济舟 1926 年出生在一个书香门第，母亲曾创立天津私立培育小学并任校长。刘济舟自幼立志学习工程，1943 年保送至天津工商学院土木系。1947 年大学毕业，社会动荡不安，刘济舟谢绝了哥哥、系主任同去台湾的盛邀，留在内地，不久迎来了新中国的成立。1950 年加入中国新民主主义青年团，1952 年加入中国共产党。而后，伴随着中国水运工程建设的兴起，刘济舟上下求索，广博撷取，终成一代宗师。历任交通部基建局副总工程师，交通部基建局副局长、局长、总工程师，1995 年当选为中国工程院院士。刘济舟为中国水运工程建设和水运工程学科水平整体提升做出了重要贡献。

　　刘济舟大学毕业后到天津新港工作，从事测验研究波力与防波堤施工工作，获得了新港比较可靠的波力与波向资料。那时，在中国大学里还没有设置专门的港口工程专业。1953 年，刘济舟作为技术骨干赴北京参加苏联首席专家沙什可夫举办的港口工程技术研究班，全面学习苏联的港口建筑物设计施工先进经验，开始系统研究码头与防波堤的设计与施工，从此对筑港工程产生了深厚的感情。

　　1953 年 10 月 26 日，因国家建设需要，交通部航务工程总局和筑港工程局等单位组成"中央技术小组"奔赴厦门，刘济舟任小组政治指导员。

期间参加厦门海堤的设计，完成了波浪资料的计算与分析、堤身断面与堤顶布置的设计。1954年1月16日，因出色的工作能力，刘济舟被任命为厦门海堤第一工区沉箱工程队主管工程师，主管厦门海堤两个510吨沉箱的预制与安装，这是新中国第一座沉箱结构。施工中首次采用了水下爆夯新技术，该技术后被编入中华人民共和国行业标准《重力式码头设计与施工规范》中。

1955年11月，刘济舟返回北京，留在交通部航务工程总局，从事与"军工"项目有关的工作。1957年，组织了我国第一次码头工程预应力混凝土桩试制，成功试制了45厘米×45厘米×（19.2—24.7）米先张法预应力钢筋混凝土桩，并迅速得到推广应用。之后，经历了短暂的设计院工作，1959年4月11日，任援越南海防造船厂中国专家组成员、水工专业组工程师、党支部组织委员，参加援越南海防造船厂建设。1960年，任援越南海防造船厂中国专家组副组长、水工专业组组长，具体负责海防造船厂水工工程的施工，将在国内预应力混凝土桩的研究成果应用在援越工程中，大大节省了工程造价，提高了结构耐久性。因其出色的表现，获越南二级劳动勋章和中国援外特等奖。1964年9月自越南回国后，任交通部基建司主任工程师，逐渐走上交通部领导岗位。1964—1973年，刘济舟主管援外工程，负责了水运工程方面所有援外工程的谈判、设计方案的确定和工程管理，多次赴国外修改设计，解决关键技术问题。

1973年，在周总理"三年改变港口面貌"的指示下，我国迎来了第一次建港高潮。同年2月，刘济舟任交通部水运基建局副局长，负责我国水运工程建设的技术管理和有关行政管理工作。这期间，刘济舟组织并主持了沿海各港的选址、规划论证、可行性研究、初步设计及审定等重要工作。对于建设技术难度较大的工程，刘济舟亲自审定，并提出新的思路。在这3年期间，我国港口建设确定了"北方沿海以天津港和大连港为中心，相应地建设秦皇岛港和烟台港；华东沿海以上海港为中心，加强建设连云港和宁波港；华南沿海以黄埔港为中心，积极建设湛江港；同时，逐步展开闽、浙、桂三省区和长江下游新的港口布局"的指导方针。

"三年大建港"任务完成后，国家强调港口建设就要这样继续抓下去。

为汲取先进国家的建港经验，刘济舟多次赴国外考察，并结合中国实际，推动水运建设技术的发展。这时期，刘济舟已经是具有丰富学识和经验的筑港专家和技术权威，他深知港口建设是造福子孙后代的重要事业，也是需要耗费大量资金的工程。因此，他不断以高度的责任心追求科技进步，力求使工程建设做到又快又省，注意结合大规模的港口建设实践，推动建港理论技术水平的提升。为了提高行业学术水平，创建技术交流平台，刘济舟于1975年组织创立了《水运工程》学术期刊。

从1973年开始，刘济舟主持了我国第一批水运工程技术标准的制定，并根据水运工程技术发展不断修订，1987年完成了我国第一套完整的港口建设技术规范。此后，刘济舟主持制定了水运工程标准规范工作10年目标。在国际上出现结构可靠度设计理念后，他积极推动港口工程结构设计规范向可靠度设计的转轨，组织开展了大量的专题研究，于1992年完成《港口工程结构可靠度设计统一标准》，使我国的港口工程结构设计标准与国际接轨，并带动了港口工程结构可靠度设计理论与应用的研究热潮。

1980—1986年，刘济舟任石臼港（今日照港）煤码头建设总指挥。其间，组织领导技术攻关，真空预压软基加固、预应力大管桩、爆炸法施工等成果均达到了国内先进水平。不仅直接创造了巨大的经济效益和社会效益，也进一步推动了水运工程学科水平的发展。

1988年，秦皇岛煤三期工程建设中，面对德商破产的困境，交通部成立了三期煤码头工程协调领导小组。刘济舟不顾年逾花甲，勇挑重担，担任协调领导小组组长，奔赴工地现场协调解决有关技术难题。刘济舟凭借多年来形成的出色组织协调能力和现代化的工程管理水平，常驻现场两年有余，组织建成了这一当时国内最大、技术复杂、具有国际先进水平的煤码头。

1990年，为总结水运工程建设的技术成果和经验教训，充分利用这些宝贵的财富，刘济舟发起了《水运工程技术四十年》的编写工作。他计划通过这部《水运工程技术四十年》的编写，全面介绍我国水运工程开发与采用新技术、新工艺、新结构和新材料的历程，结合工程实例，突出各个时期有代表性的、有特色的和关键性的技术成果，为今后工程建设提供宝贵的经验。《水运工程技术四十年》的出版，对我国水运工程建设的发展产生了深远的影响和推动作用。

1995年，刘济舟当选为中国工程院院士。而后，在干船坞湿法施工技术、江阴大桥、三峡工程、唐山港建设和长江口深水航道治理等工程中又做出了许多重要贡献。

本次采集工作是对刘济舟学术成长历程首次进行系统的梳理，借鉴历史学的研究方法，通过实地调研、口述访谈、档案查询、文献分析等多种途径，力求真实而立体地展现刘济舟的学术成长过程和技术贡献。

2013年8月，刘济舟学术成长资料采集工程任务下达时，刘济舟已经离开我们两年了，他留下的资料不多，而且以前没有相关的传记，给采集工作带来了巨大困难。由于种种原因，至2014年3月，采集工作尚未有实质性进展。2014年3月底，在项目承担单位中交水运规划设计院领导的重视和安排下，重新调整采集小组成员开展此项工作。采集小组制定了详细的项目工作大纲，据以展开了目标明晰、有针对性的工作。

面对本项目刘济舟本人离世、所留资料少、以前并无传记等种种困难，采集小组首先开展了大量的访谈工作。根据采集到的第一份资料《中国工程院院士提名书》，大致了解了刘济舟在评选院士之前对中国水运工程建设所做出的贡献，对学术成长阶段进行了初步梳理。然后根据不同阶段，确定访谈人，详细了解刘济舟的学术成长和贡献。第一阶段访谈结束后，刘济舟学术成长路线逐渐清晰，采集小组又拟定了研究报告提纲。继而主要针对采集中遇到的在认识刘济舟学术成长路线中的疑问和不确定性问题开展了第二阶段的采访。根据口述访谈资料，丰富了刘济舟的学术成长和技术贡献内容。

在访谈的同时，进行了实地调研及档案查询工作。先后在中国工程院、中交水运规划设计院、唐山港口实业集团有限公司等10几个单位进行了资料采集工作，尽最大努力获得了关于刘济舟的相关档案资料。

在边访谈、边调研的同时，及时对资料进行研读、分析，整理资料长编。在基本完成工作阶段的资料长编后，又开始了刘济舟学生阶段资料的采集。因刘济舟就读的小学、中学和大学的校名如今已经不复存在，采集小组在查阅了相关文史资料和地方志后，除就读的私立培植小学、树德小学和培才小学仍找不到有关线索外，确定了天津工商附中后来演变为天津市实验中学，天津工商学院与如今的天津外国语大学、天津大学和河北大学有着历史渊源。

随即，采集小组设法联系上了天津实验中学正在研究校史的史巧玲老师，史老师得知刘济舟为学校校友后，分外高兴，及时向校领导进行了汇报，校方十分重视，请史老师协助采集小组搜索刘济舟在中学时的资料。由于大学阶段历史演变比较复杂，采集小组首先搜集并学习了《河北大学史》《踞枌津之阳：天津工商大学》等有关文献，后又联系到曾拜访过刘济舟的河北大学吕志毅教授，向吕教授了解当年采访时的情况。

取得这些进展后，采集小组先后去天津实验中学、天津外国语学院和河北大学调研。在天津实验中学，采集到刘济舟中学毕业照、毕业纪念册、初三年级成绩单和《天津市实验中学八十五周年校庆纪念文集》；在天津外国语学院，走访了当年刘济舟的求学地；在河北大学，采集到刘济舟大学毕业纪念册。这些宝贵资料对于研究刘济舟求学背景具有重要意义。

由于刘济舟著作和论文不多，采集小组收集了大量与刘济舟有关的技术文献和文史资料。通过对他的著作、论文、技术文献和档案资料的研读、分析，对口述访谈中的内容进行考证，将中国水运建设技术史的发展与刘济舟的学术成长、技术贡献相结合，开始了传记的撰写。

在刘济舟家人以及多家单位的帮助下，采集小组尽力收集了刘济舟生前的有关资料，包括：

工作日志。刘济舟自工作起就一直保持记日志的习惯。他在参加任何工程现场调研的过程中，都会时刻拿着笔记本和笔，随时记录下有效信息。家中写字台对面的墙上，挂了一排牛皮纸的记录本，里面记录了所有的工程经验，以及与此有关的国内外情况和自己的看法。在有些工程问题上，他还配上精心绘制的草图。令人遗憾的是，在几次搬家过程中，这些珍贵的工作日志所剩不多。

图纸。虽然走访了与刘济舟有关的多家单位后采集到的图纸类资料并不多，但这些资料颇显珍贵。其中包括他1955年签署的厦门海堤沉箱竣工图纸，1980年左右手绘的石臼所地图等。

照片。在采集到的照片中，大多是由他精心分类、剪辑并写下图注，其中还包括由他亲自拍摄、亲手洗出来的工程照片。比如新中国成立前的塘沽新港防波堤、六米码头、新港船坞工程建设照片；19世纪50年代参加厦门海堤建设时的照片；19世纪60年代援助越南海防造船厂、援助缅甸建设时的照片，年过古稀之年仍到艰苦的工程现场指挥的照片等。在社会活动类照片中，包括1978年与荷兰贝娅特丽克丝公主等人的合影、与国家领导人在工程现场调研时的合影等。这些都为研究中国水运事业的发展史以及中国援外工作提供了弥足珍贵的史料。

著作。刘济舟的代表著作为《水运工程技术四十年》。参加编写这部巨著的执笔者达504人。55个单位、300余位工程技术人员、专家、教授参与了组稿、审稿和联系工作，历时四年半，征集稿件586篇。刘济舟为这部著作倾注了诸多心血。他从所有稿件中精选了490余篇，而且对每一篇都做了精心编辑。他负责纲要的编写，对全部稿件进行了审查、修改、补充和编辑，编写了部分篇章的综述，使这部160万字的著作生动地展现了40年来我国水运建设事业蓬勃发展的面貌，对我国水运工程建设的发展产生了深远的影响和推动作用。

证书。证书类包括刘济舟1947年在天津工商学院的毕业证书，1981年国务院科学技术干部局颁发的高级工程师证书，1982年交通部基本建设局局长任命书，1986年获石臼港建设一等功立功证，1995年当选中国工程院院士证书等。

刘济舟院士的著作和论文并不多，但他紧密结合工程实践，浇筑了一座座精品工程，引领中国水运工程建设技术不断向前发展。他一生到过30个国家进行技术考察，在国外工作近8年；全国34座大中型海港，长江、珠江几十座河港，先后都留下他的足迹与汗水。在建港生涯中，他甚至险些付出生命。正如他在84岁时的日记中所述："这些将是留在地球上永远的痕迹，这也是我留给祖国的点点奉献。"

本传记共十二章，以时间为主线，突出典型事例，把刘济舟一生学术成长的关键环节以及将毕生精力奉献于水运工程所取得的重要成就比较系统地记录下来，力求使研究报告既有史料性，又有思想性和可读性。

第一章叙述刘济舟的家庭背景和中学时光，吃苦坚忍性格的形成；第二章叙述刘济舟大学时代，奠定专业基础，培养了良好的学习习惯；第三章叙述刘济舟从大学毕业，走上工作岗位后，系统学习苏联经验，南口采石、南京港抢险、逐步接受并坚定共产主义思想，并钟情水运工程这一段时光；第四章讲述刘济舟炮火中修建厦门海堤的情况，主持了新中国第一座沉箱结构的施工；第五章讲述他首次试制预应力混凝土构件，参加援助越南船厂建设，走上交通部领导岗位后，主持援外工程的历程；第六章描述周恩来总理发出"三年改变港口面貌"号召后，他承担沿海各港建设任务，推进中国水运技术水平提升的过程；第七章叙述刘济舟在主持国家"六五"重点工程——石臼港10万吨级煤码头建设中做出的贡献和技术创新；第八章论述他在推进中国水运建设标准体系建设和科技攻关计划中做出的贡献；第九章描述他在协调秦皇岛煤三期工程、主编《水运工程技术四十年》、当选中国工程院院士、任交通部终身技术顾问期间的贡献；第十章描述刘济舟在指导唐山港建设过程中解决的技术难题；第十一章叙述刘济舟在长江口深水航道治理工程中的贡献，从工程论证、规划、设计、施工等环节，全面参与指导工程实施和技术创新；第十二章叙述其家庭生活、社会活动、人生信仰等内容。结语部分分析了刘济舟学术成长的特点和取得成就的原因。附录一为刘济舟年表；附录二为刘济舟主要论著。

本传记导言、第一章至第九章、第十二章、结语和后记由李荣庆完成，第十章和第十一章由杨林虎完成，最后由李荣庆统稿。中交水运规划设计院吴澎总工程师对报告进行了校审。传记初稿完成后，分别请交通运输部有关专家做了审阅，在技术方面进行把关，以保证传记的编写质量。

第一章
津门求学

刘济舟出生于一个书香门第，幼年时生活比较富裕。1937 年 9 月，考入天津市工商学院附属中学，就读 1—6 年级。1939 年父亲去世后，起初较殷实的家庭条件逐渐变得拮据起来。这一阶段，刘济舟时常自勉，立志于工程以求自立，加上母亲的影响，逐步形成了一种吃苦坚忍的精神。

书 香 门 第

刘济舟的祖父（？—1943）是贫苦读书人出身，信了基督教后，同美国传教士一起在冀东昌黎县附近传教，不久就当了牧师。祖父原居滦县城外，因闹大水冲了房子，又加上义和团起义，就带着一家人跑到昌黎居住，祖父是在宗教内部比较有威信的人。

刘济舟的父亲刘深恩（1888—1939）兄弟五人，刘深恩排行老三。幼年家中很贫苦，都是教会免费供他上学。中学毕业后，刘深恩考入教会在北京办的神学院。1920 年，由教会送到美国的西北大学研究神学，1924 年

图1-1　刘济舟的祖父曾经传教的昌黎基督教堂（2007年8月刘军摄）

图1-2　出生不久的刘济舟与母亲王哲希（资料来源：刘樱提供）

获得硕士学位后回国，在北京亚斯立堂①做牧师，并任汇文神学院教务主任。后来，刘深恩与王哲希（1900—1988）结婚。婚后经济不富裕，生活难以维持，于是刘深恩来到天津，在德商美最时洋行任华账房副理，王哲希则在天津基督教女青年会当董事兼义务小学教师。生活好起来，每月平均收入400元左右。刘深恩自幼是由教会培养，虽然到天津改为经商，但在教会内仍称他是牧师，并且也有时讲道，在教会里还兼执事长。

刘济舟于1926年7月20日（农历六月十一日）在北京出生。刘济舟的童年时期，生活是比较富裕的。因全家人都信基督教，他自满月的时候就在北京亚斯立堂领了洗。1931年9月，五周岁的刘济舟在天津培植小学就读一年级，到四年级下半年时，转到树德小学短期就读。1935年9月，因迁居转入基督教办的天津私立培才小学就读高小一、二年级。1937年小学毕业，考入法国天主教会主办的天津工商学院附属中学。

刘济舟幼年时虽不相信宗教，

———————————

①　今北京崇文门基督教堂。

但受家庭环境影响，时常去做礼拜。自升入中学后，认识了一些自然科学，礼拜也就不常去了。因此，教会里没有他的名字，不算正式教徒，教堂的记名入教会他也没有做过。

1936 年，母亲王哲希在天津女青年会的帮助下，由义务小学分出部分学生和教师，创办私立培育小学[①]，并任该校校长。最初校址设在河北路女青年会内，后迁至河西区青鸣台河北大学宿舍附近，随后，又改迁到马场道志达中学（现财经学院分校）对面的一座小楼内。培育小学初办时规模并不大，共有六个班，200多名学生，教职工 12人，但师资力量较强，教学质量也较高，曾成为当时天津两所私立名校之一。

图 1-3　王哲希在基督教女青年会义务小学教学时的师生合影（资料来源：天津市新华南路小学人事科提供）

图 1-4　今天津市和平区新华南路小学（2014 年 11 月 28日杨林虎摄）

1939 年，刘济舟 13周岁时，父亲刘深恩因患高血压，前后三次反复出现半身不遂症状，最后因脑出血去世，家中只剩母亲与刘济舟兄弟三人[②]。此前的三年间，刘深恩每天不离医生和用药，到

---

① 今天津市和平区新华南路小学。

② 弟，刘济航（1927-2010）；同父异母兄，刘济华（1914-1992）。

去世时，家中积蓄已所剩无几①。

刘深恩在世时，经常有教会的人请他做执事长，家中尚较富裕。刘深恩去世后，家人同教会的关系也逐渐疏远，直到新中国成立后完全断绝②。

父亲的去世对刘济舟是个沉重的打击。自那时起，家中生活变得颇为清苦，兄弟们完全靠母亲养活。母亲好强，独自坚强地挑起了生活的重担。受母亲影响，刘济舟逐步形成了一种坚忍吃苦、自立、自强的精神。

就读天津工商附中

1937 年 9 月，刘济舟考入天津市工商学院附属中学（以下简称天津工商附中）③，开始了中学阶段的学习。在工商附中就读时期是刘济舟增长知识，开始树立人生观的黄金时期。

天津工商附中的校史记载："一九三七年，事变勃发，我校独排巨难，得开学如平日。翌年，各地以兵燹之余，失学者多来吾校，乃广增学额，开辟班级。名师英秀，戮力同心。校务呈一日千里之势，扶摇直上。犹霜雪松柏，首届于津市，时院务长为尚建勋司铎也。"可见，天津工商附中能在日军炮火的影响下"独排巨难，开学如平日"实属可贵。这也正是天津工商附

图 1-5　天津工商附中旧景（资料来源：天津市实验中学史巧玲提供）

----

① 《刘济舟自传》。存于交通运输部人教司。
② 《刘济舟团训班总结》。存于交通运输部人教司。
③ 今天津市实验中学。

中在战乱年代"校务呈一日千里之势"的主要原因。

天津工商附中是由法国天主教创办的私立学校，校内各部门均由天主教神甫担任负责人。其前身为工商大学预科，与大

图1-6　今天津市实验中学（2014年11月28日杨林虎摄）

学部在马场道连成一片，是为普通中学毕业生能升入工商大学做好准备的，根据专业性很强的工商大学的特点，为学生补习法文、数学等专业知识，同时淘汰部分达不到要求的学生，为工商大学本科输送优秀人才[1]。它是规模最气派、校园最漂亮、设备最齐全的教会学校，为天津名校之一。我国著名红学家周汝昌于1939年暑假前夕由天津工商附中毕业。他回忆当时工商附中的情形是："工商学院设在天津马场道，校舍建筑很引人瞩目，最高的是顶部的大钟，很神气。附中则在校园的西端，是平房，教室也很敞亮。但我是高中插班生，高三的教室和宿舍却不在西边，是属于'学院部'了。一切设备，都相当高级，胜过了南开大学。高三的一切条件、待遇实际上是与大学的规格毫无分别了。晚晌自修的图书馆灯明地敞，学子自己用功，无人督促。宿舍每室四人，相处和睦。教师很严谨，水平也高。我心里有比较：绝不逊于南开，或有过之，英文刘老师，数学周老师，都负盛誉而孚众望，余者亦不稍弱。"[2]

《工商附中校歌》词曰："皇哉工商，柝津之阳，背负京阙面对重洋。故物新知，文化播扬，南英北骏荟萃一堂。实事求是，校训深长，德智体群日就月将。任重道远，恢维宏纲，咨尔多士为国争光。"

---

① 工商附中时期办学特色。见：《天涯桃李报春晖——天津市实验中学八十五周年校庆纪念文集》。内部资料，2008年，第4-5页。

② 周汝昌：高中母校忆当年。见：《天涯桃李报春晖——天津市实验中学八十五周年校庆纪念文集》。内部资料，2008年，第44-46页。

　　天津工商附中的校训取"实事求是"古训。"实事求是"成语最早见于《汉书·河间献王传》，意为"根据实证，求索真知"。后晚清学者梁启超在《论中国学术思想变迁之大势》一文中云："本朝学者以实事求是为学鹄，颇饶有科学的精神。"可见，"实事求是"即为按照事物的实际情况求索真知，科学务实，这一校训实验中学一直沿用到现在。从刘济舟在后来工作中求真务实的作风中可以看出，工商附中校训对其影响很大。

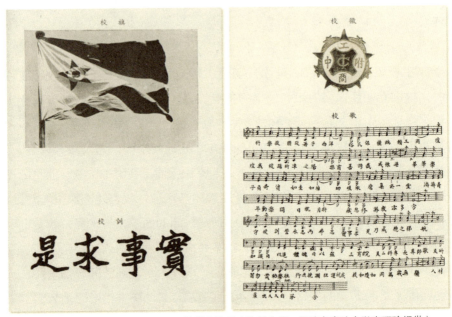

图1-7　天津工商附中的校旗、校训、校徽和校歌（资料来源：天津市实验中学史巧玲提供）

　　天津工商附中的校务由神父管理，管教特别严格，在当时比较有名。[①]学校管得严，主要是对学生的学习要求高，这也是其能成为津门名校的重要原因。学校对预科教学非常重视，教学过程中重视平时考核和综合评定，考试体系完整、规则明确。

　　工商附中有"三宗宝"："记过、得零、星期考"。其中以星期考最有

　　①　商志安：工商附中的教学管理。见：《天涯桃李报春晖——天津市实验中学八十五周年校庆纪念文集》。内部资料，2008年，第50-52页。

特色，而且其他两件"宝"都和"考"有密切关联①。礼拜一到礼拜六都是8堂课，每个礼拜的第一堂课全校都要考试。"星期考"是一项教学制度。全校学生每星期要考一门。但是，考哪一门课，却不知道。等考试卷子发下来，才知道今天考什么。这就促使学生要经常复习，努力把各门功课都牢记在心。不然，考不及格是难免的。"星期考"在学期成绩中占相当比例。而学业成绩直接决定升、留级，弄不好还可能被开除。所以对星期考大家都很重视。

这种法国式的考试制度，新中国成立前天津市的中学唯有工商附中实施。这种考试制度，要求学生上课时要专心听讲，下课后要按时作业。做到及时消化理解，经常复习巩固，以免"星期考"时捉襟见肘。

学校对学生课堂纪律要求严格。每位教师都有在所任班级的学生座次表，课上谁违反纪律，用表对照马上可以直呼其名，或当面告诫，或作个符号，扣操行分。不但教师有学生座次表，学生管理部门的职员也有各班座次表。他们经常在走廊巡视各班教室。每个教室后面都有一扇门上有透明的玻璃窗，职员巡视中，透过窗户发现学生违反课堂纪律，就可以对照座次表查出他的姓名，扣他的操行分，到学期末，操行不及格的就要留级或被开除。

教务处对所有课程、考试、化学试验、物理试验的安排与管理都制定制度加以规范。训育处对学生的德育考核、训导与处罚，要求十分严格而公正；对住校生的早、晚自习和生活管理，也都安排得井然有序。全校凡对学生的事，都是公开的、透明的、公正的，从不徇私情，暗箱操作。所有这些组织严谨而又充满生机的管理和活动，不仅有力地保证了教学的顺利进行，而对同学们来说，教人诚信正直，严谨争强，也是活生生的思想品德教育。

据校史记载，至1942年，天津工商附中中学部的学生已逾千人，教师之增，亦以数倍计。学校教学内容丰富，教育质量优良。初中、高中两部修业年限各为三年。所有课程依照部章进行，教授国文、历史、地理、数学、物理、化学、自然、科学、外国语、公民、经济等诸学科。班级课堂教学采取分组方式进行，充分考虑学生各科成绩不平衡的实际状况。譬如

---

① 朱上暄：话说"星期考"。见：《天涯桃李报春晖——天津市实验中学八十五周年校庆纪念文集》。内部资料，2008年，第75–76页。

图1-8　学生们看考试成绩 [①]

一个学生国文在乙组，到算学就又可能在甲组了。

学校具有一批德才兼备、造诣极深的优秀师资队伍，其中有些老师在全市或全国颇有名望。学生们对教师的评价是："我们的师长，真是五花八门，群贤毕集"。老师们以身作则，通过自己规范的行动来启发、影响学生们。几何老师张秉真在课堂上向学生们传授工程画（机械制图）和数学知识，有条不紊，逻辑性强。他边讲边写，使用着规范的仿宋字体书法和英文字母及阿拉伯数字的工整笔法；以熟练的技巧徒手画圆，或用木质圆规、直尺、三角板在黑板上给学生们绘制出平面、立体和剖面等多样机械图形 [②]。所有这些，都激发了学生对机械制图课的兴趣，也开阔了学生对数学应用的视野。张秉真教学生们的仿宋字体、工整的阿拉伯数字以及英文字母的笔法，使他们受益终身。

数学老师刘惠民要求学生们正确对待学习、弄清概念、熟练运用有关公理及几何关系、认真地完成作业。令人叫绝的是，刘惠民每一堂课的内容从推导到演算正好写满一黑板，这说明在课前他是做了充分而认真的准备和编排的，也是多年钻研，积累了丰富的教学经验才能做到的。再者，刘惠民在课堂讲解中概念清楚，命题推论步骤严密，每一论证步骤都有充分的依据，并且列出所依据的已学过的原理。这些都体现了他的严谨学风，也反映出他运用纯熟的循循善诱、启发式的教学方法。由于在课堂教学活动中不断从多方面来运用已学过的知识，使学生们能够循序渐进地很好地掌握所学的内容。另外，刘惠民在课堂上板书工整，作图认真，即使是徒手作

---

① 天津工商附中1943年班毕业纪念册。存于天津实验中学。

② 张济，等：记张秉真老师与1947届同学的真挚情谊。见《天涯桃李报春晖——天津市实验中学八十五周年校庆纪念文集》。内部资料，2008年，第199页。

图，直线、角度都画得一丝不苟[1]。

化学课则由工商学院的教授主讲。课本采用 Black 和 Connant 合著的原版课本 *Practical Chemistry*，任课教师是庆沃会和伍克潜，庆沃会早年留学法国，是工商学院的应用化学教授；伍克潜由北洋大学毕业，是工商学院的分析化学教授。化学实验仪器，俩人一套，共同使用，非常方便，化学实验讲义是伍克潜老师所编，同学实验后便交实验报告，用以考核成绩，实验室由郝杰管理员专门负责管理，井井有条[3]。

图 1-9　理化老师伍克潜[2]

可以说，天津工商附中的每一位老师都有自己的独到之处，听他们的课可以说是一种艺术的享受[4]。在给学生们讲授知识的同时，老师们经常灌输正确的做人道理。音乐王增勤老师一次结合考试以古今中外名人事例为例，生动地讲述了人生成就的相对性以及成败的辩证哲理，鼓励树立"胜不骄、败不馁"的精神[5]。历史老师张锦光通过许多历史事例，阐述了不少做人品质。尤以越王勾践卧薪尝胆，故事

图 1-10　历史老师张锦光

① 童鼎昌：回忆刘惠民老师。见：《天涯桃李报春晖——天津市实验中学八十五周年校庆纪念文集》。内部资料，2008 年，第 205 页。

② 刘济舟天津工商附中毕业纪念册。存于天津市实验中学。

③ 侯晋和：工商附中的化学课和英语课。见：《天涯桃李报春晖——天津市实验中学八十五周年校庆纪念文集》。内部资料，2008 年，第 59 页。

④ 张志全：我的中学。见：《天涯桃李报春晖——天津市实验中学八十五周年校庆纪念文集》。内部资料，2008 年，第 245-248 页。

⑤ 陈端树：母校培养了信心和毅力。见：《天涯桃李报春晖——天津市实验中学八十五周年校庆纪念文集》。内部资料，2008 年，第 257-258 页。

中体现的"胜不骄、败不馁"的顽强精神，给人留下了终生难忘的记忆。毕业前的最后一次语文课上，祖吴椿老师语重心长地操着南方语调，谆谆叮嘱"人生快极快极了，趁着青春年华务必争分夺秒……"

该校对英语学习很重视，英语课分为语法和阅读。语法课除英籍教师白克德（Boycoff）自编的 *The English Sentence*, *Its Grammar* 外，还采用 Tanner 所著的原版 *Correct English* 等，任课教师除刘荣恩、白克德外，还有天津工商学院的老师李世麟和王冠立等。阅读课主要采用刘荣恩[①] 所编的 *Senior English Readings*，内容艰深，文章多选自当代英语书刊、杂志、英语文摘等。此外，学校还自编有 *Supplementary English Readings* 多种，包括英语散文、书信、会话等，供同学课外自行阅读。每年学校高中都举行英语背诵比赛（Recitation Contest），鼓励同学学好英语；高中各年级班组选出同学参加，聘请天津工商学院院长、教授等担任评委，根据发音、语调和姿势等情况评定成绩、选出优胜者，给予奖励。不言而喻，刘济舟的英语学习得比较扎实，英语基础很好，与此很有关系。

学校十分重视课外教学，每周通过到各地参观，不断地进行社会实践，培养学生理论联系实际能力，遵循和实现"实事求是"的校训。老师们的严格要求，为学生们日后的工作打下了良好的基础。

由于学校严格的管理和独特的教学风格，工商附中学生形成了较为浓厚的读书风气。在校园里，清晨、傍晚都有学生在背课文，记英文单词。成绩优异者受到师生尊重。高年级学生以用英文原版教材为荣，多门理科采用的是国外教材，如：《范氏大代数》《三 S 平面几何》《韦氏物理》等。学校的图书馆购置大批整部丛书和分类书籍，藏书很丰富。乌木盒装的二十四史，装满有文库、世界文库的书柜就占了一面墙，当然还有众多的书架、书柜，包括外文、科技、文艺杂志多种，藏书近万册。

工商附中管理如此严格，教学如此严谨，是不是学生都很呆板、学校

---

① 刘荣恩（1908-2001），生于杭州一个基督教家庭，自小随父母移居上海。1930 年毕业于北平燕京大学英文文学专业，即执教天津南开大学。沦陷时期执教天津工商学院，抗日战争胜利后又执教南开大学西洋文学系。1948 年，赴英国牛津大学贝利奥尔学院访学，后定居英国，致力于中国古典文学翻译，出版过《六出元杂剧》等书，更对水彩画创作入迷。参见陈子善：《刘荣恩：迷恋古典音乐的新诗人》。《东方早报》，2013 年 7 月 21 日。

气氛死气沉沉了呢？事实并不是这样。据校史记载："一九四○年，中学部重建图书馆，增藏书，由赵元俊司铎管理之。更设病房，备医药，谋福学生之康健，奖课外之组织，俾各得就其好，精研以展其长。他则勖（勉）励体育，岁有春运之举行。此鲸胜鹰扬，异能卓越之人才济济也。"这说明天津工商附中重视体育教学，鼓励课外运动。学生们在上课时虽然一片肃然景象，下课后却是吵吵嚷嚷，生龙活虎。学校以多种形式组织开展丰富多彩的活动，体育成绩名闻津门。1940年，篮球、排球、足球俱为津校冠军，"一时

图 1-11　校篮球队

图 1-12　校运动会

誉满天津，工商之名，尽为社会人士所洞悉"。此外，还有乐队、歌唱队、摄影社等学生团体，课余活动甚为活跃。

　　从刘济舟中学六年期间的任课老师名表中[1]，可以看出，刘济舟在中学所学课程之广泛。从采集到的刘济舟初三时的成绩单可以看出，刘济舟在甲组，说明总体学习成绩是比较好的。其中历史、地理和图书课成绩较为突出，均在90分以上，其中图书课[2]接近满分。刘济舟在后来从事水运工程的工作中，以科学严谨的态度，认真对待工程设计、施工和科研中的每一个环节，这些都与工商附中的严谨治学密不可分。

　　刘济舟所在班级在学习、体育、美术、昆曲等方面均有突出表现。学

---

　　① 刘济舟的中学任课老师相关资料见：刘济舟天津工商附中毕业纪念册。存于天津市实验中学。

　　② 通过对其任课教师的考证，应为美术和书法的合称。

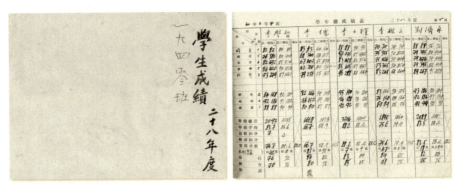

图1-13　刘济舟初三时的成绩单（资料来源：天津市实验中学史巧玲提供）

校独特的教学风格和严格的管理制度，培养了学生的特长和技艺，同时培养了学生的求学兴趣。

图1-14　中学时的刘济舟和他在毕业纪念册上的留言[①]

经过中学六年来的"身经百战"，刘济舟于1943年7月从天津工商附中顺利毕业。在毕业前夕，学生们会自发组织制作本年级的毕业纪念册来记载六年来的中学生活，包括六年期间的任课老师、师长动态、每位同学的毕业留言和班级活动等。他们会请德高望重的师长作序言，老师会认真地在序言中提出对学生们的希望。

刘济舟在毕业纪念册上写道：

炎热的夏天一天近似一天，不久我就成为大学生了，在学业上有

---

① 天津工商附中一九四三年班毕业纪念册。存于天津市实验中学。

显然的进步，可是在举动上言谈上爱好上还是六年前的我。

　　我永远没有感觉过我是一个大人了，我永远流连着儿时的快乐。我是一个好说善动的人，所以我也很希望我能常有一个活泼的朋友。我的性格不太刚强，是一个温和的人，朋友间从没有冲突的事过。我对自己的美点是不愿意别人知道的，因为我觉得在人的面前赞扬自己，有点不好意思。我对于世态的应酬是十二分的不擅长，同学间因为我的年纪最小，所以一切出头露面的事情，我从未作过。在学业上我很喜欢理解的功课，虽然有时对我是十分困难，但理解后永记不忘，我很希望将来走向那一方向去，来发展我自己。

　　刘迺仁在赠言中希望学生们"有诸己而后求诸人；无诸己而后非诸人。"衡如多希望青年人要有："正确的思想，健康的体格，纪律的生活，博爱的精神。"齐振国则希望同学们："慷慨聚人，律己服人，量宽得人，身先率人"。王峻德为即将迈进社会的同学赠言："你想要人家怎样待你，你就要怎样待人。"德辅世赠言："可爱的青年朋友们：当我看到你们将与

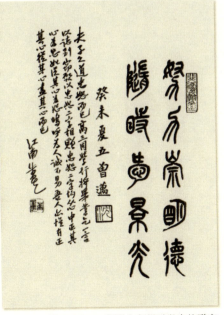

图1-15　工商附中老师对学生的赠言

母校离别时我心里产生了一种希望，那就是希望你们带着一个高尚的理想走出校门，那理想会把你们引到幸福的光明的坦途，也把你们一生的全部生活献给你们的祖国，并为你们的同胞而牺牲。"

从刘济舟后来的学术成长经历来看，天津工商附中对他的影响是深刻的，也正如德辅世所希望的，刘济舟将自己的一生和生活都献给了中国的水运建设事业。

第二章
大学时代

刘济舟迈入自己的大学时代，在天津工商学院这所教会大学里，先进的教学理念和雄厚的师资力量为刘济舟一生从事水运工程奠定了坚实的专业基础，他在这里接受了先进的土木学科教育，树立了正确的工程创新理念，培养了良好的学习作风。

"工商"培养有特色

1943 年 9 月，刘济舟被保送入天津工商学院土木工程系。因当时南开大学、清华大学、北京大学等学校内迁，造成华北地区高中生无其他大学可考，再加上教学仪器设备较完善领先，图书资料较充实等良好条件，在当时对考生很具有吸引力。学校每年暑假在天津、北平、济南三处同时举行招生考试一次。工科考试科目有国文、英文（笔试及口试）、几何、高等代数等 12 项；商科有国文、英文（笔试及口试）、几何、代数等八项[1]。

---

[1] 邓红：民国时期教会大学学生状况初探——以天津工商大学学生为例.《河北大学学报》，2001 年第 26 卷第 3 期，第 182-185 页。

因国家正值日本侵略，社会动荡，在大学的选择上，母亲王哲希不主张刘济舟远离天津。刘济舟高中就读的天津工商附中，其教学是为学生将来升入大学做准备的，加之刘济舟在附中学习成绩较好，具有保送直接升入天津工商学院的资格。刘济舟选择了天津工商学院。刘济舟 14 岁后家中生活颇为清苦，加上父亲去世，经常自勉，立志于工程以求自立。这是当初刘济舟选择土木系的主要原因①。

天津工商学院最早称为天津工商大学，它是法国天主教在天津创办的一所教会学校。法国天主教在天津创办一所高等学校的想法早在 1860 年就提出来了②，几经曲折，60 年以后才得以实现。1921 年 7 月，耶稣会直隶东南教区③声明法籍神甫于浦泽博士④为天津开办大学的代理院长，负责筹备建校事宜。于浦泽选定天津英租界马场道清鸣台一百余亩旷地作为校址，定校名为"天津工商大学"，为天津工商大学的成立做出了突出贡献。于浦泽在担任校长期间，基本完成了天津工商大学基建主体工程，同时购置试验仪器设备和图书资料，延聘教授。1923 年 9 月首次招生 51 名，9 月 15 日正式开学。天津工商大学之创建，使法国天主教耶稣会在中国上海创办震旦大学之后，终于实现了在北方设置一所大学的夙愿。

1925 年 7 月，裴百纳⑤神甫接任校长，学校开始招收第一届本科生，添设学监，由绍德基神甫出任。另设工、商两科，裴化行神甫为工科主任，

---

① 《刘济舟自传》。存于交通运输部人教司。

② 黄立志：1921-2011，天津工商大学历史脉络演进。《天津电大学报》，2012 年第 16 卷第 1 期，第 73-77 页。

③ 1924 年改称献县教区。

④ 于浦泽（P. P. Jubaru，1862-1930），出生于法国，文学博士，法国天主教神甫。1885 年 8 月 30 日加入耶稣会，1901 年 12 月 11 日来华，1930 年在威县传教。1911 年 5 月 10 日 -1916 年 2 月 17 日，任大名府修院院长。1921 年 2 月 23 日 -7 月 21 日，任献县修院院长。1921 年 7 月 21 日 -1925 年 7 月，出任天津工商大学首任校长兼耶稣会天津会院代理院长。1925 年 7 月于浦泽被调离学校，去深州传教。1927 年 -1930 年任职于天主教大名府本堂。1930 年 4 月 8 日病故，葬于大名府。参见阎玉田：《蹯栎津之阳：天津工商大学》。北京：人民出版社，2010 年。

⑤ 裴百纳（A.Bernard，1889-1962），字有容，出生于法国里尔。1906 年为耶稣会士，天主教神甫，法国里尔大学哲学博士。1921 年 11 月 24 日来中国，1923 年开始在天津工商大学历任方言、哲学、数学教授。谙熟英语，博通数理，诲人不倦，对待学生态度和蔼，颇受钦仰。参见阎玉田：《蹯栎津之阳：天津工商大学》。北京：人民出版社，2010 年。

尚建勋神甫任商科主任，学校建制日趋完善。1927 年，大学开办工学院和商学院。1931 年学校初具规模，注册的学生人数增至 600 余名。1931 年，裴百纳因病回法国治疗，天津工商大学根据国民政府教育部法令"校长一职须由中国人担任"之规定，任华人神甫赵振声博士为校长。1933 年 8 月，南京国民政府教育部第 7923 号训令，正式批准立案①，因所设系科未达"大学"三院九系之标准，故将学校更名为河北省"私立天津工商学院"。由大学降为学院，这对建校不久的教职工而言，无异于一次精神上的打击。

此后，学校加强了学科建设，全校教职员齐心协力，在极其恶劣条件下，抓住机遇，办学规模得到迅速发展。1933 年，工商学院的工学院与商学院内部建制基本完成：工学院分土木工程、建筑两个系；商学院分会计、财政及国际贸易两个系。1935—1939 年，又相继建成物理实

图 2-1　天津工商大学鸟瞰图（1921—1951）②

验室、材料实验室、电机实验室、商品实验室、金工厂、木工厂等实验基地。1939 年该院曾设法律系，转年停办，学生多转入商科。

1943 年 9 月，添设女子文学系，招收新生 90 名。1945 年 4 月增设史地、家政两个系，组建女子文学院。至此，学校规模扩大为三院七个系。时任天津工商学院院长刘迺仁兼任主任，侯仁之③任史地系首届系主任，孙家

①　20 世纪 20 年代末，国民政府颁布法令，要求所有私立和外国传教士在中国开办的学校必须在国民政府教育部立案注册，并受其指导。

②　吕志毅：《河北大学史》。保定：河北大学出版社，2001 年，第 7 页。

③　侯仁之（1911-2013），祖籍山东恩县（今平原县恩城镇），生于河北枣强县。中国著名历史地理学家。1980 年当选为中国科学院地学部学部委员（院士）。1936 年毕业于北平燕京大学，留校读研并兼任助教。1940 年获文硕士学位，1946 年赴英国利物浦大学地理系学习，1949 年获哲学博士学位。回国后历任燕京大学副教授、教授，兼任清华大学营建系教授。1952 年院系调整后任教于北京大学，历任北大副教务长、地质地理系主任、地理系主任等职。主编有《北京历史地图集》，著作编为《侯仁之文集》。

玉任家政系主任。聘请李奎耀、齐思和等一批在全国享有盛誉的教授学者执教，可谓人才济济。1946 年 8 月，女子文学院取消女子二字，开始男女生兼收。1945 年抗日战争胜利后，学校在工科增设机械系，在商科增设工商管理系，达到 3 院 9 系。1947 年，工商学院总共有 761 名学生和 91 名教授。

图 2-2　天津工商学院教学主楼

刘济舟就读时，正值天津工商学院 20 世纪前半叶历史上的极盛期，在教育界享有"煌煌北国望学府，巍巍工商独称尊"之誉。它以壮丽恢宏的校舍建筑，先进完备的科教设备，国际化的教师队伍和全国首屈一指的北疆博物院雄踞北方。特别是 20 世纪 40 年代中期，该校人才荟萃，堪称与美国康奈尔大学相伯仲，居于天津各高等院校之首。这所大学奉利玛窦、南怀仁等前辈传教士为楷模，实事求是，崇尚科学。在学校主楼正厅，悬有二人画像，墙壁正中，悬挂着南怀仁绘制的巨幅《坤舆全图》。从这个意义上说，西学之输入中国，耶稣会士起到了一定的积极作用①。后人在总结这段历史时给予天津工商学院高度评价："在当时的天津乃至华北规模最大者，首推工商学院。"②

在当时中国战乱频繁的动荡环境中，天津工商学院之所以能够保持旺盛的活力和强劲的发展势头，原因之一就在于其师资队伍的国际化。天津工商学院的国际化特色受益于其创办者法国耶稣会的国际性背景。学校不惜重金先后从法、英、意、德、美、日等十几个国家聘请了将近 100 名教

---

① 吕志毅：河北大学前身——天津工商大学创建背景。《河北大学学报》（哲学社会科学版），2001 年第 26 卷第 3 期，第 179-181 页。

② 黄立志：天津工商大学历史脉络演进。《天津电大学报》，2012 年第 16 卷第 1 期，第 73-77 页。

师，大部分是毕业于各国名校的专家学者，他们把先进的教育理念、新颖的知识结构、生动的教学方法和良好的职业道德展现在学生面前。

学校还从国内聘请了大批教育专家和工商界名人作专兼职教师，"海内名流如叶恭绰、张伯苓、翁文灏、卞白眉、杨荫荪等诸君均在名誉校董之列，主持本院教务人员，多系敦聘社会上品学兼优知名之士。"[①] 学校还常邀请社会名人如胡适、俞平伯、张伯苓、张季鸾等到学院参加公开学术讲演会，许多课程直接由有实践经验的专家执教，"例如本院现任之铁路学教授，则敦聘历任各铁路总工程师者担任，河海工程学则聘华北水利委员会技术长担任，市政学则聘市政府总工程师担任，会计学则聘会计师担任，法律学则聘法学家担任，财政学则聘理财家担任，本院之所以侧重学理经验并重者，盖以任何学科，理论与经验均须相辅并行也。"[②]

这样，在学校管理队伍和教师队伍中，既有造诣很深的中国专家学者，又有来自先进工业国家的外国教授学者。不同的教学理念和教学风格在天津工商学院交汇冲撞、融合成长，使学校的教坛流派纷呈，成为中西教育交融汇聚之所。据不完全统计，新中国成立前曾经任教的部分教师中，就有 18 位法国巴黎大学和里昂大学、美国康奈尔大学、英国伦敦大学、比利时鲁文大学等国外著名高校的博士毕业生。他们代表了当时世界一流大学的水平，也代表了中国一流大学的学术水平。

天津工商学院在院系的设置上具有前瞻性和预见性，不断增补社会所急需的院系。源于社会对各种人才的大量需求，1937 年增设了建筑系和会计财政学系；1943 年添设文学院，分国文系及西语系；1945 年秋添设史地学系及家政学系；1946 年秋添设机械工程及工商管理两系。其次，天津工商学院非常注重学科课程的建设，参考了国内外同类大学的学科课程进行设置，并发动师生群策群力。

到 1941 年，刘济舟就读的土木工程系课程已经日臻完善，在四年中有工程地质学、工程材料学、工程契约学、画法几何学、测量学、大地

---

① 1935-CB13-8，天津工商学院院务报告书。存于河北大学档案馆。

② 张士伟：近代天津工商学院与中法教育交流。《华北电力大学学报》（社会科学版），2009年第6期：第119-122页。

测量学、力学等共计 51 门课程。一些课程是中国首次从欧美引进和讲授，这些课程所用的教材大部分都是从国外大学翻译过来的，还不同程度地直接采用原版教材进行教学。"课本多购自法国或教员编辑。法文课本用 *Dussouchet*、*Crouzet* 和上海震旦大学编的本子。数学课本用 *Coursd.algbre* 和 *Elments de Gomtrie* 等。其余各门都是教员自编讲义或笔记。"

天津工商学院不断引进西方新学科和新专业，有力地促进了工学和商学的现代化，丰富了高等教育的教学内容，同时天津工商学院也以其丰富多样的科学、实用课程吸引了全国更多的求学者来校学习。学院有物理实验室、化学实验室、材料实验室、电机实验室、商务实验室、地震仪室、机械室、商品陈列馆、铁工厂和北疆博物院等。1929 年购置了国际最先进的大型地震仪一台，在当时全国院校中绝无仅有。1930 年校长裴百纳先后到俄、德、比、法、英、意、美等国进行了环球教育考察，还从法国采购了物理和化学两实验室的大量最先进的仪器。

天津工商学院的教学具有典型的法国高等教育的特色。教师们本着"实事求是"的校训，在教学中充分利用了各种教学设备以培养学生动手动脑的能力；引进西方的科学实验方法，讲实证、重实验；授课方法灵活多样，强调学生在教师的指导下进行自学，自己探索，学以致用，理论紧密联系现实。在教学中崇尚科学精神，在课堂上鼓励学生提问、讨论、发表自己的见解，改变了封建教育死记硬背、囫囵吞枣的方法。"教授方面多是在本国服务多年的留外建筑师，能将死的课本讲成活的工程，所以同学们听讲时总是表现着非常愉快的神情。"学院展示了一套全新的教学方法，可说是近现代教育方法科学化的样板。

天津工商学院非常重视教学与实习的紧密结合，在实习的时间安排上有假期实习、毕业前实习和平常教学实习。"每年暑假，常派工商科的学生，到各大工厂公司去实习"。"本校惯例四年级学生在毕业前将作旅行实习，本年度工科同学实习地址业已商妥正太铁路局，在该路实习"，"工科二三年级暑假去北平、青岛测量"。通过实习与实地考察，学生撰写出论文或实习报告。绝大部分毕业论文如《香港给水工程》《大沽沙滩航渠之治理》《天津码头设计之研究》《房屋工程估价》《铁路隧道之裹敷》等注重实用价值，这些论文"很受商界及学术界的欢迎。"

学校的管理者，尤其是所有爱国教师，弘扬诚实、团结、爱人、忍耐、谦虚、宽恕、慷慨、自主、奉献等美德。侯仁之先生曾经有一段非常著名的写给毕业生的赠言，深刻体现了教师对学生的殷切期望：

> 在中国，一个大学毕业生的出路，似乎不成问题，但是人生的究竟，当不尽在衣食起居，而一个深受高等教育的青年，尤不应以个人的丰衣美食为满足。他应该抓住一件足以安身立命的工作，这件工作就是他的事业，就是他生活的重心。为这件工作，他可以忍饥、可以耐寒、可以吃苦、可以受折磨。而忍饥耐寒吃苦和受折磨的结果，却愈发使他觉得自己工作之可贵、可爱，可以寄托性命，这就是所谓献身，这就是中国读书人所最重视的坚忍不拔的"士节"。一个青年能在三十岁以前抓住了他值得献身的事业，努力培养他的"士节"，这是他一生最大的幸福，国家和社会都要因此而蒙受他的利益。[1]

除了对学生进行道德和科学文化知识的教育外，学校注重学生一业精通、全面发展的教育理念，课余活动丰富多彩。学校引进西方的近代学校体育理论，把体育课纳入到正式的课程设置中，并兴建了一批体育设施。由外国传入的体育竞赛项目，如足球、排球、网球、棒球等在学校开始传播并传到校外。学术活动类有国术团、通俗科学讲演团、商学研究会、数学研究会等；文体活动类有新闻部、工商摄影社、体育会、游艺会、昆曲社等；社会服务性活动类有消费合作社、膳食合作社、信托储蓄银行、抵私团、援绥会等。

天津工商大学虽然是教会为传教而建立的，但主持建校的人员，却是天主教中一些热爱科学、崇尚进步的著名学者。这所学校的创建也恰恰满足了当时社会民众科学救国、工商富国的愿望与要求。天津工商学院为中华民族培养了一大批工商管理人才和蜚声中外的专家、学者。新中国成立

---

① 李雪，张刚：煌煌北国望学府，巍巍工商独称尊——津沽大学。《科学中国人》，2009年第6期，第32-37页。

以后，他们大多成为新中国经济建设的栋梁[①]。比如，著名物理学家袁家骝1932年曾就读于天津工商学院工科；美国著名建筑大师张俊德、黄益分别于1937年和1938年毕业于天津工商学院[②]。

1948年10月，天津工商学院达到三院十系规模，达到国民政府教育部"大学""三院九系"的规定，更名为"私立津沽大学"。自此，"天津工商学院"不复存在。1951年9月，私立津沽大学改为隶属中央人民政府教育部的国办大学。1952年7月，中央人民政府对全国大专院校、系和专业进行了大规模调整：将津沽大学原有的工学院与原北洋大学合并，组建天津大学；财经学院调整到南开大学；以仅剩的文学院为基础，与原来天津教师学院合并，在津沽大学原址组建天津师范学院。至此，天津工商大学与全国其他15所教会大学[③]一样，在中国不复存在。随着办学规模的不断发展，天津师范学院于1958年更名为天津师范大学，1960年更名为河北大学。1970年，河北大学迁至当时河北省省会保定市至今。河北大学在天津的原校址，除仅剩一留守处外，现为天津外国语学院所用[④]。

奠定土木专业基础

教会大学勤读书

1943年，刘济舟入学时，正值抗战，"茫茫四顾，河朔烟笼，吾校实

---

① 李雪，张刚：煌煌北国望学府，巍巍工商独称尊——津沽大学。《科学中国人》，2009年第6期，第32-37页。

② 黄立志：天津工商大学历史脉络演进。《天津电大学报》，2012年，第16卷第1期，第73-77页。

③ 20世纪初，西方各教会团体纷纷在中国设立高等教育机构——教会大学，其中最著名的有16所：基督教13所，如上海圣约翰大学、沪江大学，北京燕京大学、成都华西大学、济南齐鲁大学、南京金陵大学、广州岭南大学、苏州东吴大学等；天主教3所，它们是上海震旦大学、天津工商大学和北京辅仁大学。

④ 阎玉田：《踞栎津之阳：天津工商大学》。北京：人民出版社，2010年，第8页。

为津沽仅存之学府"，全国各地的莘莘学子，皆辗转荟萃于津门。全班共60余人，有的是工商附中的老同学，大多是外地来的同学，但相处得十分融洽。大学二年级，土木系开设专业基础课程，如材料力学等，本是枯燥的力学知识，经孙景乾先生轻松讲授，于趣味中，更加以幽默使刘济舟获益良深。这年，刘济舟所在班级的运动风气也盛极一时，每到课余时间，就会全班出动，单杠、双杆、篮球、垒球等运动场地，都会看到他们的身影。这年有同学因报国心切潜赴内地，也有因迫于环境中道辍学者，全班尚有50余人。

1945年，刘济舟升入大学三年级，抗日战争胜利，薄海腾欢。平津各校，复员尚未就绪，仅工商学院采取了积极整顿措施，精益求精。全校阵容，焕然一新。土木系的课程也以该年最为繁重，比如构造学、水力学、混凝土设计等课程，都具有注重应用的特点，在以后的工作中用处很大。"同学多足不出户，精研究理，工作紧张，夜以继日，每完成一设计，不知消费烛光几许也。"

次年升入大学四年级。教授阵容更加强大，如高镜莹主任，徐世大、林镜瀛、刘芾祺等教授，均为工程界耆宿。同学们形容他们"坚贞亮节，化雨春风。"教师水平一流。

高镜莹（1901—1995），水利工程专家。1917年考入清华大学，与罗隆基、闻一多是同学。1922年赴美国密西根大学土木系留学，后在密西根大学研究院获得硕士学位。1925年回国即从事水利工程和教育事业。1930年主持的海河放淤工程，博得国内外水利界的高度评价。抗日战争爆发后，不受当时权贵的拉拢引诱，宁肯过着清苦生活，来到天津工商学院任教，以渊博的知识和诲人不倦的精神教育学生，深得学生的爱戴。在任土木系主任期间，他亲自编写教材，并首次为土木系增设了高等结构工程、水利工程学等课程，使土木系名蜚北方，为国家培养了大量建设人才。1945年，他写给本校应届毕业生的赠言，表达了他的教育理念，其言堪称经典，他说：

夫求学时期，乃人生最可纪念之黄金时代。诸君毕业之后，多数将入就业之途，而不能专心续研求学业。然学海浩瀚且日新月异，苟不能追随俱进，必致日就沉沦，为时代所淘汰。故仍应随时于业余精研所学，并宜永续与母校紧密联络，俾相维护……大学教育固不以传播专门学识为限，其最重要者乃在于培育完善之人格，使能尽一己之责任，对于国家社会有所贡献。处身行事尤须具有始终不渝之志，不为威武所屈，不为富贵所移。能控制环境而不为环境所操纵……

徐世大（1895—1974），水利工程专家。1914年考入北洋大学土木科，1917年毕业，翌年考取清华官费留学，入美国康奈尔大学水利及卫生工程系学习，1920年获土木工程学硕士学位。1921年回国，任华北水利委员会总工程师，1946年任天津海河工程局局长。1932年，中国水利工程学会天津分会成立，为副会长，并兼任中国水利工程学会第三届至第六届（1933—1936）董事会负责人，第七届至第九届（1941—1943）总干事，天津市水利学会首届（1946）会长。任内指导疏通海河已淤航道，协助浚深塘沽新港。1947年秋，应国立台湾大学之聘，专任土木系教授兼台湾省水利局顾问，定居台北。1936年、1937年和1947年先后在天津工商学院土木系任教，任河工学教授。

林镜瀛（1910—1989）水利工程专家、教育家。1928年考入天津工商学院土木工程系，1932年毕业。在校期间，学习刻苦，成绩优秀。毕业后赴杭州浙江水利局任技术员，不到两年升任副工程师。1934年夏赴美国康奈尔大学研究院攻读工程力学，获工学博士。在美国3年多，重视基础理论的学习和研究。读书之外，当过讲师，到过许多大型工程施工现场见习，学术上大有长进，得到教授们一致好评。1938年春经香港回津，服务于母校，任给水工程教授，受到天津工商学院校友全体职员欢迎。他对教学极有兴趣，教书极为认真，是闻名遐迩的著名教授之一。林镜瀛擅长结构设计和水工设计。主要工程设计有：北京永定河引水工程、昆都仑水库等；指导或审查过数十次大中型水利、水电工程设计。编写《水工混凝土及钢筋混凝土设计规范》《水利、水电规划编制规程》；新中国成立前曾出版过《防洪研究》《液体紊流研究》等论著。

同学们得此良师，庆幸之余，莫不加倍努力。经过三年的相处，同学们之间更加亲睦，班内常有班会联系沟通，班级外部有工科同学会，以促进研究兴趣。此外，他们还数聘时贤，多次举行学术演讲。

创办天津第一民众义务学校

1945 年 10 月，就读大学三年级的刘济舟与苏立仁、关志清、朱理藩、王广甲等几位同学看到日本投降后，社会上有许多青年因为贫困上不起学，认为国家光复，但满目疮痍，青年人应对社会做些有益的工作，振兴中华，故决定利用课余时间，创办了天津第一民众义务学校。规定该校校长、教师、工作人员都从土木系三年级以下的同学中产生，四年级需要做毕业设计、论文和考试等项工作，不参加义校工作[①]。

没有校舍，当时刘济舟的母亲王哲希在私立培育小学当校长，刘济舟便从母亲王哲希处借到教室，开办经费由刘济舟和其他义务教师拿出自己的零用钱，买了书和粉笔等，学校就开始招生了。

除了刘济舟外，第一任的教师还有苏立仁、丁联臻、王广甲、邱澄一、朱理藩、刘益晟、孙耀江等。计划招收 100 名学生，不料报名人数却超过 600 名，最后录取了 200 名失学失业青少年，其中有工人，还有不少是捡煤核、收破烂儿的人。

为了避免课程重复，节省时间，便把小学和初中合并成四个班：识字、初级、中级和高级。课程从识字开始，有语文、常识、音乐、画图、数学、物理、化学、历史、地理和英语。第一期学生在 1945 年 11 月 1 日开学。刘济舟担任地理和自然的教学老师。另外，他们还聘请天津工商学院土木系教授高镜莹、阎子亨、刘向凯为顾问。

课程上采用削枝保干的方法，以语文、数学为主课，其他都合并为常识。为了学生的全面发展，适当保留习字、音乐课。为了应付"外面"，初中保留了公民课。马铮同学主动担任了这门课的教师，把"劳动创造世界"也加了进去。后来才知道马铮是当时同学中唯一的一位地下共产党员。

---

① 徐尚文，王广甲：回忆天津第一民众义务学校的一些情况。见：中国人民政治协商会议天津市委员会文史资料委员会编，《天津文史资料选辑》。1996 年 4 月总第 72 辑，第 138-139 页。

学校没有经费来源，就成立董事会，请一些社会知名人士担任董事。他们都是同学中的亲朋。最初担任董事长的是徐世章，对学校较热心，曾几次出席学校的联欢会，后来宋棐卿也担任过董事长。简单的教具、文具和体育用品等费用都由他们的捐赠中解决，大学生业余讲课不仅没有报酬，有时甚至掏腰包主动补助个别经济困难的学生，从未发生过"缺教"情况。就这样大家还抽出时间去家访，组织学生春游，对每个学生情况都了如指掌。

为解决经费问题，大家还搞义演、义卖，到社会上去募捐。徐世章之子是土木系同学，便利用这一关系，由徐世章、宋棐卿、朱继圣出面邀请董事会和社会上的士绅参观学生成绩展览，他们捐了不小数目的经费。学校经费较前宽裕了，义校又设立奖学金，奖励学习优秀的学生。

在刘济舟大学毕业纪念册上，这样记载着当时的办学情况："同年十月，同学等于胜利后兴奋之余，感于民众教育之迫切，乃创办课余义务学校，担任教学工作者，几全为吾班同学，于读书之余，复周旋于贫苦儿童之间，或办字析义，或操琴教歌，虽声嘶力竭，然乐在其中，此情此景，颇足为日后所追怀不止者。"

为了取得社会承认，要在教育局立案，这样义校的毕业证书才能算作正式学历。当时教育局中某些人认为义务学校学生成绩肯定不会好，便同意义校学生参加市一中初中班毕业考试，作为甄审，没想到考试平均成绩与市一中不相上下，有几名还名列前茅，使教育局很惊讶，便不得不承认学生的成绩，拿到市一中文凭。新中国成立后，第一民众义校和天津市的业余教育并轨，以一种新形式办了下来。

第一批义校的毕业生，大部分都有了光明的前途。1981年6月14日，天津市政协文史办召开义校师生座谈会，原在义校上学的学生夏玉琨说："没想到今天师生又会聚会在一起，对老师表示深深感谢，这不是一般的客套，是发自内心的。小时家里穷，上不起学，父亲没有正式职业，上中学也交不起学费，在街上看到义校招生广告，上了两年。老师不只教文化，还教我怎样做人，教我爱国，教我为人要有正义感。老师们虽然出身不同，但爱国是共同的。在义校学两年比外面学的只多不少，最后参加一中考试，成绩很好。新中国成立后到部队，转业回到天津。这都是难忘的1945—1947年两年的义校学习打下的好基础，义校对我的恩情重。"

于嘉祯（天津日报摄影记者）说："别看每晚两小时的课，内容可多了，非常丰富。青年人到何处去？在我成长过程中起主导作用。记得一天下大雨，老师们拿出自己的钱买大饼给同学们吃，放学了，老师们淌着水，把我们的小同学背出去。"

河北工学院的李慧珠说："在义校上学，不遭白眼看待，义校上了一年初中，我就考上师范，一年等于三年，在义校学到关心人，做人应像义校老师那样。"

原天津市妇联办公室主任李真这样回忆义校当时的办学情况[1]：

> 1945年日本投降后，天津工商学院土木工程系三年级大学生，针对社会上失学青少年渴望求知的迫切愿望，利用课余时间，办起了一个从识字到初中，有4个班的天津第一民众义务学校。没有校舍，求助于同学中一位任小学校长的母亲[2]，借她的小学当课堂；没有经费自己省吃俭用将余下的生活费拿出来，找热心赞助办学的亲友募捐；没有校务人员和教师，自己分工负责，挑灯夜战，既要完成自己的学业，又要备课、刻写讲义、批改作业。他们既是老师，又像大同学。课上对学生严格要求，课下和学生一起跳绳、踢毽、谈心、用他们的爱心温暖着我们这些贫苦青少年。老师们的精神感染了学生，一些学生也将自己仅有的一点钱，给更穷苦的同学买笔、买本，为文化基础差的同学补习功课，在这里人与人之间充满了真情和爱心。当时我16岁，白天做工，下班后上夜校，每天写作业到深夜，苦与累实在使我难以支撑下去。老师发现我想休学，便及时做我的思想工作。一位老师曾说过这样一段使我永生难忘的话："冼星海的学问是在当饭馆跑堂、理发店学徒、咖啡店提琴演奏者的动荡生活中获得的，有志者事竟成。"

---

[1] 李真：第一民众义务学校琐忆。见：中国人民政治协商会议天津市委员会文史资料委员会编，《天津文史资料选辑》。1996年4月总第72辑，第147页。

[2] 即刘济舟的母亲王哲希，时任私立培育小学校长。

在老师们帮助下，我咬紧牙关坚持到初中毕业，老师们高兴地自制了一份写有"自力更生"四个大字的奖状发给了我，这张奖状我保存了几十年。

参加学生运动

1947 年春天，国民党统治区人心浮动、经济崩溃，黄金大涨价带动各地物价狂涨。南方各地发生抢米风潮，群众挨饿，叫苦连天。天津中学生伙食费由三万元涨到七万元，师范生住校吃不饱肚子，男同学全体不上自习，一场反饥饿、反内战的运动随之而起。

在 1947 年 5 月中旬，反饥饿、反内战学生运动在江南的京沪与北方的平津同时爆发。5 月 20 日，同时举行了反对国民党统治的大游行。在天津南开大学、北洋大学，由于中共地下党领导的进步学生占了优势，他们与北京各大学学生共同组成"华北学生反饥饿反内战大游行"，分南北两路，浩浩荡荡的学生队伍，走上了街头①。

图 2-3　刘济舟着学士服的大学毕业照（1947 年）③

游行学生被有组织的特务殴打，大批学生被捕。这激怒了天津各界人民群众，更激怒了河西区各校的同学们。天津工商学院的同学们在中共地下党员和进步同学带领下，于校内各班选出代表共同商定后，召开了学生大会，宣布参加反内战反饥饿反迫害罢课五天。刘济舟参加到这次罢课运动中，并积极组织了学生会。罢课运动结束后，险被学校当局开除②。

春渚秋山，几易寒暑。刘济舟自中学至

①　秦戈：反饥饿反内战运动在河西 // 中国人民政治协商会议天津市河西区委员会文史资料委员会编：《河西文史资料选辑》。第四辑，第 41-47 页。

②　《刘济舟自传》。存于交通运输部人教司。

③　天津工商学院一九四七年班毕业纪念册。存于河北大学档案馆。

大学，在"工商"就读整10年。后来，虽然工商附中和工商学院都不复存在了，但刘济舟对传承下来的天津实验中学和河北大学有着非常深厚的感情。1991年已经为交通部水运局总工程师的刘济舟，在百忙之中回到天津实验中学参加母校60周年校庆；

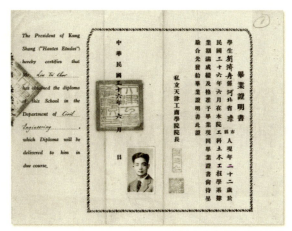

图2-4　刘济舟的大学毕业证明书

2004年，当河北大学吕志毅老师拜访刘济舟确认与母校的关系时，他感动得热泪盈眶，拿出一张人民日报关于河北大学80周年校庆的报道说："您能来，真是太激动了，河北大学才是我们的母校啊！"

如果说在工商附中的中学时代是当时那个尚属懵懂、天真快乐的少年树立人生目标、打下知识基础的时期的话，那么四年工商学院土木系的学习生涯则为刘济舟一生从事水运工程奠定了坚实的专业基础。他在这里接受了先进的土木学科教育，树立了正确的工程创新理念，培养了良好的学风。

在当时战火纷飞的中国，选择天津工商学院应是值得庆幸之事。在毕业纪念册班志上的一段话，记录了当时的青年学子们学成建设国家的鸿志：

回顾抗战军兴，赖举国一心，祖国卒免于支离破碎，吾等能安然完成课业者，岂非天幸？将来，建设伊始，百废待兴，诸君子定能展露鸿才，披荆斩棘，建此神州。绿水青山，行将再见诸君于建国途上。

1947年夏，作为天津工商学院同期毕业的147[1]名学生之一，刘济舟获得了土木工程系学士学位。

---

① 吕志毅：《河北大学史》。保定：河北大学出版社，2001年，第82页。

第三章
钟情水运工程

　　刘济舟于天津工商学院毕业后，到天津新港工程局防波堤工区实习，从事混凝土方块制造、防波堤工程抛石施工。新中国成立后，从事测验研究波力与防波堤施工问题，翻译有关防波堤及波浪的日文资料，获得了新港比较可靠的波力与波向资料。1951 年南京港护岸整治时，赴南京任"沉笼"队队长，对施工方法进行了改进，圆满完成任务。1952 年 11 月加入中国共产党。1953 年，作为骨干赴北京参加交通部航务工程总局主办的港口技术研究班，学习苏联的港口建筑物设计施工先进经验。开始研究码头和防波堤的设计与施工。经过这一段时光，刘济舟逐步钟情于水运工程。

始于防波堤

塘沽新港实习生

1947 年 9 月，刘济舟于天津工商学院大学毕业。这时，国民党开始逃离大陆，刘济舟在天津工商学院的系主任徐世大（后任国民党交通部部长）带了十几位同学要去台湾搞铁路。徐世大邀请刘济舟同去，同时，岳父也劝刘济舟同他去香港和日本，但刘济舟难舍母亲，这两件事都未能成行[①]。后来，通过朋友介绍，刘济舟来到离天津市区较近的塘沽新港工作。

1947年9月18日，刘济舟成为新港工程局工务处的一名实习生[②]。当时的天津塘沽新港还在国民党的统治之下，此前还经历过日本侵略者为扩大侵略而进行的建设。

抗日战争胜利后，华北的交通事业，统由国民政府交通部平津特派员办公处接收。日本人投降时，塘沽新港被美军划为兵站基地，所有办公室、工厂、仓库、宿舍均为美军驻守。新港工程完全停顿，一切无人管理，秩序极为混乱。许多重要档案资料、图表，早被日本人投降前销毁。1945年11月，国民党政府从日本人手中接收了塘沽新港。负责接收的接收委员吴承禧于1945年11月1日率姚贻枚、索维垣等技术、业务人员13人，由北平赴塘沽接收新港，11月12日举行接收典礼。典礼仪式在新港机械工厂进行。移交人为日本前塘沽新港港湾局局长山田三郎和副局长桧山千里。接收时塘沽新港尚有员工1400余人，其中中国人和日本人各占一半。12月13日筹组塘沽新港港务处，隶属交通特派员办公处，在北平王府井霞公府办公。

新港接收后，最初的任务主要有两项，一为整顿清理新港建设物资，二为裁遣日籍员工。后考虑塘沽新港工程巨大，于1946年4月23日正式成立塘沽新港工程处，隶属于国民政府交通部。又于同年8月改组为塘沽新港工程局，邢契莘任局长，周德鸿任副局长。到新港工程处（局）成立时，日本投降已有半年以上，经过美军驻扎糟蹋，港内材料、机器散失、毁损甚多，房屋道路均遭破坏，船舶及水上机械大都沉没，到处残破零乱，损失惨重。

国民政府接收塘沽新港后，塘沽新港工程局延续管理码头业务。故局下设港务处，港务处下又设港务科、业务科和码头事务所。管辖码头两处，一为新港第一码头，另一处为塘沽的几座码头。因新港码头港池淤

---

① 《刘济舟自述》。存于中国工程院。
② 华北航务局新港工程局职工登记卡。存于交通运输部人教司。

浅，停船尚少，所有业务大部在塘沽码头。

1946 年，国民政府统治下的塘沽新港工程局提出了塘沽新港第一期工程 3 年建设计划（1947—1949 年）。实施三年计划的第一年，完成的工程项目主要有：防波堤抛石 10.5 万吨；航道及停泊地挖泥 300 万立方米；第一码头建成仓库三座，第二码头修复装煤机一台；建成发电厂一处，安装 2000KW 发电机组两台。利用美援木材，在第二码头东侧建了一座木结构栈桥式码头，由于码头标高太低，不久即被潮浪掀起摧垮。由于港口建设投资不足，当年年底整个实施计划即趋于停顿[①]。

这一时期，刘济舟在工务局防波堤工区工作，在实习阶段，负责过废石垛拆运，混凝土方块制造、防波堤抛石施工。按现在的学科设置，防波堤工程属港口工程。新中国成立前，中国的大学没有专门的港口工程专业。新中国第一个港口工程专业是 1952 年由钱令希在大连工学院[②] 创办，设置了"海岸工程""近海工程"和"港口及航道工程"三个学科。刘济舟在学校学的是土木工程，虽接触过港口知识，但没有进行过系统深入的学习。到天津新港工程局后，当时没有专学港工的，派了个日本战犯叫加藤[③]的辅导刘济舟。加藤给刘济舟指定了三本书，分别是《波与防波堤》《海中构造物与施工》《港湾特论》，就这样，刘济舟被引进了门。没想到这一入门，就从事了六十余年的水运事业。是一个"从不了解到热爱，整个是一个工作中不断学习的过程"[④]。

艰难的新港生活

进入 1948 年，随着国民党政权政治经济形势不断恶化，塘沽新港建设每况愈下。员工工资数月不能全额发放，6 月裁减员工近千人。9 月局长邢契莘被免职，副局长周德鸿接任局长，10 月又进一步紧缩机构。至此，

① 《筑港天涯路——第一航务工程局发展史：1945-1990》。1993 年，第 6-8 页，内部资料。

② 1949 年 4 月 15 日，新中国诞生前夕，中国共产党自己建立第一所正规高等院校——大连大学，1950 年，大连大学改称大连工学院，是大连理工大学的前身。

③ 日本建港时的塘沽新港总工程师。

④ 《刘济舟自述》。存于中国工程院。

塘沽新港一片萧条，除生活必需的水电供应外，建设工程大都停工。航道港池由于缺乏维护，回淤严重。邢契莘下台前曾哀叹："处此时局不安""物价高涨不已，追加预算赶不上物价，亦足以影响预定工程之进展""本局于三十五（1946）年4月接收（指成立新港工程处）后，无时不在万般困难之中"。之所以困难重重，其实是国民党统治集团忙于内战，无暇顾及经济建设所致。加之各级政府官员腐败，即使拨付了有限建设资金，也多被贪污中饱。1948年，刘济舟从事拟用以出运石料的木制栈桥码头的设计与施工工作。木码头是以原已废弃之排桩为基础，因距离航道过远，不易疏浚，后未能使用，年久失修，于1952年拆除。

图 3-1　塘沽新港防波堤施工

图 3-2　测量三人组（中间为刘
济舟）

　　1948年11月，刘济舟在天津新港工程局的实习期满，成为一名工务员，继续在防波堤工区，从事相关工程结算工作[1]。

　　1948年11月下旬，中国人民解放军解放了东北全境。12月中旬，溃败下来的国民党军队进驻新港。此时已是军心涣散，纪律极坏，他们不顾一切地抢劫公私财物，并抢占船舶准备逃命。局长周德鸿等人于1948年12月15日夜间仓皇南逃。之后，新港工程局一片混乱，员工们断绝了生活来源。家居外地的职工纷纷逃散，许多人还被国民党军队抓去运材料、修工事、抬伤员、当搬运工。

　　国民党时期新港工务局曾进行了三次裁员，使人日夜不安，毫无安全保障，年青同事思想积极者全遭拘捕。刘济舟深感当时政治腐败黑暗，更目睹港警殴击同仁，对国民党产生了强烈反感。

---

①　技术人员统计表。存于交通运输部人教司。

志愿终身筑港

天津解放前夕，因国民党抽壮丁，刘济舟与兄弟刘济航两人随时有被抽去的危险，所以刘济舟曾准备同弟弟两人同去台湾，后因天津解放了，就没有去。刘济舟后来回忆道："这也是很值得庆幸的[①]"。

1949年1月17日，人民解放军解放了塘沽新港，国民党守敌十七兵团从新港上船逃窜。人民政府接管了塘沽新港，从此，筑港工人获得了解放，我国自己的筑港力量才真正建立并逐步发展起来。

1949年3月底，周纶、王禹等奉派到达塘沽新港。后来，子刚、董洪波等也陆续到达。5月16日，天津市军管会交通处指示，"塘沽新港军事代表石在另有任用，遗缺派周纶同志充任"，周纶接任新港工程局军事代表。军事代表通过细致的思想教育工作，依靠基本群众，稳定秩序，动员筑港工人为巩固人民政权、支援解放战争、为建设人民的塘沽新港贡献力量。从而逐步提高了工人阶级政治觉悟，使职工们体会到劳动人民翻身解放，受压迫、受剥削的日子不再复返。

塘沽新港经日本侵略者选址兴建，国民党政府接收，规划续建，历时8年有余，耗资共约17亿千克小米。至新中国成立，按他们最后缩减的建设规模仅完成不足一半。又经过周德鸿等人南逃时搜刮，经过国民党军队洗劫践踏，新港码头的设施和机械设备遭到严重的破坏，器材杂物混在一起，到处一片狼藉。经过发动群众初步整理清点，于1949年2月8日起塘沽新港工程局办理了移交接管手续。

在军代表主持下，立即集中全局的主要技术力量，大力搜集塘沽新港工程技术资料。这既是尽速复工的准备工作，又便于为继续建设提供依据。经过调查研究，组织工程技术人员在计划、技术等方面进行研讨，很快编拟了《新港工程局总报告书》，制订了塘沽新港第一期建设年吞吐量

---

① 《刘济舟自传》。存于交通运输部人教司。

400 万吨的施工方案及 1949 年度施工计划，提出了"就目前航运之需要，在不妨碍工程进行之原则下，兼顾业务之发展"的意见。计划认为：塘沽新港港内虽然已达到风平浪静，码头设备基本具备停泊船只装卸货物的条件，但水深不足，旋浚旋淤的问题亟待解决。为此，1949 年施工计划的主要项目为：兴建木结构拦泥坝，南、北防波堤横堤以西部分抛石填堵缺口和航道港池大力疏浚。1949 年的设计工作，除配合各项施工外，还完成了 300 吨钢结构水塔一座、修船厂锻工车间、主航道标志等任务。同时，一面施工、一面开展运输业务。但受新港航道淤浅所限，1949 年码头对外业务仅有 2000 余吨，堆栈对外业务 5000 余吨。新港工程局从 1949 年起就对建港试验研究工作十分重视，建立了试验室，开展了工作。

　　1949 年 6 月，华北人民政府交通部成立华北航务局，新港工程局归其所辖，称"华北航务局塘沽新港工程局"。刘济舟成为华北航务局塘沽新港工程局第一工区六米施工所的一名干部①。此时，塘沽新港复工的准备工作大体就绪，建立了新的组织机构：军代表下设总工程师，谭真任局总工程师，田述基任局副总工程师。局设人事、秘书、港务、会计、材料五个科及修船厂、大沽造船所。总工程师室下设资统、测验、计划、设计四个组和第一、第二、第三三个工区和工事科。

　　塘沽新港解放后，新的建设事业放在每一名青年人的肩上。刘济舟被分配在第一工区从事防波堤建设。刘济舟急迫地感到自己"经验的不够，学识的不足，思想的落伍"，开始"狠命的阅读新的书籍，像是一个饥饿的人抓到了食物一样的迫切，对于工区中的学习也是抱着十二分的热情。"刘济舟除了防波堤施工测量和抛石施工外，还进行了波力测验工作，经数月努力，获得了新港比较可靠的波力与波向资料②。刘济舟从此对筑港工程产生了浓厚的兴趣，在新港工程局的职工登记表上他的志愿是"终身从事筑港工程"，人生观是"美满的生活就是有合乎志愿的终身工作③。"

　　随着天津总工会的成立，塘沽新港中的职代会也组织起来，刘济舟被选

---

① 刘济舟华北航务局塘沽新港工程局干部登记表。存于交通运输部人教司。

② 《交通部航务工程总局筑港工程公司技术人员登记表》。存于交通运输部人教司。

③ 《华北航务局塘沽新港工程局干部登记表》。存于交通运输部人教司。

为第一届工会代表。1949年秋天，新港工程局将刘济舟调到南口去负责采石和山场管理工作。对刘济舟来说，他认为这是组织上给自己的一个实际学习锻炼的好机会。在北京至南口的路途中，刘济舟夜间宿在农会展主任家。展主任是一个翻身的贫农，知识水准很好，所以被选为主任。刘济舟兴奋得同他谈了一夜，讨论土地改革文献上的许多问题及土改的实际情形。展主任谈到，在土改期间，地主富农们如何搞破坏、如何勾结国民党军队；当他们杀回来的时候，如何残忍地镇压老百姓，只有彻底、干净地消灭封建剥削制度，不能使他们死灰复燃。展主任还给刘济舟讲了很多有关新中国成立后农村的情形，政府如何有组织地领导搞生产；村中如何订立生产计划，牲畜劳力如何分配；如何照顾军属和中农。这些对刘济舟来讲全是新鲜的，他以前认为书上写的"新中国成立后怎样好、怎样生产积极是锦上添花，有添枝加叶的夸大"，今天亲眼看到新中国成立后的农村，实际的情形摆在面前，使刘济舟改变了过去的看法。临别时，展主任向刘济舟说："老刘，你这一次相信共产党是有办法的吧！"这话一直留念在刘济舟的心中①。

　　四个月中，刘济舟配合县政府干部推进采石工作。干部们每月60千克小米的供给制，白天跑工地，晚上开检讨会，关照工人们的生活。刘济舟看到当工作进行中与工人利益相发生抵触的时候，干部们常是从工人阶级的利益出发解决问题。这些都让刘济舟深深地感到自己在思想和行动上的差距。

　　其间，刘济舟经常与昌平县的一位青年团员村干部莫洪杰同志整晚交谈，他逐步认识到："一个人的前进与否并不在乎他念了多少年的死书本而不能结合实际，真实的进步是实际工作中锻炼考验出来的"。

图3-3　南口采石场块石装车

　　南口采石工作结束的第二天，正是新中国第一个新年，1950年的元旦。外面扭秧歌的锣鼓声忽远忽近，一队又一队，忽然通通当当地敲到刘济舟所住院子里来了。干部老刘一马

---

　　① 《刘济舟一九四九年的工作回顾》。存于交通运输部人教司。

当先，跑入屋内喊着说："我们采石工人们给新港同志们拜年来啦！"刘济舟与新港同事们马上跑出去相对作揖。"他们高兴地扭起秧歌来，表演如何挖石头，他们拉着我们一块扭"，刘济舟感动得不禁眼中充满了眼泪。这一时期，刘济舟越来越接受无产阶级思想。

加入新民主主义青年团

虽然刘济舟过去对政治不感兴趣，但新中国成立后强烈地要求进步，曾学习了不少新的书籍，如《毛泽东选集》《土改文件》《新民主主义论》《目前形势与我们的任务》《思想改造问题》《新人生观》《青年报》《中国青年》等。

在总结 1949 年工作的时候，刘济舟看到全国的迅速解放，中国未来希望之远大，对人民政府更信心坚定，刘济舟深刻地检讨了自己一年来工作上的不足。更重要的是，他对于筑港工程因逐渐深入研究而深感兴

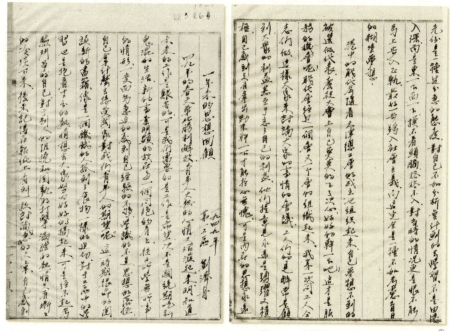

图 3-4　刘济舟一年来的思想回顾手稿[1]

---

[1]　《刘济舟一九四九年思想回顾》。存于交通运输部人教司。

趣，甚望能终身从事筑港工作，更希望将来在人民政府的领导下，建筑人民的新港，得到更多的宝贵经验，以作为将来为人民服务的工具①。

刘济舟细心地分析了过去的一切，他逐步认清了革命干部应有的作风和自己的不足，毅然申请入团。深愿接受有组织的领导学习，改造思想人生观，确定正确工作观点，做新时代献身国家的新青年，早日完成建设新中国的事业。1950 年 1 月 19 日，刘济舟的申请被批准，他正式加入中国新民主主义青年团，无候补期，成了新港工程局的第一批团员。

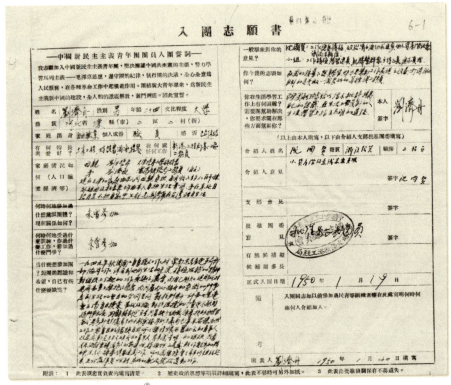

图 3-5　刘济舟的入团志愿书②

1950 年 4 月 24 日，塘沽新港工程局进行了新中国成立后的第二次机构调整，归属于中央人民政府交通部航务工程总局领导。7 月，交通部下达通知："华北各地各矿厂及各企业单位凡机构业经整顿，负责人人选也已

----

① 《刘济舟自传》。存于交通运输部人教司。
② 刘济舟的入团志愿书。存于交通运输部人教司。

确定者，原军事代表及联络员即行撤销"。新港工程局军事代表名义撤销后，交通部派任原军事代表周纶为新港工程局局长。

中央人民政府政务院 5 月发布的《关于 1950 年航务工作的决定》指出：1950 年航务工作的任务是继续支援解放战争，并为恢复生产服务。明确"塘沽新港工程继续进行"。因全国解放战争尚未结束，国家财政还不能对基本建设大量投资。4 月下旬，交通部李运昌副部长、航务总局高原副局长和中央财经委员会一批专家到塘沽新港调查研究。4 月和 6 月，新港工程局负责干部两次赴交通部汇报工作，并参与讨论塘沽新港年度施工计划。直到 8 月下旬，中财委才批准新港工程局 1950 年度 480 万千克小米的现款概算。

由于批准的投资计划既晚且少，1950 年施工的重点项目仅为防波堤和回淤测量试验。防波堤抛石 4.1 万立方米，预制安放混凝土方块 246 块，混凝土圈 103 个，拦泥坝工程结束了 1949 年计划未完成的部分，使拦泥坝与防波堤合围，发挥了拦泥作用；疏浚工程主要包括，配合本局施工工程船舶航行和停靠，对第一码头泊位、驳船码头、方块工场出运口、船台滑道口及干船坞施工围堰挖除等几个区域的挖泥，并建立航道标志两座。为考察研究塘沽新港港区回淤情况，在外航道水深 −5.0 米处挖试验坑两个，总计全年挖泥 48 万立方米。陆上工程：1950 年新建第一修船厂厂房一座，在"三百吨"（地名）建 300 吨钢结构水塔一座。

1950 年，试验研究工作进一步充实扩大，主要项目有：复测全港三角网、水准点、防波堤断面、全港水深、含泥量、港内外流向、流速、波高、波长、波速以及船闸开闸冲刷等试验，拦泥坝安全试验，混凝土配合比试验等。许多试验项目接收过来即为空白。自此，新港工程局第一个建立起波浪试验槽，第一个开展混凝土构件冻融试验，回淤研究在当时也走在前列。这些试验研究的开展和取得的成果，为塘沽新港以至全国其他港口的建设提供了重要的技术依据，也为航务工程建设开展科学研究工作奠定了基础。

关于塘沽新港工程建设的当时情况，继续修建的必要性和建设计划，1950 年曾几次向交通部汇报。1950 年 12 月，交通部再次邀请水利专家来塘沽新港考察。专家们认为：1949—1950 年两年来新港工程局对新港工程建设采取以减少泥沙回淤为重点，抓紧测验研究工作的措施是正确的。建议 1951 年对塘沽新港的测验研究工作进一步充实和加强。1950 年年底，新港工程局编拟上报了《提前使用新港计划书》。

刘济舟在 1950 年的工作可以总结为三部分：负责新港的防波堤工程施工测量；新民主主义青年团的工作和第一工区工会工作。自新中国成立后大量工程开工，更因一直从事防波堤工作，对其产生了极大兴趣与热爱。1951 年被分派独自负责施工测验，工作很用心，几乎无时无刻不在思考工作，学习技术，练舰板、游泳，虽然吃点苦也很高兴，但总感到经验太少，不断努力学习以提高技术水平[1]。这段时间工作很忙，差不多天天早上四五点出海，要不就是画图计算。另外，刘济舟还兼顾着共青团和工会的工作。

主持抗美援朝训练班

1950 年 6 月 25 日，朝鲜战争爆发。我国东北、华北一带刚刚开始的建设受到严重影响。这时，新港工程局也做了抗击美国入侵的准备。

抗美援朝战争开始后，弟弟刘济航在东北随铁道兵去图们江前线抢修大桥，刘济舟在天津塘沽新港当上了抗击细菌战的大队长。从南到北横贯港区，全局职工排成大队向前齐步走，他走在前边，捕捉天上掷下来的和海上漂来的一团团苍蝇、大蚂蚁和小黄蜂，奋战了半年。

为了加强职工的思想教育，组织上派刘济舟同其他三位也是知识分子出身的团员领导主持抗美援朝团训班。接着又接连让他们主办船员抗美援朝训练班和测工训练班，主要内容也是提高工人阶级觉悟，加强抗美援朝思想教育。

经历两个多月三次训练班的脱产学习，刘济舟深刻感到，自新中国成立以来，人民的生活安定下来，工人工作有了保障，物价也稳定了，新建

---

[1] 《刘济舟抗美援朝团训班总结》。存于交通运输部人教司。

设一天多似一天，新港工程也拟定了初步计划，有步骤地向前推进。他将各方面和过去的社会比较后，确信共产党的正确领导与为人民服务的精神，梦想了多少年的新中国建设的期望，今天完全实现了。他在 1950 年学习了很多有关抗美援朝的书籍，使他认识到只有跟着共产党，才能更好地建设祖国。这是刘济舟思想上一次重大的转变。组织上也加强了对他的培养，努力将他造就成"一个真正无产阶级的工程师"。

紧跟共产党，投入新中国港口建设

南京港"抢险"

1950 年，交通部组织了浦口码头抢修委员会，新港工程局奉交通部命派出一批技术、业务骨干和技术工人前往参加抢修。南京港分布在长江南北两岸，多是木栈桥加趸船的浮码头。由于年久失修，有的腐朽，有的塌于江中。1945 年浦口江岸发生崩塌，1948 年后日渐加剧，使部分码头全部坍毁，大量煤炭被水冲走。1949 年浦口相继塌落码头 6 座，坍塌岸线长达1800 米，坍塌进深从几米到 120 米不等。全部津浦码头的岸壁都有裂口，锚链被拉断，木桩起伏，形势非常危急。第一期"抢险"工程于 1950 年 8月完成，新港工程局的职工返回塘沽新港。1951 年 2 月，交通部航务总局函示新港工程局，第一期整流护岸工程虽完成，但尚未达到预期标准，故决定在 1951 年内继续开展第二期工程，以求达到巩固浦口及下关江岸的目的。

为了适应南京港整治工程任务的需要，新港工程局对全局力量做了新的部署。刘济舟积极要求参加"抢险"工程，"连想都没想，并且带了全套东西准备去个二、三年①"。新港工程局的机关干部和技术配套的数百名工人组成了南京港整治工程局，周纶兼任局长，新港工程局副总工程师田述

① 刘济舟入党志愿书补充材料。存于交通运输部人教司。

基任总工程师。南京港整治工程局设五个科，两个工程队，一个修理厂，子刚、闫秉德、任宝华、党仁德等为各科室负责人；秦万清、王禹任护岸工程队队长、副队长，姚贻枚任疏浚工程队队长；游海雄任疏浚工程队竣工组组长，负责船机设备的维修工作。

　　刘济舟被分到南京港整治工程局护岸工程队，负责采石场和沉笼的工作。2月5日接到交通部航务总局通知，经过三天昼夜准备，2月8日，即春节过后的正月初三，刘济舟跟随由新港工程局总工程师室主任王禹带队的首批队伍，离开塘沽新港奔赴南京。到达南京后，稍作安顿，2月12日即全面开工，比交通部要求的3月1日开工提前了半个多月。居住条件差，睡地铺非常拥挤，而且十分寒冷，饮食生活也不习惯。但谁也没有怨言，遇到困难互相帮助，主动克服。

　　南京港整治工程局根据中、苏水利专家意见，采取"疏浚导流，抛石沉笼①护岸"方案。刘济舟被任命为"沉笼队"队长，派给他一个营的劳改犯人，领着他们扎制和沉放沉笼。工程甚是艰巨，一是石料用量大，所需时间集中，运输困难；再是施工进度要与汛期争时间。石料供应来源分两路，一路在南京市燕子矶组织力量开山采石，从水路用民船直运工地；一路从安徽省滁县采购，通过铁路运达，南京市军管会组织地方力量卸车、倒运。石料供应得到了保证，乃千方百计加快施工进度。2月的南京天气寒冷，护岸施工，工人们整天泡在泥水中，条件甚为艰苦，但当时长江尚为枯水季节，尚仍属陆上施工。3月开始，长江上游积雪融化，"桃花汛"到来，江水上涨。按原计划进度，后期工程将为水下作业。在冰冷的水中作业，不仅更加困难，工程质量也难以保证。经过分析研究，决定将护岸工程计划由7月底完成修改为5月底完成，并作全面发动。参加施工的职工，争时间抢速度，昼夜赶工，决心不使陆上施工变为水下施工。江水天天有涨，施工进度始终赶在前头。终于使护岸工程比交通部要求的工期提前两个月，比修改后的计划提前三天，于5月28日完工②。

---

　　①　用柳条编成5丈长的笼子，装满石块后沉入水中。参见《南京港史》。北京：人民交通出版社，1987年，第252-253页。

　　②　《筑港天涯路——第一航务工程局发展史：1945-1990》。1993年，第31-34页，内部资料。

在沉箱施工与采石工作中，刘济舟对施工方法进行了改进，施工效率由每天 10 个提高至 40 个，对工程的提前完工起到了重要作用。完工后潜水检查，因江流过急，虽有个别叠积情况，但整体上达到了预期效果，防止了浦口码头与下关海军医院江岸冲刷。

某天半夜，刘济舟接到电话通知，在他负责的工地里，发现了混在工人中的逃亡恶霸地主，叫刘济舟马上逮捕他。刘济舟组织了团员们，带着他们进行戒严盘查，成功将其逮捕并送交给公安人员。后来因此事迹，刘济舟所在小组在团内受到表扬，并评为防奸治安模范小组[①]。他个人也因此被评为新港工程局小组治安模范[②]。

南京港整治工程全面完成后，新港工程局受到中央人民政府政务院的通令嘉奖。刘济舟也因个人的突出表现，被评为天津新港工程局三等劳动模范。

参加塘沽新港第一期建设

刘济舟在南京港参加"抢险"期间，天津市有关部门组成调查组到塘沽新港和有关方面调查，研究提供大力修建塘沽新港的依据。1951 年 2 月，天津市黄敬市长召开关于塘沽新港建设问题座谈会，政务院总理周恩来莅临天津参加。新港工程局提出提前使用塘沽新港的计划，天津市舆论界积极支持修建塘沽新港，通过座谈讨论，提出了七个方面的问题和建议。

交通部于 1951 年 3 月召开了全国第二届航务工作会议。根据会议的精神，1951 年航道、港湾建设的重点是长江，沿海港湾只做必要的维持修整，为正规建设做准备工作。这对新港工程局这支年轻的筑港队伍是个严峻的考验。新中国刚成立两年，人们对在旧社会失业的景况记忆犹新。工程任务不多，加上朝鲜战争的国际形势，部分职工思想波动，个别的一时失去信心，提出辞职另谋职业，并有二三人逃离大陆。新港工程局面对现

---

① 刘济舟入党申请书补充材料。存于交通运输部人教司。

② 《中国工程院院士自述》，1996 年。

实，采取了两条措施，一是对塘沽新港已有的工程、设施的维修保养全面开展、试验研究工作继续认真进行；二是组织一批精干力量广开门路，承担外部任务。同时做好宣传教育工作，使全局职工坚信塘沽新港一定会大规模建设。

1951年7月，刘济舟返回塘沽新港工程局，继续在第一工区工作，负责防波堤沉圈打捞、混凝土圈同方块制作和450米防波堤的施工。混凝土圈是1950年被风浪打落入海的，大部已沉陷泥中，经多方设法，共打捞起107个（每个15吨）。在混成堤施工中提出两潮连续施工的方法，工作效率由每天10个提高至20个。该堤结构稳定，发挥了防波与填筑地围埝作用 [1]。

塘沽新港的建设在1951年秋出现了转机。中央人民政府政务院1951年8月24日召开第99次政务会议，专门讨论了塘沽新港建设问题。次日，政务院发布修建塘沽新港的命令。指出："完成塘沽新港建设工程，已是刻不容缓的任务"。政务院成立了塘沽建港委员会，直属中央人民政府交通部领导。9月5—7日塘沽建港委员会在新港工程局举行第一次会议。章伯钧主任委员主持并致开幕词，他说：过去帝国主义侵略我国，控制我国的铁路、港口等重要交通命脉，而今天中国人民能以自己的力量来建设自己的国家了。塘沽新港是华北的主要港口，它关系着华北亿万人民的生活，特别是天津市工商业的繁荣，在国防上也有重要作用。建设港口是一件新的工作，要通过这一工作，培养出大批干部，使建港工作本身成为一座学校，为今后建港创造有利条件。周纶报告了塘沽新港兴建的历史沿革及新中国成立以来的工作，当前需要的干部与组织机构、工具、材料与经费的初步计划。李安提出保证完成计划的初步意见。会议经过缜密的讨论研究，通过了塘沽新港建设计划："第一阶段，决定今明两年以内大力进行新港航道及码头附近的挖泥工作，并适当整修南北防波堤及增修港岸的交通运输等设备，保证明年冬季使载重万吨轮船可驶入港内停泊装卸；第二阶段，主要完成防波堤的修筑工作，继续进行新港的浚深工作，保护航

---

① 1953年技术人员登记表。存于交通运输部人教司。

道，防止风暴导致泥沙侵淤。"此外，会议对塘沽新港的发展也进行了初步的讨论。

政务院发布修建塘沽新港的命令一公布，新港工程局全体职工欢欣鼓舞，一片沸腾。这一消息令刘济舟感到十分振奋，他早就盼望这一天了！1951年9月3日，塘沽新港第一期建设工程全面开工。刘济舟被调入新港工程局企划室计划科，同时任新港工程局工会办公厅分会宣传委员，负责编制基建年度计划，检查总结文字报告并负责宣传工作。由于宣传工作出色，1952年2月，任中国共产党新港工程局宣传员。1952年5月，被评为天津市委塘沽区党宣传员模范。作为一名青年团员，刘济舟在做好工作的同时，平时注重帮助青年同志提高思想觉悟，介绍多名同事加入新民主主义青年团，魏汝龙便是其中一位，后来这位分配到南京水利科学研究院工作并且成为了教授，他回忆：

> 当时天津新港的环境很荒凉，住宿和交通条件很差，工作很辛苦，刘济舟很能吃苦耐劳。我当时个子很小，刘济舟对我非常照顾。我们感情很好。他还是我入团的介绍人。他性格开朗，说话嗓门洪亮。

在改建第一码头的过程中，谭真①总工程师提出的"穿针引线法"给刘济舟留下了深刻的印象。全长700米的塘沽新港第一码头为钢板桩结构。由于桩短入土浅，即使航道疏通也只能停靠3000吨级船舶。改建的目的是将其建成能停靠万吨级船舶的深水码头。它是塘沽新港第一期建设的关键项目。工程内容是将码头前沿水深挖至-8.5米，相应地要先将码头前沿钢板桩尖标高由-6.0米复打至-8.5米。码头岸壁原有的钢板桩应力不够，

---

① 谭真（1899-1976）：字全甫，广东中山人。筑港工程及航道专家、教育家。1908年入天津直指庵官立小学，1911年入天津南开中学，1913年考入交通大学唐山工学院土木系。1917年6月毕业，同年考入清华学校专科生，被派赴美国麻省理工大学研究院，1919年获得硕士学位回国。1940-1942年在天津工商学院任教授，讲授构造设计学等课程。1946-1953年任塘沽新港工程局总工程师，后历任航务工程总局筑港工程公司副经理兼总工程师、交通部第一工程局副局长、交通部航务工程总局副局长兼总工程师、交通部技术局总工程师、交通部副部长。参见谭真档案，存于中华人民共和国交通部人教司。

需加钢拉杆。改建旧码头比新建码头技术复杂得多，会遇到许多估计不到的困难。开工后，经过实地检查，发现码头面下边的构造与日本人原设计不符，而且各段的情况也不一致。经多次召集当年参加过第一码头施工的老工人会议座谈，由主管工程技术人员说明施工要求，发动大家联系实际动脑筋，想办法。施工中遇到的最为困难的技术问题是水下穿拉杆。在码头岸壁钢板桩 −2.5 米处每距 1.6 米设有拉杆一根。拉杆为直径 5 厘米、长 18 米的圆钢。穿拉杆是在码头上已建仓库的下部施工，仓库前墙距码头前沿约 13 米，仓库墙下基础打有木桩。施工方法是先将码头上部泥土挖除，使底部适应穿拉杆的坡度，拉杆不但要从仓库底下土中穿过，还要穿过仓库墙基木桩和码头卸荷平台的下面。拉杆陆上一端因锚桩已挖除，施工较方便，但水下一端如何施工遇到两个技术问题：一是如何将拉杆从陆上通向码头前沿 −2.5 米处要求的位置；二是如何将拉杆水下一端锚固在钢板桩上。这两个问题一时未得到解决，严重影响了工程进度，成了塘沽新港第一期建设能否如期完成的关键。局领导和谭真总工程师蹲到码头施工现场，动员职工群众，与工人、技术人员一起开动脑筋，研究对策，召开了大小 17 次专题座谈会，终于创造出"穿针引线"穿拉杆法。即利用人力绞车将 18 米长 7.5 厘米直径的钢管按规定坡度，从陆上穿向码头岸壁下部钢板桩，用大锤击打钢管陆上一端，潜水员潜入码头前水下，从钢板桩外侧听音，证实钢管触及钢板桩后，由陆上从钢管内通入铜管，头部装空心焊条，将钢板桩穿通，由潜水员在水下用电割器在穿通的位置上切一圆孔。将钢拉杆从钢管中通向钢板桩切孔，陆上抽出钢管，潜水员在水下用垫板螺母将拉杆外端锚固在钢板桩上，上端锚固在锚碇桩上，一根拉杆即为完成。改建新港第一码头时"穿针引线"穿拉杆的施工方法从无先例。这一技术难关的突破，是具有一定代表性的集体创造的典型事迹[①]。

多年后，河北大学吕志毅教授采访刘济舟谈到谭真时，刘济舟还谈到对谭真极深刻的印象："谭真绝顶聪明，富于创造精神，自幼享有'神童'之誉。其主要成就是对我国旧码头的改造和新码头的建设。如他主持天津

---

① 《筑港天涯路——第一航务工程局发展史：1945–1990》。1993 年，第 36–45 页，内部资料。

港一区码头改造工程，采用'穿针引线法'，将原来由日本人设计的单排改为双排，6 米改为 8 米深，充分显示了他卓绝的技术才能和学术根底。20 世纪 50 年代，他主持湛江新港一期工程的建设，任总工程师。这都是他的代表作[①]。"

在塘沽新港一期工程建设中，得到了苏联专家的帮助，吸收了一些先进的技术和施工经验。自 1951 年 9 月开工至 1952 年 10 月，第一期建设计划提前完成。塘沽新港第一期建设工程所以能够迅速开工，与新中国成立以来，在基础资料工作上一直抓得很紧，试验研究得出了一批成果关系密切，刘济舟在其中发挥了重要作用。

1952 年 10 月 17 日塘沽新港举行开港典礼，这是新中国成立后第一个自行改建完成的深水港口开港。周恩来总理在赠送的锦旗上亲笔题词："庆祝新港开港，望继续为建港计划的完成和实施奋斗"。

塘沽新港开港后一周，1952 年 10 月 25 日，毛泽东主席到塘沽新港视察。由周纶等带路先到新港船闸，途经修船厂门口到新港第一码头下车。毛主席步行在码头上，目光移向周纶问道："你是建港的负责人吗？"周纶回答"是"。毛主席看了看周纶，又环顾了一下整个码头，风趣地说："你个儿不大，怎么建了这么大港口啊？"周纶回答："有毛主席、

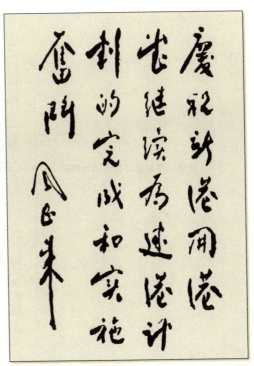

图 3-6 周恩来总理 1952 年 10 月 17 日为塘沽新港第一期建设完工开港题词[②]

①　吕志毅采访刘济舟院士口述笔录，2006 年。
②　《筑港天涯路——第一航务工程局发展史：1945-1990》。内部资料，1993 年。

党中央的英明领导，有市委的关怀和全国各方面的支援，有广大筑港工人的努力，再大的港也能建。"毛主席听了高兴地笑了。毛主席最后指示说："今后，我们还要在全国建设更大、更多、更好的港口"。

　　塘沽新港第一期建设总结了经验，培养了人才。这是中国筑港工人第一次自己设计、改建深水港口，在新中国建立初期是个创举。参加塘沽新港第一期工程建设的一大批职工，后来成了我国建港系统施工生产、经营管理、政治工作等方面的业务骨干和领导骨干。

　　刘济舟性格喜动，参加工作后长期从事防波堤施工工作，并长期研究港湾工程理论书籍，对港湾工程产生了浓厚的兴趣。一期工程建设中，刘济舟负责编制基建计划，这对他来讲是生疏的，为了工作需要，他全心全意地做好当前的工作努力研究基建计划问题，并积极完成各项工作任务，业务能力得到迅速提高。

图 3-7　刘济舟 1952 年年终总结（手稿）[1]

---

　　[1]　刘济舟 1952 年年终总结。存于交通运输部人教司。

1953 年 1 月，新港工程局改名为交通部航务工程总局筑港工程公司，下属四个公司即：设计公司、筑港工程公司、疏浚公司、打捞公司。交通部航务工程总局筑港工程公司"以原塘沽新港工程局、广州区航道工程局、长江区航道工程局、青岛第一工程大队、海河工程处之天津修船厂为基础组成"，进行"专业河海港湾航道（除疏浚、打捞）之新建、改建较大基建工程的施工"①。1953 年 1 月 26 日，刘济舟任筑港工程公司计划科副科长，并被评为筑港工程公司三等劳动模范②。

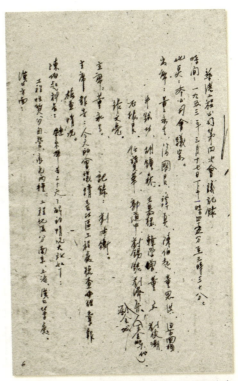

图 3-8 刘济舟参加筑港工程公司第四次会议记录③

加入中国共产党

从当选为塘沽新港第一届职工代表，到南口采石与农会主任、青年团员的交流，到后来南京港"抢险"工程，塘沽新港一期工程建设，刘济舟在这一个接一个的工作实践中锻炼成长，不断掌握新的技术知识，深深喜欢上了水运工程。在思想方面，从第一批青年团员，到主持抗美援朝训练班，担任塘沽新港工程局的宣传委员，他逐渐地认识和接受了共产主义思想④。他向组织上汇报了学习和工作经历，自己的世界观和人生观，坦诚地承认自己存在的不足。他深感到党的伟大，与党对自己的期望，希望能

---

① 《筑港天涯路——第一航务工程局发展史：1945-1990》。1993 年，第 54-55 页，内部资料。
② 1953 年技术人员登记表。存于交通运输部人教司。
③ 存于中交第一航务工程局档案科。
④ 《中国工程院院士自述》。1996 年。

"努力成为一个革命的好战士"，因此"坚决争取入党，终身献身革命"。

子刚和田世英为刘济舟写的入党介绍书①中，肯定了刘济舟的表现，认为他经过团的培养教育，进步明显，同意刘济舟加入中国共产党。

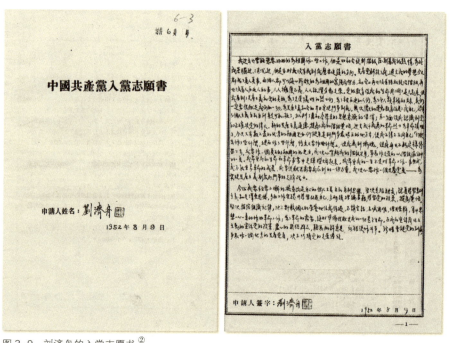

图3-9　刘济舟的入党志愿书②

他在入党志愿中写道：

> 党的教育使我的生命开阔远大起来，使我看到了共产主义社会的魅力，为了光荣牺牲的烈士们，为了被压迫的人们，为了全人类幸福的未来，我们一定要贡献出我们的一切，为共产主义社会的早日实现斗争到底。……我希望我的生命在革命事业中光辉灿烂起来，我希望我的一生不是对革命工作一事无成，我不能坐享革命的成果，我要贡献出需要我尽到的一分力量。我决心要做一个共产党员——为实现共

---

① 刘济舟的入党介绍书。存于交通运输部人教司。

② 同①。

产主义制度而斗争的先锋战士。

刘济舟在入党时另外还写了两份专题补充材料，一份是对资产阶级的认识，一份是对唯心主义的批判。1952 年 8 月 9 日，塘沽新港党支部大会讨论了刘济舟的入党问题，认为刘济舟已经具备党员条件，通过了刘济舟的入党决议，11 月 14 日，由区党委批准，刘济舟正式加入中国共产党。

全面学习苏联港工技术

塘沽新港第一期建设任务完成后，从 1953 年开始，根据全国航务工程建设任务的需要，年轻的筑港职工，服从组织安排调度，从塘沽新港出发，不断地远距离调动，在沿海、长江沿岸和三线许多地方留下了筑港工人的足迹，留下了一批基本骨干，并在完成施工任务过程中就地培养了一批批技术力量，航务工程建设队伍在全国各重要港口壮大了力量，发展了为航务工程建设服务的基地[①]。

由于港口工程各异，技术复杂，技术资料缺乏，施工中许多技术问题的解决，均要在与波浪、潮汐等大自然的斗争中，在具体的施工实践中摸索前进，总结提高。1953 年 4 月，交通部邀请苏联专家沙士可夫在北京开办港口工程技术研究班，这是新中国第一次大规模培训港口建设高级技术人才。筑港工程局所属各单位技术人员和大连工学院港口工程专业、武汉大学水利专业部分拟分配到筑港工程局的毕业生参加了培训。这也是刘济舟第一次正规学习港口工程技术理论。

沙士可夫是苏联派往我国的首批八名苏联专家之一[②]，是少有的水运工程技术专家，在航务工程总局做顾问。在塘沽新港一期工程建设以及后来的旅顺大坞修理、葫芦岛港南防波堤修理和青岛港码头恢复工程、秀英港东防波堤建设等工程中都做出了卓越的贡献。

---

① 《筑港天涯路——第一航务工程局发展史：1945-1990》。1993 年，第 54-55 页，内部资料。
② 《筑港苦旅：新中国沉箱结构纪实》。北京：人民交通出版社，2013 年，第 40-44 页。

苏联专家援助中国期间，交通部号召交通技术人员积极地向苏联专家学习。主要采取了以下几种形式：集中提出问题请苏联专家做报告；组织技术人员与专家座谈；专家到现场进行实际指导等 ①。

在培训期间，沙士可夫做了土壤地基、水下灌注混凝土、港池及航道淤沙和海港工程勘测等 14 个报告。1954 年 2 月 10 日，航务工程总局将沙士可夫报告归纳整理为六个篇章，结集《C. A. 沙士可夫专家报告汇编》，由人民交通出版社出版，组织全国港口建设技术人员学习。

刘济舟全面补习了港口建设技术知识，学习苏联的港口建筑物设计施工先进经验，开始研究码头与防波堤的设计与施工等。

刘济舟在学校学习的时候全部使用英美的教科书，几乎看不到中文版本。毕业后五、六年来在新港工作，因为新港曾经是日本人修建的港，所以日本的港工技术观点在新港深深地扎下了根，尤其在国民党时代更使用了不少日本人或美国人顾问。经过这一次研究班学习，使刘济舟认识到苏联港口技术的相对优越性，在防波堤与码头两方面收获最突出。

刘济舟结合他从事防波堤施工的经验，详细总结了防波堤基础承载力和滑动方面的体会：

过去在新港防波堤施工中，地基稳定问题一直是被忽视的，虽然不少基础沉陷滑移的事实发生，并没有引起注意。如当年抛石、当年安放方块，而不等待地基充分下沉，而造成上层建筑下沉倾斜，如北堤国民党施工的一段，上层方块下沉 1 米多；北堤 8 千米试验堤安放方块后一星期就发生不均倾斜；北堤混凝土圈防波堤被风浪冲垮后（筑成后一星期）基础压力集中部分显著下沉；南堤在当年新抛石基上砌坡，因坡脚下沉而使砌石缝错口。另外，由于沉陷量不能正确掌握，计划抛石量与实际出入很大。而在苏联的基础理论中说明了建筑物沉陷的不可避免，并告诉我们沉陷与时间的关系，由于他们考虑到防波堤基础的稳定，因之有一套很新的有关基础承载力和滑动的验算方法，这是非常宝贵、在过去港工技术中没有见到过的。关于基础换砂问题，苏联也有比较更具体的规定和经验介

---

① 交通部行政史。北京，人民交通出版社，2008 年，第 145 页。

绍，对建在软泥基础上的港工建筑物是很有实际意义的。

刘济舟对于港工混凝土耐久性问题也认识颇深，这也是后来他十分关注港口工程结构耐久性，并着力推动相关技术创新的原因。新港防波堤上的混凝土方块自日本统治时期以来一直是用素混凝土制作，由于受到海水物理及化学作用，腐蚀得相当厉害，工人们都叫它"面包"。新中国成立以后，刘济舟就一直研究防止混凝土腐蚀的方法。经过两年多的摸索与实验，采用了砌石方块的办法。但是，如今看到在苏联规范中明确地写着，砌石方块不论用于何种防波堤效果都是良好的。对于这点，刘济舟十分感慨，"假若早有苏联先进经验的指导，我们不但不会走那样长远的弯路，更不会造出好多不能抵抗腐蚀的素混凝土方块。"

刘济舟觉得这次学习的机会十分难得。四个月期间，不敢稍有松懈，对于每个问题都要细心研究，自始至终能够保证学习进度。对防波堤、码头与混凝土的学习很认真，测验成绩为"优"。

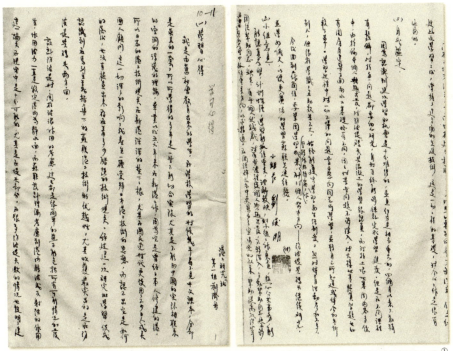

图3-10 刘济舟参加港工研究班时的学习心得[1]

———————————

[1] 存于交通运输部人教司。

　　刘济舟在港工研究班再一次学习了实践论，经过了两个多月的反复研读和讨论，对实践论基本精神的领会更加深入了一步。在学习心得中，他应用实践论观点对自己的工作进行了检查，体会到"必须踏踏实实地在每一件工作中学习，向每个人学习，更重要的是总结每一件工作，不要放过任何一件宝贵的经验；在工作中要紧紧的依靠工人，以理论将他们的经验系统化保存下来，推广发挥。"联系到很多工程的实际问题，认识到辩证唯物的方法与工程技术的紧密关系，马列主义辩证唯物论的思想方法是每一个工程技术人员为了更好地为人民服务所必须掌握的斗争武器。他说："我是无产阶级中的一个战士，所以就必须要顽强的学习科学知识，掌握它并为无产阶级服务[①]。"

---

① 刘济舟港工研究班学习实践论心得。存于交通运输部人教司。

第四章
炮火中修建厦门海堤

1953 年 10 月，塘沽新港筑港工程局派刘济舟赴厦门参加厦门海堤工程建设。10 月 26 日，交通部航务工程总局和筑港工程局等单位组成"中央技术小组"奔赴厦门，刘济舟任小组政治指导员。其间，他参加海堤工程设计，完成了波浪资料的计算与分析，堤身断面与上部结构的设计。1954 年 1 月 16 日，因出色的工作能力，被任命为厦门海堤第一工区沉箱工程队主管工程师，主持建成新中国第一座沉箱结构。

昼夜兼程赴厦门

厦门是我国东南沿海的一座海岛城市，著名的侨乡，具有环岛绵长的海岸线和岩石基础，为我国少有的天然良港。厦门与大陆隔海相望，千百年来，舟楫相通，从厦门到大陆靠船只驳运，极为不便。把厦门岛和大陆连接起来，变海岛为半岛，是厦门和闽南人民长期以来的迫切愿望。

淮海战役打响后，蒋家王朝已不堪一击，人民解放军所向披靡，势如破竹，新中国的曙光已喷薄欲出。根据总体部署，解放军第二十九军参加了解放上海、挺进福建的任务。十兵团司令叶飞命时任二十九军参谋长梁灵光[1]率先遣队先期入闽，为解放福建做先行工作。在圆满完成先遣入闽和解放福州的任务后，我二十九军投入漳厦战役的准备当中，梁灵光负责抓征集船只的工作。此时，省委来令，将梁灵光从二十九军中调出来，任厦门市长[2]。原来，在全国政协第一次会议上，爱国华侨陈嘉庚向中央领导提议：厦门解放在即，那儿华侨多，又是鸦片战争后"五口通商"的一个口岸，海外影响大，要求派一个闽南人当市长，中央十分尊重陈嘉庚的建议，并征求了省委的意见，叶飞司令员知道梁灵光是闽南人，而且抗战期间在苏中地区有多年从政的经验，就推荐他出任厦门市长。

1949年10月17日，厦门全岛解放，战争硝烟尚未散去，接管人员进驻鹭岛，全面接管厦门。出于海防战备的考虑和经济发展的迫切需要，解决厦门本岛与大陆的交通联系问题摆在了梁灵光的面前。是架桥，还是筑堤？经过论证，结合当时实际，选择了修建厦门海堤的方案。原因有以下两点：第一，马来亚与新加坡当中原是隔着一个海峡，当地政府在那里修了一条海堤，把两岸连起来，火车从堤上通过。1950年9月，陈嘉庚从南洋回到故乡集美定居，梁灵光经常渡海过去拜访他。他们谈起厦门与集美之间的交通问题时，就谈到了马来亚与新加坡之间的海峡长堤。感到在高崎、集美之间完全有可能修一条海堤，把厦门与大陆连接起来。第二，从当时的施工条件来看建桥是不现实的，而且在军事上也容易被敌机空袭破坏。

梁灵光把同陈嘉庚谈话的情况对副市长张维兹说了，请他找几个工程师对高崎到集美这一段的地质、水文情况先作重点调查勘探。张维兹把这个任务交代给市建设局工程科副科长刘炳林。刘炳林与欧阳千、肖呈祥、王文修、方虞田等几个专家教授一起到现场勘探研究，一致认为修海堤好，这既可以利用本地的花岗岩材料，又可以解决厦门大量工人失业的问题。于是，经过三四个月的勘探，他们搞出一个"抛石为堤"的工程设计

① 梁灵光：天堑变通途——我所亲历的厦门海堤修建过程。厦门市关心下一代工作委员会编印，《移山填海话当年》。2000年，第11页。
② 梁灵光，历任厦门市第一任市长、福建省工业厅厅长、副省长、轻工业部部长、广东省省长。参见：厦门市关心下一代工作委员会编印，《移山填海话当年》，厦门：鹭江出版社，2000年。

方案，经市委审查后，就派刘炳林去省里向方毅副省长汇报。以后又派他去上海向华东局汇报。华东局交通部黄逸峰部长召集上海有关专家、教授审议了两次，不少人认为，像这样在海峡上"抛石为堤"的建设工程，过去还没有过，技术上难度大，很可能"石沉大海"。所以，此后，设计文件报到中央交通部，一年多没有得到回音。

1950年，中国人民志愿军入朝作战后，福建前线形势紧张起来。毛主席致电陈毅，提出"厦门必须多储备粮弹，布置积极防空，对守军指战员进行深入的政治动员，加强纵深工事，务必长期确保厦门。"

陈毅在叶飞陪同下即来到厦门视察，检查战备工作。梁灵光向陈毅汇报修建厦门海堤的工作，得到陈毅的完全赞成。后来，陈毅到了北京汇报战备情况时，在政治局会议上向毛主席提出修建厦门海堤问题，毛主席同意了。当时，中央的财政比较困难，尽管毛主席点了头，财政部还是拿不出钱来。所以，有一年多时间修建厦门海堤的事没有提起，真是有点"石沉大海"了。

到1952年年底，梁灵光碰到陈毅，又跟他谈起修建厦门海堤的事。陈毅答应："我再找毛主席讲讲，这是毛主席亲自定的嘛！"陈毅再次到中央开会时，又向毛主席做了汇报。毛主席讲："厦门海堤一定要修。好，简单一点，钱交给你，由你陈毅负责。"

陈毅回到南京，马上给福建省委打电话。叶飞很高兴，打电话告诉梁灵光说："中央批准了，你赶快去南京找陈毅同志落实这件事。"

梁灵光去了南京，做事爽快的陈毅一见到梁灵光就说："好了，把钱交给你们，我的工作到此为止。项目中央批准了，钱也有了，1300万包干，事情由你们去做。做好了我给你们庆贺，做坏了大家各打五十大板。"

梁灵光说："一定会做好，不会做坏的，你放心好了！"

就这样，厦门海堤修建工程上马了。

修建高集海堤工程，我国过去无此经验，投资亦巨，牵涉到中央与地方、军事部门与运输部门各方面。为了解决专款拨付办法等问题，保证工程顺利完成，并符合标准要求，需要建立专责机构，明确领导关系。福建省成立了高集海堤工程建设委员会，梁灵光任主任；厦门新任市长张维兹任高集海堤工程指挥部主任。苏联专家沙士可夫为技术顾问，负责现场选址，指导勘察设计；施工指挥所主任是福建省水利电力厅副总工程师殷孝友。

海堤工程技术人员由福建省水利局和厦门市的技术干部组成。因没有工程施工经验，叶飞致电政务院，要求交通部派员承担海堤工程中的航道桥建设任务。按政务院指示，1953 年 9 月 30 日，交通部航务工程总局局长葛琛致信叶飞，提议"在行政领导下组成技术委员会，以利与航务工程总局联系，及时解决施工中的技术问题，为此技术委员会下还设技术研究组和技术检查组。"

1953 年 10 月，交通部航务工程总局和筑港工程局等单位组成中央技术小组。这时，刘济舟刚参加完交通部航务工程总局在北京举办的港工研究班。筑港工程局决定派刘济舟赴厦门参加海堤建设工作，并任队政治指导员。交通部还从各地抽调了 20 余名应届大学毕业生，在上海集中，赴厦门参加海堤建设工程。

一路上乘坐了火车、汽车、轮船。由于国民党飞机的空袭，有时白天休息，夜间赶路，经过七天七夜终于来到厦门。刘济舟等 20 余人到达厦门后，得到了指挥部的热烈欢迎。到达的那天晚上，指挥部举行舞会欢迎了他们。小伙子们兴高采烈地跳舞，刘济舟结识了不少新朋友。

根据交通部航务工程总局意见，中央技术小组未单独建制，秦万清任技术室主任，翟维沣负责航道桥设计技术指导，刘济舟任海堤施工所副主任，其他人先期搞航道桥技术设计，后来大部分编入沉箱工程队，从事沉箱施工技术工作。

青年"红色工程师"

厦门海堤工程 1953 年 6 月开始动工，工程指挥部设在禾山殿前村，由张维兹任主任，曹玉崑、袁改任副主任。指挥部下设四个工区、一个造船厂。工区设指挥所，辖大队、中队；集美工区为施工区，其他为采石、运料工区。参加建设的干部、技术员有 5000 余人，民工近万人。采石工来自晋江地区的南安、惠安县，船工来自闽南沿海各地，主要是龙溪地区，板车工大部分是厦门当地的老百姓。

刘济舟等人到达厦门后，得到了指挥部的热烈欢迎。随即，这个中央技术小组加入进万人建堤大军，一部分人被分配参加设计工作，一部分人到工地参加施工。千军万马热火朝天的建设场面激励着每个人日夜奋战。

修堤工程施工分为两个阶段。第一阶段为典型施工，边设计，边施工，处处小心试验，随时总结经验；第二阶段全面施工，到 1954 年 1 月才展开。那时，采石工地炮声隆隆，号子声声；海面上舟楫如云，往来穿梭。

厦门海堤是在国民党飞机轰炸中建设的。蒋介石败走台湾，金门成为与大陆对峙的前沿。厦门岛与大陆连在一起，危如累卵的金门更加风雨飘摇，这是蒋介石不愿看到的。那时，空中军事力量"敌强我弱"，厦门属台湾制空区，当时厦门受到国民党飞机骚扰是家常便饭。尽管有高炮部队守护，海堤建设还是经常受到"干扰"。1954 年春节，颖海轮载着要回家过年的海堤民工，在龙海地区海面遇到国民党飞机一批一批轮番轰炸扫射，船被炸沉，仅这次就牺牲 76 人。建设期间工人、干部先后有 150 多人遇难。

在这种极度艰苦的条件下，施工人员将生死置之度外，坚守岗位，坚持施工。

刘济舟一开始在设计处参加堤身设计工作，完成了波浪资料的设计与分析，堤身断面与上部结构的设计。设计中经常深入工地结合实际情况，

图 4-1　为防止国民党空军袭击，海堤建设现场的高射炮[1]

---

[1]　中共厦门市委党史研究室编：《移山填海》。北京：中共党史出版社，2008 年。

多方面征求意见。除参加设计工作外，还参加了综合组的工作，在综合组中充分发挥了党组织对技术设计的监督作用。

在到达厦门海堤建设工地一个月后，1953年11月14日，由厦门市委批准，刘济舟转为中国共产党正式党员。海堤建设中，他兼任海堤团工委副书记，热心帮助新港筑港工程局20余名实习生的学习、工作、思想和生活，积极组织有经验的工程师为他们讲课，同时还经常关心和帮助各地区来的青年技术施工人员。

吴冠英[①]回忆当年与刘济舟一起参加建堤的情况时，写道[②]：

> 刘济舟工程师（现在是中国工程院的院士）是海堤唯一的年轻红色工程师，是我们的"孩子头"，他是海堤团工委的副书记，对我们谆谆教导。有一次，他拿来一部翻译的苏联小说《远离莫斯科的地方》，这是一部描写苏联工程人员为经济建设而忘我劳动的小说。他指出书中的一段话告诉我们："我们在工作上要发出的是火焰，而不只是冒烟"，让我们崇拜工程建设者并树立自身就是建设者的自豪感。有时，过完共青团组织生活后，刘济舟工程师会拉起小提琴让我们跳集体舞，偶尔在涨潮的休工时间，我们几个人还曾划着小船在海上漂荡，我的同学黄晓山拉起手风琴，让我们对着大海尽情歌唱。

这项工程的特点是，依靠党的政治领导和巨大组织能力，发挥群众的热情和智慧，战胜技术力量不足、技术水平低、设备落后的条件，使这一规模巨大的现代化工程，基本依靠人工操作，全部用石料干砌建成。

作为一名"红色工程师"，刘济舟充分认识到"革命是一个伟大的集体事业，共产党员不但要努力学习和工作，更重要的是帮助与提高群众[③]。"在海堤讲党课时，刘济舟也指出，"我们的事业是空前伟大的，只

[①] 吴冠英，原厦门海堤工程指挥部集美施工指挥所技术科干部。

[②] 吴冠英：我和厦门海堤。厦门市关心下一代工作委员会编印，《移山填海话当年》。厦门：鹭江出版社，2000年，第224页。

[③] 刘济舟入党转正申请书。存于交通运输部人教司。

有依靠群众，否则是不可能成功的；应当充分地认识到群众的智慧，个人是不足道的。"在这种思想指导下，解决了海堤建设中许多问题，以下是充分依靠群众的智慧解决难题的几个范例。

修建厦门海堤，曾碰到几大技术难题。第一是海堤护坡的承受力问题。厦门海峡风大浪急，遇上台风季节，海潮的冲击力就更大了。据国外资料记载，堤基两边的护坡用约两立方米的石块来理砌，才能抗击强大的海潮冲力。约两立方米的石头有几吨重呀！当时没有起重机、大卡车等大型设备，单靠手工搬动完全是不可能的。怎么办呢？老工程师殷孝友和技术人员、砌石工、民工们一起研究，创造一种"条石砌坡"的方法。此法经过试验，不仅工程质量有保证，而且节约了大量的人力物力。苏联专家鉴定后也认为可行。这样，在没有大型机械设备的条件下，砌出了高质量的海堤，为以后类似的工程创造了范例。后来写入了交通部《防波堤设计与施工规范》。

第二是滑移问题。1955年1月11日，突然间堤身两侧发生130多米长的大规模滑移坍陷，后来检查才发现，由于地质勘探设备落后，采用水冲法钻孔取样，造成地质土层的误判，经研究采用平衡压载法修复。由于该地段软土层厚达10多米，形成不均匀沉降。

第三是沉箱基础的整平和夯实。在没有任何起重设备的当时，是非常困难。海堤人充分发挥群众的智慧，首创了水下爆夯和用钢轨整平而解决了难题。

主持新中国第一座沉箱工程

任沉箱工程队技术主管

在海堤施工过程中，时任国防部副部长的粟裕来厦门视察。他听了指挥部的汇报后，提出一条意见：应在海堤的深水处留一条航道，以便船只通过，这对军需民用都有好处。陈嘉庚知道后，也竭力主张这样做。梁灵光和叶飞采纳了这个建议，请苏联专家给予考虑。

于是，海堤设计方案中就增加了航道工程这个项目，要有航道就必须架桥。航道应留在堤线的深水部分。水位以下的桥墩怎么建造？当时福建没有铁路，海路又被封锁，大型的建桥机械、浇筑巨大桥墩的竖井设备不可能运来。同时大量的钢筋、水泥也要靠进口。

图 4-2　与苏联专家沙土可夫研究技术问题
（右三为刘济舟）

指导海堤工程的苏联专家提出用沉箱做水下部分的桥墩，但那时主持海堤工程的中国总工程师只知道有这个做法，而实际并没施工过，更没设计过。因此，便由苏联专家提供部分技术资料，中国工程技术人员又翻阅了大量技术文献，终于根据海堤的地质情况和实际需要完成了沉箱的设计任务。于是便诞生了新中国的第一座沉箱结构。

沉箱一共两个，是钢筋混凝土结构，每个沉箱长 24 米，顶宽 5.5 米，底宽 7 米，高 5 米，重量 516.25 吨，如图 4-3 所示。

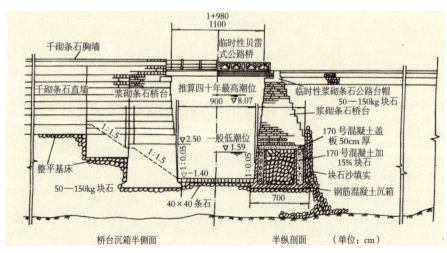

图 4-3　桥台沉箱侧视、剖面图

航道是在距厦门岛900米深水处通过堤身的。航道上口宽11米，底宽9米，两侧桥台主体是坐落在抛石基床上的两个钢筋混凝土沉箱，上架12.2米双构架贝雷式铁路公路桥。沉箱工程是全部工程关键之一，技术性最强，投资也多，必须保证质量，如不能照计划沉放，将影响整个工程进度。为此，指挥部在施工指挥所下专设沉箱工程队，专门负责浇筑两个沉箱，浇筑完工后，还要拖至堤线位置沉放，砌高成两个桥墩，上面架设贝雷式桥梁。

由于刘济舟自来到厦门海堤建设工地后，工作中积极、负责，能吃苦耐劳，有组织能力，钻研技术，表现突出。在技术设计工作开始不久，组织上将他调任沉箱工程队技术主管[①]。刘济舟勇敢地接受了这项任务，贡献了自己的全部精力。

刘济舟领导的沉箱工程队面临的一个严峻的考验是，如何实现沉箱安放基床误差不许超过2厘米的整平精度要求。

对于刘济舟等领导的沉箱工程队，他们最关键的任务是，对沉箱的施工拖运准确地安放，这对他们是一个严峻的考验。

两个沉箱是海堤工程中技术性最强的工程。沉箱内分24个格，从侧面看是梯形，从正面看是矩形，工人们称它是"水泥船"。在这以前，全国沉箱施工尚没有一套完整的经验，专家与技术人员必须运用自身拥有的知识与技术解决施工中的难题。

图4-4　沉箱施工

---

① 刘济舟在厦门一段的工作情况。存于交通运输部人教司。

沉箱是在沉箱坞中制造的。制造沉箱难度大，先在陆上挖大坑，用钢筋混凝土浇筑成两座各如两层楼高、550吨重的沉箱，然后挖航道将两座笨重的沉箱牵引出海。沉箱在沉放前，要先整平沉箱下的抛石基础。

建设航道桥是在海堤工程开工后提出的，为保证海堤竣工工期不变，设计和施工一开始就是个急活。1954年3月10日，绑扎第一段钢筋，当时施工图还未出来，技术人员草拟了沉箱底板放样图，绑扎工程便开工了。钢筋工是普通铁工，看不懂钢筋图，技术人员就以20∶1的比例编扎钢筋模型，结合模型给工人详细讲解施工方法和步骤。施工过程中，原计划用振捣器捣实混凝土，因为搅拌机和振捣器未按计划到货，改用人工拌和和人工捣实。搅拌机和振捣器在沉箱浇筑完成后才到货，没有派上用场。沉箱分三段预制，下部1.4米部分浇筑尚可，第二段和第三段各为1.8米，由于没有振捣设备，中间部位浇筑出现了严重质量事故。

模板中间开有小孔，按要求从小孔下混凝土，分层浇筑，自一端逐步向另一端推进，每层不许超过25厘米，混凝土下落高度不许超过1.5米。施工时，工人图方便，从一端浇筑，不分层，混凝土斜度太大；工人站在模板顶部倒混凝土，高度超标，灰浆与石子离析；刚开始混凝土用竹竿捣实，一次性倒混凝土过厚，竹竿插不透，后换成铁钎子插捣。搅拌机和振捣器在沉箱浇筑完成后才到货，没有派上用场。4月4日拆模，发现沉箱中部出现多处蜂窝。

出现大量蜂窝属于混凝土浇筑质量事故。事故发生后，刘济舟积极与其他工程技术人员想办法，提出用灌浆方法修补。指挥部借来水泥喷枪和压浆机，沉箱工程队自制了压气机，采用压浆和喷面的办法，对多处蜂窝进行了修补，使沉箱预制质量达到了设计要求。

刘济舟在《难忘的厦门海堤岁月》[①]中写道：

    在两个550吨的钢筋混凝土沉箱浇筑时，没有搅拌机和振捣器，

① 刘济舟：难忘的厦门海堤岁月。见：中共厦门市委党史研究室编，《移山填海——厦门海堤建设述略》。北京：中共党史出版社，2008年，第190页。

我们就用人工炒盘和竹竿插捣。由于施工方法不良，产生了严重的蜂窝现象，这是我一生中唯一的一次也是教训最深刻的一次混凝土质量事故。后来我们改造机械设备用压浆和喷枪技术进行了修补。三四十年后两次来到海堤，每次都要看一看那两个使我放心不下的沉箱。还好，安然无恙。

吸取沉箱浇筑过程中的经验教训，刘济舟随后在沉箱拖运，填充混凝土，安砌桥台与架桥施工中，虚心征求大家的意见，工作更加细致深入，事事都以负责的精神反复考虑，顺利地完成了任务。

图 4-5　1954 年，刘济舟现场测量

按施工设计，沉箱基础是抛填块石，需要对基础进行夯实，一般采用重锤夯实法。但是当时没有这种机械设备，怎么办？工程技术人员会同潜水队同志，经过多次试验，创造水下爆炸夯实基础的方法，利用水下爆炸的瞬间压力，震荡海水，使基床块石的密实度增加，然后用小石块和碎石对床面整平。这种爆炸夯实的方法既省时又省力，不需要大型机械设备。

水下基床爆夯不仅是国内首创，在世界上也是首创。刘济舟在《难忘的厦门海堤岁月》[①]中回忆道：

那时施工条件很困难，没有什么机械，全靠肩挑人扛。听说上边给调来一台履带式起重机，从江西上饶卸了火车，因为福建还不通火车，只能靠它自己慢慢爬来。可是 3 年海堤建成了，我们始终没有见到它，以后听说在半路上卧了窝，散架了。桥台沉箱基础下面有 4 米

---

① 刘济舟：难忘的厦门海堤岁月。见：中共厦门市委党史研究室编，《移山填海——厦门海堤建设述略》。北京：中共党史出版社，2008 年，第 189-190 页。

多厚的块石基床，没有吊机怎么用重锤夯实呀？潜水工们建议试验用水下爆炸夯实。厦门潮差大，水压力大，爆炸夯实效果很好，上边垒起高达18米的桥台，只下沉了9毫米。20世纪80年代我国搞水下爆炸法软基加固技术攻关时，查阅国际技术资料，发现美国陆军工程兵团曾于1954年使用过水下爆炸技术，和我们厦门海堤同时。

沉箱基床夯实后，需要对700多平方米的基床表面进行整平。设计要求整平后的沉箱基础高低误差必须小于正负2厘米，要求甚高，如何整平？潜水员在水下10多米深处，根本看不清，这么大的面积，用手摸，凭感觉难度极大。

潜水员们经反复研究，会同工程技术人员讨论，试验了许多方案，终于想出用钢轨来回移动的检测办法，经试验可行。钢轨在海水里有一定的浮力，既可下沉又易于拉动。潜水员在水下将沉箱基础分割成若干小块，先在一小块面积里用钢轨作直线、对角线移动，触到高处使之降低，触不到石块就是低洼洞，则把它填平。通过测量将网格填到设计水平作为基准，逐小块地进行整平，先粗平，再细平，极细平，最后用较长的钢轨检测，以达到正负2厘米以内的设计误差要求，形成平整的基床面，便于在其上沉放沉箱。

浇灌沉箱、沉箱基床夯实和整平是很困难的事，把沉箱运到桥孔边沉放则是一件更困难的事。沉箱制成后，人工开挖了520米长航道，用绞车将沉箱牵引至桥位沉放。没有挖泥船，航道是人工开挖的，用了40天时间，施工所领导带领民工，用箩筐将两万多立方米海泥搬走。人工挖泥，挖了塌，塌了挖，艰难之状，史无前例。

图4-6　沉箱盖板浇注

沉箱坞就在海边，从沉箱坞到桥孔要经过航道，拖运工作只能在潮位最高的时候才能进行。但高潮位历时只有1小时，假如在 1 小时内不能把沉箱拖到目的地，沉箱就会随着退落的潮水陷入泥土中，在沉箱的底面和泥土间形成真空。这样，按当时的设备再也别想把它运出来，一句话，全部工作只好报废 [①]。

为了赶潮水，顺利地把沉箱拖运出去，技术人员发动群众想了许多办法；在沉箱的前后装上可以往后拉的绞盘设备（"水泥船"碰到阻碍就把它拉回去），同时在沿航道设立了许多"纠正线"，给这个"大家伙"规定了每一步航行的线道。

除了解决这个技术上的难题外，还需要从精神上对付敌人加在人们身上的困难。在海堤建筑过程中，敌机用扫射、投弹在工地上骚扰了无数次了，在这最紧张的一刻，对敌人也不能不加以防备。这确是像一次战斗，当航道挖开，海水冲进沉箱坞的时候，从工地首长、技术人员到工人都抖擞精神，跳进航道中去。这种决心表明了：即使敌机进行干扰，也绝不歇手。沉箱拖带、就位和下沉等都经过周密的规划和操作演习。因而，沉箱就在这样紧张激动人心的气氛中顺利运到桥孔边，安稳地放在用先进的水底爆炸法整平的基底上 [②]。

图 4-7　桥墩理砌

在刘济舟的带领下和交通部航务总局的工程技术人员以及全体沉箱队员工的共同努力下，周密安排、精心施工，克服了重重困难，终于完成了沉箱的制作，并成功地拖出"箱坞"，准确定位、安放。沉箱安放好后，封好盖板，箱顶在低潮位露出海面。就在箱顶砌作条石桥墩，加高至设计要求架桥。这是新中国水运史上第一次使用沉箱工程技术。

---

①　王丁：厦门海堤——一项旷古未有的大工程简介。见：厦门市关心下一代工作委员会编印，《移山填海话当年》。2000 年，第 344-345 页。

②　胡震雷、廖延豹：十里长堤，科学建造。见：厦门市关心下一代工作委员会编印，《移山填海话当年》。2000 年，第 166-169 页。

图4-8　贝雷式桥梁铺设

图4-9　刘济舟签字的沉箱竣工图纸（一）
（资料来源：厦门市档案馆）

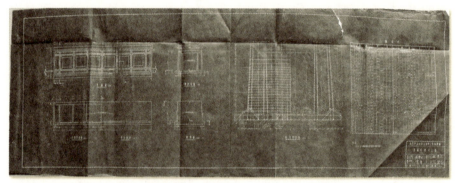

图4-10　刘济舟签字的沉箱竣工图纸（二）（资料来源：厦门市档案馆）

马灯领路炮击金门

调任施工指挥所副主任

在沉箱工程施工完成后，1954年7月，刘济舟调任施工指挥所副主任，主要领导生产计划科与技术指导科的事务，负责技术方面的工作，同时兼工务科长。刘济舟对工务科的同志们抓得很紧，经常在一起研究改进工作。每天早上布置工作，晚上开碰头会，积极帮助同志们纠正工作中的缺点，在工作中与各方面的关系搞得好，尊重老技术人员，从没有工程师的架子。

一天，指挥部下达命令，限期9月底以前修通海堤临时通道。当时堤身还比桥台低十多米，必须抢填起80米长的大坡道。可是两侧的干砌条石挡墙几天内是无论如何也砌不起来的。刘济舟同几个老工人坐在海边的石崖上，望着黄昏中海上断断续续露出海面的石堤，心中想着毛主席说过"三个臭皮匠顶个诸葛亮"，终于研究出利用对拉两侧用大杉木插立起的挡墙填筑坡道的解决方案，取得了成功。

一天夜里，刘济舟睡得正香，部队两个参谋叫醒了他，请他提着马灯领路，一眼望不到头的斯大林80拖拉机拉着重炮驶过海堤。第二天万炮齐轰，炮击金门开始了。

炮击金门后的三个月，是工程为提前通车开展突击竞赛运动最紧张的阶段。在"提早修好海堤，支援解放台湾"的号召下，虽然敌机每天成批轮着临空袭击，有一次，装载条石的船只中弹起火，骆细巴等同志仍不顾敌机低空扫射，奋不顾身地跳下海去进行抢救，英雄事迹立即传遍全工地。工人们提出"与敌机抢时间，防空不减产""多搬一块石，就是为解放台湾多出一

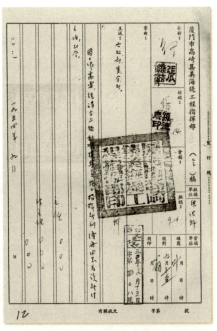

图4-11　刘济舟被任命为施工指挥所副主任的文件（资料来源：厦门市档案馆）

图4-12　刘济舟参加编写的厦门海堤工程总结

份力"的战斗号召，功效逐日飞速上升①。

终于，提前半个月于 1954 年 10 月 15 日完成了高集海堤第一期工程主体，低潮时汽车可以通行，实现了初步通车的目标。

1954 年 11 月，刘济舟参加了《厦门海堤工程总结》的编写工作，该书于 1956 年 10 月由厦门海堤工程指挥部编印。由于厦门海堤是按半军事化管理的，有些数据至今还是保密的，因此仅限内部使用。

图 4-13　1954 年，厦门海堤工程总结合影

大嶝海堤勘测获"路条"

1955 年海堤工程将近完成时，应部队要求，指挥部提出要建设大嶝海堤。大嶝岛是位于金门岛与大陆之间的一个又矮又小的岛。刘济舟带了九个人去选址定线，籍枯潮涉水走上大嶝岛，两腿都被滩上的海树划破了。一上岸刘济舟他们就被民兵"俘虏"了，被用枪逼着，通过位于地下被掩盖着的弯弯曲曲的壕沟带到了区公所。经向指挥部电话询问，证明他们是派去的测量队，不是偷渡的特务才放行。后来区公所还发给刘济舟他们一张路条，这是刘济舟一生第一次见到路条，它可以证明虽然金门还未解放，但自己已到过金门县②了，心中颇感自豪，几十年来一直珍藏着。后来在建厦门海堤纪念馆时，刘济舟将珍藏多年的路条捐出。

---

① 叶飞：《叶飞回忆录》。北京：中国人民解放军出版社，1988 年。
② 新中国成立初期福建省保留金门县建制，现大嶝隶属厦门市同安区。

刘济舟带领的测量队插上的测杆，天一亮就被国民党的大炮给打掉了。于是，他们利用夜间测量，在大陆岸边支上经纬仪，拿测尺的人背向金门，用手电筒照向大陆定位，没有桌子就在板凳上画测量图，画几笔把图纸移动一下。虽然危险一些，但大家心中很兴奋。

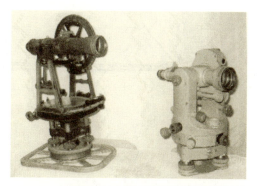

图4-14　参加海堤建设用过的经纬仪

1955年，刘济舟主要在施工指挥所工作。1月，曾回北京向交通部航务工程总局汇报工作。随着海堤建设工程一步一步接近完成，同志们也一批批调回去了。9月最后仅剩下刘济舟和两位技术员，从事竣工验收与工程结尾清理工作。

工程验收通过后，1955年11月21日，指挥部组织了宴会欢送刘济舟等三人。刘济舟回忆道[①]：

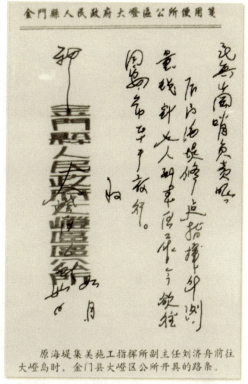

原海堤集美施工指挥所副主任刘济舟前往大嶝岛时，金门县大嶝区公所开具的路条

图4-15　1955年，刘济舟在大嶝海堤测量时获得的路条

　　每人都要来和我们碰杯喝酒。好在有了两年多的锻炼，我酒量大增，加之杯子也比较小，否则我真会一直醉到北京呢。

---

　　① 刘济舟：难忘的厦门海堤岁月。见：中共厦门市委党史研究室编，《移山填海——厦门海堤建设述略》。北京：中共党史出版社，2008年，第191页。

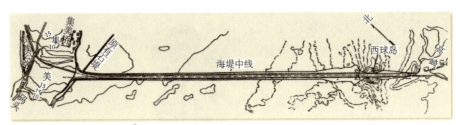

图 4-16　厦门海堤平面图 ①

图 4-17　建成的厦门海堤全貌

厦门海堤后被评为优质工程，受到著名桥梁专家茅以升的赞赏。海堤是毛主席亲自批准建设的工程，于1953 年 6 月 17 日动工，在将近一万工人、技术人员和干部的共同劳动下，历时两年完成任务，将厦门和大陆连接起来，成为厦门半岛。为巩固海疆、解决交通问题、发展厦门的经济起了重要作用。

1954 年年底，中央军委副主席、国防部长彭德怀率副总参谋长陈赓、海军司令员肖劲光等视察厦门，在叶飞陪同下，从这条海堤上驱车驶过。

图 4-18　走在建成的海堤上（左四为刘济舟）

---

①　刘济舟:《水运工程技术四十年》。北京：人民交通出版社，1996 年 4 月，第 303 页。

厦门海堤的修建，使孤悬在东海之滨的厦门岛变成与内陆接连的半岛。这条全部以花岗石砌成的海堤，蔚为壮观。1960年秋，朱德委员长在叶飞的陪同下，去厦门考察。对此壮举赞赏不已，亲笔手书"移山填海"，福建军民将之镌于花岗岩石碑上，立在高崎堤头。

图4-19　移山填海纪念碑（资料来源：胡震雷提供）

由于厦门海堤的建设锻炼了海堤人，为1955年10月海堤建设者转战集美海堤的建设提供了宝贵的经验教训，在更加困难的自然条件下，出色地完成了集美海堤的建设。

中国人民解放军八一电影制片厂还专门拍了部电影纪录片，名字就叫《移山填海》。曾任政务院副总理的一代文豪郭沫若，1962年11月21日来厦门访问并到海堤视察时，欣然作诗赞曰：

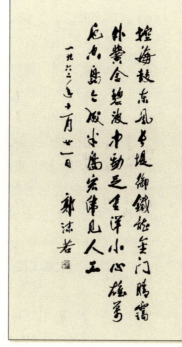

控海鼓东风，长堤御铁龙。金门晴霭外，黉舍碧波中。劲足重洋小，心雄万厄空。岛今成半岛，宏伟见人工。

图4-20　郭沫若的题词

在厦门海堤的建设中，取得了以下创新成果①：

（1）水下爆夯，国际首创。编入中华人民共和国行业标准《重力式码

---

① 中共厦门市委党史研究室编：《移山填海——厦门海堤建设述略》。北京：中共党史出版社，2008年，第391页。

头设计与施工规范》中。

（2）条石插砌护坡，国际首创。编入中华人民共和国行业标准《防波堤设计与施工规范》中。

（3）行船竹笼快速抛石法，国际首创，编入铁道部《施工手册》。

（4）航道桥墩采用沉箱法国内首创。

（5）淤泥基上压载平衡稳定堤基。

（6）海上一系列拖带法一次拖40条船，创全国新纪录。

（7）大爆炸采石创全国新纪录。

（8）王清江发明山上滑道运石料国际首创。

（9）海底潜水轨道整平法国际首创。

（10）壶形爆炸法。

（11）扬高台搬运大条石——代替大吊车。

（12）拉坡绳。

几十年来，厦门海堤曾受过无数次台风暴雨和狂潮骇浪的袭击。火车、汽车、多种重型车辆的滚压、震动。仅有部分地段因软基而造成不均匀沉降，但已逐趋稳定外，绝大部分堤身没有发生过任何变形或松动的现象，直墙仍然和当年一样笔直，条石护坡依旧和过去一样整齐有序。连块石路面亦没有松动或变形，几十年都没有大面积翻修过。沉箱经过40多年的运行亦没有发生任何变异。至于石料规格，亦没有见过像它那样标准、方正的。这些事实充分证明了厦门海堤的工程质量，不仅是过去，就是现在，亦是难得的优质工程①。

移山填海话当年

横断海峡，海中造堤，变海岛为半岛，并在堤上通行火车与汽车，这

---

① 吴藩仕：难忘的工程，美好的回忆——兼忆海堤的施工计划管理和技术管理。见：厦门市关心下一代工作委员会编印，《移山填海话当年》。2000年，第111–116页。

是历史上罕见的工程。海堤的建成，离不开苏联专家的热心指导、中国工程技术人员的苦心钻研和创造，以及广大建设者的智慧和艰苦奋斗，是科学技术的一个胜利。

厦门海堤从正式动工兴建到基本建成，前后花了两年零三个月时间。新加坡到马来西亚的海堤，工程量只有厦门海堤的1/4，而且全是机械化施工，他们也花了两年多时间。厦门海堤工程的施工条件极端恶劣。施工过程中，国民党派出一批又一批飞机轮番轰炸扫射，建堤干部、工人先后遇难者达150余人。民工们抚着亲人的尸体，含着悲痛的泪水，把工地当成战场，用"早日修好海堤，支援解放台湾"的实际行动，给敌人以有力的回击。所以，新、马工商贸易考察团来厦门参观海堤后，无不敬佩地说："相比之下，还是厦门海堤伟大！①

厦门海堤全长2212米，是我国跨海修堤的首创之举，也是闽南人民移山填海、改造自然伟大力量的象征！"神女应无恙，当惊世界殊。"它的建成，不仅从根本上改变了厦门孤岛交通阻隔的状况，适应了海防斗争的需要，也极大地促进了厦门经济的发展。数千群众的失业问题，因海堤的修建而得到暂时解决。整个工程精打细算，节约工程款400余万元。新中国建立初期的厦门工业，就是靠这笔资金的补充，才得以改造和发展起来。

厦门海堤是厦门建设发展史上不可缺少的重要组成部分，更是一部教育后代继往开来的珍贵教材。参加过海堤建设的人员组织出版了《移山填海话当年》一书，真实记录了厦门海堤的建设情景。

2000年9月7日，刘济舟参加了在厦门举行的《移山填海话当年》首发式。他

图4-21 《移山填海话当年》由鹭江出版社2008年出版

---

① 梁灵光：天堑变通途——我所亲历的厦门海堤修建过程。见：厦门市关心下一代工作委员会编印，《移山填海话当年》。2000年，第11-22页。

在首发式上，重点总结了厦门海堤建设中的技术创新，谈了对厦门海堤要不要拆问题的意见。以下为讲话全文①：

　　我代表当年交通部航务工程总局派来参加厦门海堤工程建设的20几位同志，来参加这次集会，见到了当年的老领导们和并肩战斗过的同志们，心中无比兴奋。我们的领队秦万清和翟维沣总工程师早已过世，我们之中有近20位是当年大连工学院和武汉大学的应届毕业生，从全国各地调集来，对能够选上参加海防前线厦门海堤建设，都深感非常光荣。我们在庞大的海堤建设大军中是一支小小的力量。当时我是其中唯一的中共预备党员，在海堤建设中转正，这是我锻炼成长的地方。在这简短发言中，我只想从工程技术方面谈谈感受：

　　1955年建成的厦门海堤全长2212米（这是经过反复多次精密测量的）。它是新中国成立初我国最长的、规模最大的跨海峡大堤，这个记录保持了近30年。20世纪80年代才有了锦州港笔架山大堤3131米；后来又建成了连云港西大堤6680米（大堤建在8米厚的淤泥中，采用爆炸挤淤技术）；再后又有汕头港防沙导流堤7300米（规模和断面都较小）；前年开工正在建设的长江口深水航道整治工程导堤则长达110千米。20世纪50年代初那时不讲什么报奖、评比和专利，实话实说当年厦门海堤确实是全国首创、领先，有多项国际领先的工程技术。

　　条石插砌护坡（防护建筑）看来"土"得很，但世界没有，中国独树一帜。这是总结我国海塘工程经验，改进发展创造出来的一项新技术。要抵挡平均波高两米的大浪，当时还不知道什么混凝土类型块体，更何况连混凝土搅拌机都没有，这"土"办法确实解决了厦门海堤的大问题。一块条石1300厘米×35厘米×35厘米，四人抬，插入护坡中。设想如用链滑车或千斤顶要多大的力量才能把它从护坡中拔出来，那真是百年大计，说是千年大计也不为过。整个海堤是用几

_____

　　① 刘济舟：在《移山填海话当年》首发式上的讲话。见：《移山填海》，北京：中共党史出版社，2008年，第73-76页。

十万方花岗石建造起来的。花岗石的强度1500千克/厘米^2，建大桥的混凝土的强度也才400—500千克/厘米^2，相差3倍。它的强度胜过万里长城的大方砖，可与金字塔的巨石比美。在战争中真正打不烂、炸不断的还是厦门海堤。再说这条石插砌护坡，后来在国内推广，到20世纪80年代南京水利科学研究院通过试验研究，提出了理论计算公式，这才真正是厦门海堤的专利。

要说到厦门海堤的两个各550吨重的沉箱，也是新中国成立后较早建成的大型沉箱，当时要说它是国内领先也是可以的。后来我国建造沉箱才愈来愈多起来，施工工艺也不断改进，现在已有2000—6500吨的。

更重要的是我们的水下抛石基床爆炸夯实技术。水下抛石基床是重力式码头和桥墩的基础，必须夯得密实，以防基础沉降失稳。国际上历来是采用数吨重锤夯实。当时我们连一台起重机械都没有，工期又很紧，怎么办？只有依靠群众智慧。上海潜水员利用他们打捞解体沉船的经验，看到厦门潮差这么大，提出利用高潮位在水下基床面齐爆群炮，震实4米厚抛石基床的方法。到12.5米高桥台建成后，实测沉降量仅9毫米。这项新技术默默无闻地搁置了几十年，"七五"攻关爆炸法施工技术，在大连港试用了爆夯技术，总结时本想说是国内首创；我说首创是厦门海堤1954年，有总结报告为据。当时查证国际资料，美国工程兵团1954年使用的是爆炸挤淤技术，也不是爆夯。所以也可以说厦门海堤的水下爆夯是国际首创。这项技术使施工成本降低2/3，功效提高3倍，普遍受到施工者欢迎，有的甚至拒绝使用重锤夯实。据了解日本现在还是在用锤夯。我国科学院力学所现在已创造爆夯的理论计算方法。从这一点看，厦门海堤真是埋头苦干，干的多，说的少。

最后谈一谈厦门海堤要不要拆除的问题。这次来到厦门才听说某老专家提出拆除海堤的建议，以解决厦门港外航道回淤问题。我听后大吃一惊！这个问题在厦门港东渡一期工程国家验收时早已有定论，厦门海堤选址建在顶潮点（高崎－集美），为什么几十年外航道不淤，而到周总理提出"三年改变港口面貌",大建港之后发生淤浅呢?经研究论证,主要原因在纳潮量的大量减少。要解决回淤问题,只有从纳潮量这个根本问题上着手。同时考虑到厦门港的年回淤量不算大,以厦门港的建设规模看是可以承受的,在外港区海沧、漳州开发区已建和再建一些大型深水泊位,所以我建议这个问题不需要过多争议。

图 4-22 2000 年 9 月 7 日,刘济舟在厦门举行的《移山填海话当年》首发式上发言,总结厦门海堤建设中的技术创新

关于厦门海堤拆除的问题,刘济舟从科学分析的角度掷地有声的讲话,使厦门海堤避免了毁于一旦的悲剧。

在厦门大桥、海沧大桥、东渡港、海沧港和厦门航空港相继建成,交通四通八达的今天,厦门海堤仍然肩负着每年通过火车运载几百万吨货物和几百万旅客的重任,同时还是汽车进出厦门岛的第二通道和行人进出厦门岛的唯一道路。刘济舟发言 10 年后,厦门海堤进入扩建改造日程,铁路将变为复线轻轨,公路将加宽,部分堤体变为桥梁,加大堤两侧通航能力,新的厦门海堤将呈现在世人面前。

正如刘济舟所说,厦门海堤是他锻炼成长的地方,在这里,他思想上更加成熟,按期正式转为中国共产党党员;在建国初期艰苦的建设条件下,作为技术指导,负责了中国第一座沉箱结构的成功施工。他在《难忘的厦门海堤岁月中》回忆 [1],"我从事海上水工工程 50 余年了,一个个工程都像历史一页页翻过去了,唯有 20 世纪 50 年代初在厦门海堤那充满火热激情的岁月是我终生难忘的。"

---

[1] 刘济舟:难忘的厦门海堤岁月。见:中共厦门市委党史研究室编,《移山填海——厦门海堤建设述略》。北京:中共党史出版社,2008 年,第 189 页。

第五章
从"军工"到"援外"

　　1955 年 11 月，厦门海堤建设完成后，刘济舟返回北京，留在交通部航务工程总局，从事与"军工"项目有关的工作。1957 年，组织了我国第一次码头工程预应力混凝土桩试制。成功试制了 45 厘米 × 45 厘米 ×（19.2—24.7）米先张法预应力钢筋混凝土预制桩，并得到广泛应用。之后，短期在设计院工作后，1959 年 4 月 11 日，任援越南海防造船厂中国专家组成员、水工专业组工程师、党支部组织委员，赴越南参加援越南海防造船厂建设。1960 年，任援越南海防造船厂中国专家组副组长、水工专业组组长。具体负责海防造船厂水工工程的施工技术指导和水工专业小组的组织领导工作。将在国内预应力混凝土桩的研究成果应用在援越工程中，大大节省了工程造价，提高了结构耐久性。因其出色的表现，荣获越南二级劳动勋章、中国援外特等奖。此后，逐渐走上交通部领导岗位，主管援外工程。在援外工程中，多次解决工程建设中出现的关键问题。

结合实践求创新

1955 年 2 月，筑港工程局进行了机构调整："根据交通部 1955 年度及今后航务工程任务的发展并按精简原则，决定将航务工程总局所属部分单位之机构作如下调整：①组成航务工程总局第一工程局，担任新建湛江商港工程；②撤销筑港工程局，并将该局原属长江区工程处与天津新港工程队一部分合并成立航务工程总局第二工程局，担任裕溪口煤港及长江沿岸的筑港工程。原旅大工程队与天津新港工程队一部分合并为航务工程总局渤海工程处，担任旅大及渤海湾一带工程。原青岛区工程处，上海工程队改为航务工程总局之处队 ①"。

按照交通部的命令，筑港工程局立即撤销。其机关及机关干部的大部分南迁广东省湛江，组建交通部航务工程总局第一工程局。原筑港工程局所属广州区工程处合并于第一工程局，原北京工程队整建制从北京调往第一工程局；原天津机具修造厂主要力量调往第一工程局迁广州；原天津新港工程队一分为三，除一部分调武汉参加组建第二工程局、一部分留津参加组建渤海工程处外，较大一部分调往第一工程局参加建设湛江港。

1955 年 11 月 26 日，刘济舟自厦门返北京，根据工作需要，留在交通部航务工程总局工程科工作，负责国防工程。在从事技术工作的同时，他还被任为交通部航务工程总局共青团团小组组长，主持共青团的工作。

"四三一厂"南防波堤修复

1956 年，交通部航务工程总局渤海区工程处第二工区从旅顺移师葫芦岛，开始了"四三一厂"南防波堤的修理工程。南防波堤建于 1936—1940

---

① 《筑港天涯路——第一航务工程局发展史：1945-1990》。1993 年，第 61 页，内部资料。

年，系日本人组织施工，部分堤段下部为砌筑混凝土方块结构，上部为现浇混凝土胸墙；另外部分堤段下部为沉箱结构，上部为砌筑方块。由于混凝土质量差，经海水侵蚀，冰凌撞击及冻融剥蚀，潮差段破坏极为严重。方块和沉箱表面棱角处剥落3—5厘米、10—50厘米，严重的剥落处形成约1—2米的深洞，个别的方块已经穿透。当时，修理直立式防波堤尚缺乏经验。6月，刘济舟与交通部航务工程总局刘俊峰总工程师来到现场指导。在随后的三个月里，刘济舟驻在现场，与技术人员作了多次试验研究，确定了施工方案。开工后，又与技术人员和工人边施工、边研究，不断改进和完善施工方法。最终，研究成功采用小爆破的方法[①]进行拆除，使陆上拆除提高工效2.4倍，水下拆除提高工效9倍；修复沉箱段水下部分，采用大块拆除、登陆艇拖移混凝土沉箱盖，水下压力灌浆作充填混凝土及采用气袋模板等。这些创新的施工方法，保障了修复任务的完成。

1956年10月1日，刘济舟被任命为交通部航务工程总局技术科副科长兼党支部青年委员、团支书。同年，被评为1956年度交通部共青团积极分子。

组织试制预应力钢筋混凝土桩

1957年，天津新港开始了新建码头施工。这年3月，参加建设湛江港的第一工程局第三工区200余名职工，由李念尧带队返回塘沽新港。新港办事处的施工、管理人员与其合并，组成渤海区工程处第三工区。

首先是天津港塘沽开滦码头的重建工作。天津港塘沽开滦码头位于海河左岸，建成于1929年，原为混凝土板桩结构，输煤专用。由于板桩严重外倾，部分拉杆拉断，1955年停止使用。重建的开滦码头仍为顺岸式，长131米，宽9.6米，水深-6.4米，由交通部水运工程设计院设计。码头采用高桩结构，上部为现浇钢筋混凝土承台[②]。

目前，高桩结构是比较常用的一种码头结构型式，但在新中国成立后

---

① 《筑港天涯路——第一航务工程局发展史：1945-1990》。1993年，第89页，内部资料。
② 同①，第92-93页，内部资料。

港口刚开始建设的年代，用的还不多。当时，高桩码头一般采用普通钢筋混凝土桩，在施打时经常有裂桩现象，影响桩的耐久性能，因此在重建开滦码头时决定试制预应力钢筋混凝土桩。预应力钢筋混凝土桩是对混凝土桩身施加预压应力，使它在受到设计荷载时能减小或抵消混凝土所受的拉应力，以达到混凝土抗裂的目的。

1957 年 5 月，交通部组成了试制小组，由任交通部航务工程总局技术科副科长的刘济舟和渤海区工程处工程师吴家铸负责，技术员施国道参加。当时，渤海区工程处尚无固定的混凝土构件预制场，于是在开滦码头施工现场后方建设了临时钢筋张拉台座。用 4 个月的时间，试制成功了断面 45 厘米 ×45 厘米，长 19.2—24.7 米的先张法预应力钢筋混凝土桩。

这是我国第一次试制码头工程预应力混凝土桩。试制成功后，在重建开滦码头下游 20 米设置了预应力混凝土桩试验段，在码头中部 29 米还设置了采用抗硫酸盐水泥试验段。

预应力钢筋混凝土桩试制成功后，刘济舟及时从技术和管理上总结了经验，当即普遍推广采用，成为通用桩型。为适应大批量生产预应力钢筋混凝土构件的需要，1958 年，第三工区在新港海河北岸、船闸以西兴建了永久性混凝土构件预制场，即新港第一预制场。这是我国航务工程系统第一座预应力钢筋混凝土构件预制场。当年，新港地区水工建设工程采用预应力钢筋混凝土构件即达 6400 立方米，为全部混凝土量的 40%。大大提高了构件预制安装的比重，加快了码头建设的速度。

预应力钢筋混凝土桩自 1957 年试制使用，至 1959 年完全取代普通钢筋混凝土桩。一般可节约钢材 40%—55%[①]。

随着预应力混凝土桩的推广应用，高桩承台结构型式的码头也逐步得到广泛采用。这种码头具有以下优点：

第一，柔性高桩承台结构适应软基深厚、持力层埋置较深，潮差大的地质和水文条件。

第二，与其他型式码头相比，可以减少回填量，节省砂石料。

---

① 《筑港天涯路——第一航务工程局发展史：1945–1990》。1993 年，第 109 页，内部资料。

第三，后方承台采用简支梁板，小断面抛石棱体接岸结构，与板桩护岸挡土结构相比，不用锚碇，不用拉杆，施工简便。

第四，采用预应力预制钢筋混凝土构件，提高了耐久性，可加快施工速度。

高桩承台码头在天津新港首先得到大规模应用[1]。1958年新建的新港5号泊位，便是我国第一座预制装配式钢筋混凝土高桩板梁结构的码头，同时也是我国自行设计与施工的第一个万吨级泊位。同年，新建的新港船厂149米长的修船码头，也全部采用了预应力钢筋混凝土桩基。这为淤泥质海岸或河岸区建设高桩梁板式结构的码头积累了经验，开拓了道路。

短暂的设计院工作

在国民经济"大跃进"时期，交通部提出了全民办交通、水陆空运大跃进的规划和目标。当时，在整个水上运输的船舶、港口、航道和修船等整个水运系统中，港口是最薄弱的一环。主要是泊位少，装卸机械不足，大部分要靠人力装卸，装卸效率很低，劳动强度很高。新中国成立以后我国才自己建设港口，如天津新港一期、湛江港、裕溪口煤码头等的建设，迈出了依靠自己力量建设大型港口的第一步。但因国家资金关系，港口建设未能大规模展开。

1958年8月，交通部提出机构调整方案，10月，获得国务院批复。交通部按批复组成了新的机构，其主要变化是：①仍按不同专业实行总局制但鉴于航务工程的设计施工力量下放，新机构撤销了航务工程总局，成立水、陆、空三个总局，即海河总局、公路总局和中国民用航空局。②职能部门进行相应调整。撤销航务工程总局后，其工作并入海河总局，地方航运局也同时合并于海河总局。

航务工程总局撤销后，刘济舟调入海河总局水运设计院设计室，任副主任。这时的水运设计院因全院绝大部分人员下放到各省有关单位，只有

---

① 《航一筑港五十年：1945-1995》。交通部第一航务工程局第一工程公司，1995年，第223页，内部资料。

20 几个人留在交通部海河总局。之后以此为基础，于 1958 年 9 月组建了交通部水运规划设计院。其业务性质是以贯彻"全面规划、综合平衡、组织推动、技术指导"为主的规划设计管理单位，办公地点在北京安定门内国子监街[1]。交通部水运规划设计院（简称水规院，下同）组建后，刘济舟即任该院设计室副主任，并被选为院党支部宣传委员，直至 1959 年 4 月赴越南参加海防造船厂建设，在水规院仅工作了短短半年多时光。

1959 年，三门峡枢纽工程正在紧张施工中。3 月 1 日，应三门峡工程局邀请，刘济舟带领王绍文等三人赴三门峡工地现场勘查通航建筑物地质条件，着手准备设计工作。刘济舟根据现场查勘和调查，认为枢纽区的地形、地质条件很复杂，通航建筑物设计所需资料还不够齐全，方案比较前，还需补做一些测量钻探工作。此外，考虑到年内工程投资未完全落实，地方对通航的要求并不十分急迫，因此建议目前不必匆匆提交设计图和开工，而应把力量放在审慎研究多种方案的比较上，船闸和升船机两方案需同步进行论证。这样做可以使工作不致过于被动，设计质量更为可靠，对工作是有利的。这一建议发给海河总局，并得到批准。

在设计院工作的时间虽然短暂，但刘济舟已形成了审慎综合考虑工程质量、投资和进度的习惯，并十分注意与施工人员的交流、沟通，及时解决工程设计中的问题。

援建越南海防造船厂

1959 年 4 月，刘济舟作为中国专家组副组长和水工专业组工程师，被派往越南参加援越海防造船厂建设[2]。这一去就是 5 年半的时间。

中国对越南的援助是在自身条件还十分困难的情况下开展的。海防是越南最大的港口之一，也是越南北方的主要工业城市。

---

[1] 中交水运规划设计院 45 周年院庆资料。

[2] 专家和技术人员在越工作鉴定表，1964 年 9 月 21 日。存于交通运输部人教司。

同年 4 月 22 日，原水工专业组组长王文仲调回中国，组织决定由刘济舟代替，任专业小组长。同时，他还担负着党支部组织委员和副书记的工作。

刘济舟带领的水工专业小组共有 38 名技术人员。援越期间，完成了越南海防造船厂第一期建厂工程中的船排、船台、码头等项水工工程。整个工程的准备、施工过程与收尾工作中，刘济舟都参加了具体的指导工作，并作为水工组组长，负责对组内工作进行整体协调和组织领导。

图 5-1　刘济舟剪接整理的越南海防造船厂施工现场照片

推广应用国内先进技术

船排围埝是个大型的水工临时工程，施工要求严格。海防造船厂的地质条件差，越方又没有施工经验，稍有疏忽，就可能造成很大的物质损失和严重的政治影响。施工前，刘济舟对船排的地质条件和围埝设计进行了详细的复核和验算，并根据船厂的具体施工条件，与设计单位研究，反复修改了围埝设计。他还对船厂水工建筑物水域的禁门河上、下游进行了调查研究，取得了比较完整的潮位、流速、泥沙沉积等原始资料。

为解决工程用材料的来源，刘济舟经常渡河涉水远离海防数十千米去了解土、石、沙料开采、运输等情况，选择最合理的开采方案。编制了围埝施工方案，正式施工前，先进行了典型施工，并对每段每层填土均取夯实土样作了试验。1962 年年底，是围埝的合拢阶段。刘济舟率领水工组技术员坚持了一

图 5-2　越南海防造船厂打桩开锤仪式
（1960 年 4 月）

个多月的现场蹲点施工，解决了围埝滑坡、地下渗水等重大技术问题。特别是围埝合拢后，他更不顾白天黑夜、大风暴雨，陪同越方技术人员在围埝上日夜巡逻，及时采取了若干紧急措施，终于使这项工程安全建成，为船排等工程施工创造了条件。

图5-3　刘济舟建议采用的预应力混凝土构件

船厂码头原设计采用现浇框架结构，需用大量的模板支撑木料，而且水上施工要低潮时进行，施工时间受限制。这样不但工程周期长、浪费大，而且质量上很难控制。鉴于国内码头已经普遍采用预应力混凝土预制构件，他结合国内成熟的工程经验，建议越方大胆采用新技术，在设计中采用预应力梁板结构。这一建议得到了设计院的采纳。后来的实践也表明，采用预应力混凝土构件的方案是符合当时越南多、快、好、省建设社会主义的精神的。

码头预应力施工虽在国内已有成熟经验，但在越南施工还是第一次，面临不少困难。如缺少专业施工队伍、机具设备条件差、在国外第一次采用预应力等。刘济舟积极帮助因地制宜地制造了一套预应力施工设备；开办技术讲座，为越南培训了一批预应力技术干部，开展了现场试制练兵，为船厂码头的预应力施工奠定了基础。

互相协作，同甘共苦

经过多年的工程实践，刘济舟的知识面已经拓展到了房建、装卸机械等港工以外的多个领域。在丰富自己知识体系的同时，他很注重团队内部的共同进步，工地上的技术人员不管是谁，有事请他帮助，他总是有问必答，热心帮助。

海防造船厂工程涉及水工、房建等多个专业组。援越工作期间，刘济舟从不计较专业分工，敢于负责，一切从党的利益和工作需要出发，总是诚恳热心地帮助其他专业工作，协助其他专业解决了不少难题。1962年，房建工程进行薄腹梁负载试验时，刘济舟积极协助房建专业的同志设计薄腹梁试压方案，对薄腹梁试压操作做了具体安排，保证了试压工作在短时间内顺利完成。他建议采用的薄腹梁负载试压方案比过去房建专业对18米屋架传统采用的砖墩支承负载试压法节约成本，且操作方便。

1963年，船厂车间预制构件吊装用的一台40吨起重机需在现场进行组装。但组装这种大型起重机在越南还没有先例，因资料不全一时也未提出妥善的装配方案。刘济舟和水工组工程师鲁世修组织了40吨起重机总装方案设计攻关，经过五个月的努力，配制了不少吊件，终于将这台设备组装起来，解决了房建构件吊装的关键。1963年，在房建24米预应力屋架试制及负载试验工作中，刘济舟也做出了很大努力。

为帮助越南节约工程造价，在坚持质量第一的同时，刘济舟经常思考对施工方法的改进。如原设计中，船厂码头护岸采用黄沙回填。由于码头地区地基软弱，护岸稳定性难以保证。经验算后，刘济舟认为改用轻质炉渣填料比较安全，而且可以就地取材，造价低。当时，炉渣价格是3.4元/立方米，而黄沙价格是12元/立方米。码头护岸的回填工程量在3万立方米以上，刘济舟的这项建议为越南节约了大量资金。

船排围埝用的块石护坡，越方为贪图方便，拟用挖泥船挖除抛掉。刘济舟说服越方回收了200余方块石，以作码头护岸用；还建议越方将数千方弃土作为厂区填土利用。

图5-4 刘济舟（右二）在工地上

在施工方面处处为越方精打细算，节约工程投资。

作为中国援助越南专家组的副组长，刘济舟平时的工作是繁忙的。但他没有因为工作的繁忙而忽视了对工作人员业务和生活上的关心。

他积极组织开展组内文娱体育活动，并带头参加。为了增长工人们的知识，组内开设了业余学习班。刘济舟担负初中班几何、代数和英语教师，抽出业余时间进行备课和批阅学员作业。

为了调剂紧张的工地生活，周末刘济舟带头下厨房与工人们一同进餐。刘济舟经常去看望生病住院的同志。有的同志因父亲病逝很悲伤，他极力进行安慰；有的同志父亲生病，家里缺钱用，他就借钱给寄回家去；去河内开会早上用餐时，他知道有胃病同志不能吃粉丝，就买了面包分给患胃病的同志。交际处组织大家去和平省野游，大家喜欢打猎，他自己也很喜欢，后来看到人多工具少，就借故推辞不去了，并把自己的球鞋借给别人穿。他说："只要大家玩得痛快，我也很高兴"。这些先人后己、助人为乐，把方便让给人家、把困难留给自己的风格充分展现了刘济舟的高尚情怀。

图5-5 刘济舟（左二）与同事们的合影

在大家的眼中，刘济舟在生活上和大家一样，同甘共苦，没有一点架子，大家愿和他接近，开开玩笑。在船排围堰合拢前后，住在工地一个多月时间，经常吃的是冷汤冷饭，对他的胃病是很不利的，但他毫无怨言。平时生活上安排得有条有理，每天坚持锻炼身体。业务学习上则是分秒必争，他身边总带有一本书，抓紧学习业务。在政治学习上也抓得很紧，经常学习毛主席著作。

在培养越南技术力量方面，组织并具体参加了水工工程施工技术讲课。同时在具体施工操作中通过交换意见帮助越方干部提高技术水平。此外，在与越南干部接触过程中，也经常谈到对修正主义的看法，宣传马列主义，和越南同志关系很亲切。

获越南二级劳动奖章

在援越工作期间，刘济舟具体负责了海防造船厂水工工程的施工技术指导和水工专业小组的组织领导工作。领导施工1000吨船排一座，1000吨造船台一座，200吨停船台二座，5000吨码头一座。

通过这一工程，刘济舟的施工实践经验与技术理论水平都有很大提高。还向越南技术人员学到了若干施工技术，如简易潜水法、冲沙垫层施工、粉砂的应用等，也对越南产生了比较亲切的感情。

在工作的同时，刘济舟不忘加强个人政治修养，积极组织学习有关报告，组织党支部生活。他在个人鉴定中写道："通过参加援外工程在实践中初步认识到了什么是国际主义，怎样理解国际主义与爱国主义相结合的原则，具体的现实使我看到我们党国际主义精神确实伟大，在国外也亲眼看到了我们伟大祖国与中国共产党的巨大影响，不但更加热爱她，同时也更深刻地意识到我们责任的重大。"

图5-6　1962年，1954号挖泥船上排成功

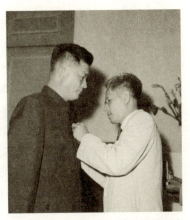

图5-7　1964年，越方授予刘济舟（左）二级劳动奖章

1964年工程结束后，驻越南大使馆对刘济舟进行了一级奖励和表扬，"在越工作期间，他工作上不计较专业分工，不计较职务，不计较个人得失，关心集体，谦虚诚恳，在援越海防造船厂施工上表现了对越南建设社会主义事业的热爱和关怀，不断改进施工方法，节约大批资金，同时也为越南培养了一批水工施工技术干部[1]。"以上表扬材料由对外经济联络总局

---

① 援越专家奖励和表扬材料。资料来源：交通运输部人教司。

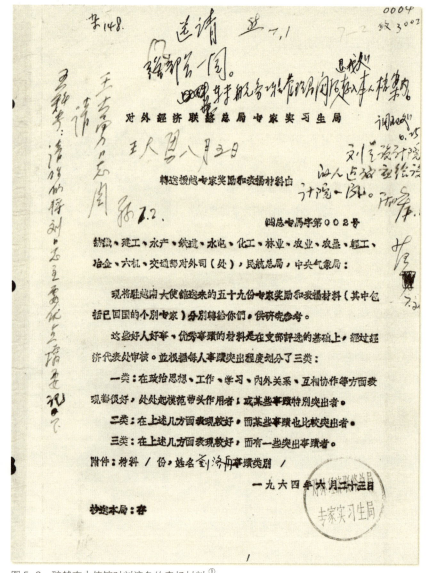

图 5-8 驻越南大使馆对刘济舟的表扬材料①

专家实习生局转送给国内。由于工程上的斐然成绩，刘济舟获得了越南二级劳动勋章和中国援外特等奖。

---

① 存于交通运输部人教司。

走上交通部领导岗位

1958—1964 年，随着国民经济从"大跃进"转入调整，以及交通部直属企事业单位的下放与回收，交通部机构变动频繁，到 1965 年才趋于稳定[①]。1964 年 7 月 29 日，根据国务院的批复，交通部增设基本建设司。同年 9 月 27 日，刘济舟从越南回国，任交通部基本建设司主任工程师[②]。1965 年 5 月，任交通部基本建设司副总工程师。

1965 年年底，交通部在直属单位计划工作座谈会上明确：目前交通运输建设的方针是从交通运输的特点出发，认真贯彻"备战、备荒、为人民"的战略思想，把积极备战、国防建设放在第一位，并大力发展农业。具体到交通部门，第三个五年计划期间要打三个歼灭战。其中航务工程建设方面有两个：一是充分利用水运，重点是建设长江运输线和开发金沙江；二是基本完成沿海重点外贸港口的配套工程，新增吞吐能力 1000 万吨以上，以适应外贸、援外的需要。港口建设要注意备战、码头、仓库、机械等设施的建设，都要考虑可以移动、拆卸、装配。能够流动的不搞固定的，能够简易的不搞永久的。长江建设也要尽可能搞流动的、浮动的，不搞大型设备。

正当我国国民经济经过几年调整，交通事业即将进入一个新的发展时期之际，"无产阶级文化大革命"发生了。自 1966 年"五一六"通知发出至 1967 年 6 月 2 日实行军事管制，交通部的正常工作逐渐陷入瘫痪。

1967 年 5 月 31 日，中共中央、国务院、中央军委、中央文化革命小组发出《关于对交通部实行军事管制的决定》，自即日起对交通部实行军事管制，成立军事管制委员会。6 月 2 日，交通部军管会向中央报告：军管会于 6 月 2 日上午进驻交通部，召开了部机关全体人员大会，宣布了中央的决定，正式实行军管。下午，军管会即开始工作。军管会于 6 月 24 日宣布《成立生产指挥部的决定》，生产指挥部隶属军管会直接领导，是

---

① 《交通部行政史》。北京：人民交通出版社，2008 年，第 169 页。

② 科技干部简历表。存于交通运输部人教司。

对交通部所属生产运输调度业务实施集中指挥的临时性机构。主要任务是贯彻中央的方针、政策，负责生产运输调度业务的集中指挥，对国家下达的生产计划的完成和超额完成，担负责任[①]。

生产指挥部成立后，刘济舟被任命为交通部军事管制委员会生产指挥部计划基建组成员，并于 11 月任命为交通部军事管制委员会生产指挥部计划基建组港工副小组长，负责部署港口工作。

援助缅甸遭遇"反华事件"

1966 年 12 月 25 日，刘济舟被派往缅甸，现场主持援助缅甸雪当造纸厂码头加固工程。刘济舟到缅甸后，了解到雪当河的回淤很严重，提出取消原设计的意见。后经与群众共同研究商量，成功修改设计，及时解决了问题。在工程中采用了沙滩预制沉箱、水下灌浆沉箱基床锚碇、气压沉放混凝土方块、水下钻孔灌注桩等方法，在当时都处于国内领先水平。

1967 年 2 月 21 日—3 月 13 日，刘济舟被造反派揪回来斗了 20 天。这件事被周恩来总理知道后，又将他送到了缅甸。

1967 年 6 月 27 日，缅甸发生"奈温反华事件"。在当时异常紧张的气氛中，刘济舟毅然接受了护送患者去仰光的任务。当汽车开到军管区时，表现出毫无畏惧，不怕牺牲的精神，尽力保护了爱国华侨翻译。回工地时，他还冒着风险给同志们带去家信，鼓舞极大。他也因此受到援缅同志们的信任，推举他参加抗暴指挥。

刘济舟时常提醒大家提高警惕性。抗暴中处处关心体贴同志们的身体健康，还主动把自己的床铺让给别人睡，自己住在又小又臭的地方。在"抗暴"中表现得非常英勇、坚决，动脑筋想办法很多。在缅甸，刘济舟仍积极学习毛主席著作，从不间断。

---

① 《交通部行政史》。北京：人民交通出版社，2008 年，第 262-263 页。

遇有困难事，刘济舟总是挺身而出。抗暴最后阶段讨论回国编队时，他主动提出编在最后一批，把安全和方便让给别人，危险和困难留给自己，因此给群众对他评价极高。与他同去的崔宗歌对他的印象是，"他的思想好，对党对毛主席无限的忠诚，是个无产阶级的领导干部，我们学习的榜样。他没有一点干部架子，热爱劳动，和大家同吃同住，对同志热情，问长问短，帮助同志工作，关心别人工作中的困难，和群众真正打成一片，群众对他的印象很好，在缅甸工人中影响也很深，工人都不知道他是干部。在紧张的施工中，他非常镇定。生活上低标准要求自己，对同志处处关心，帮助患者拿药，关心在高温下工作的同志的要求。牺牲休息时间带领大家锻炼身体。"

主管援外工程

马耳他 30 万吨级干船坞建设

马耳他是地中海的岛国。1972 年春，马耳他总理明托夫率政府代表团访华，周恩来总理亲临机场迎接。当明托夫走下舷梯，周总理迎上去热情握手寒暄，在两国国歌嘹亮声中陪同明托夫走过红地毯，明托夫喜笑颜开。当晚，周总理举行盛大国宴，明托夫在致词中一再对我国的邀请和盛情款待表示感谢。

在与周恩来总理的会谈中，明托夫介绍说：马耳他处于地中海的中央，土地面积 324 平方千米，人口 35 万人，马耳他在历史上长期处于殖民统治之下，一直是西方强国的军事基地，第二次世界大战胜利后获得独立，但仍未摆脱殖民地状态，靠英军基地租金和为基地服务收入过活，经济未得发展，人民生活难得改善。近来情况有变，马英两国协议，英军撤除、关闭基地。基地租金没有了，为基地服务的居民也将失业，政府财政拮据，居民生活困难。但随后又出现了新的机遇，中东石油资源极其丰富，西方大国大量投资开采石油，并源源不断地运回欧美各国，因而穿行地中海的大型油轮和货轮越来越多，载重吨位越来越大，当前二三十万吨油轮比比皆是，五六十万吨油轮也在积极发展中。这给马耳他提供了一个具有生存意义的商机。马政府计划修建一座 30 万吨干船坞，以便承接大型油轮货轮的检修。在 30 万吨干船坞里可以同时检修两台 10 万吨以下的油轮和货轮。此外，还计划建设一些轻工纺织和食品加工项目。这些计划项目需要的资金量较大，马方经济困难，请求中方予以支援。

总理听取了交通部有关专家的意见，认为虽然目前我国仅有在天津建设 2.5 万吨干船坞的经验，但马耳他 30 万吨干船坞的建设在技术上是可以做到的，我国是有能力承建的。

30 万吨级干船坞是 20 世纪 70 年代具有世界先进水平的大型船坞，没有先进的港湾建设技术是不敢涉猎的。船坞是马耳他政府在向西方诸国求援遭拒的情况下求助中国政府帮助援建的。对于如此重大的援外项目给出"肯定"意见的正是刘济舟 [①]。

总理第二次同明托夫总理举行会谈时，谦和地表示，我十分同情你们当前的处境和困难，你们要求我们援助是可以理解的，我们愿意尽力帮助马方发展民族经济，解决当前的困难。我们现在仍是一个发展中国家，过去和你们一样遭受过殖民主义的祸害，解放还不久，正在进行社会主义建设，经济上还不富裕，财力物力有限，但我们愿尽力来帮助你们，我们伟大领袖毛主席十分重视对你们的援助，决定给予一亿元人民币无息长期贷款，专用以承建大型干船坞项目和其他项目的费用。至于具体项目和有关事宜，我们将尽快派出专家组赴马考察，同马方商定。明托夫听了后喜出望外，表示完全同意。

随后，周恩来总理陪同明托夫前往南京、广州参观访问。在广州，中马双方达成协议，马方请中国援建 30 万吨级干船坞工程，中国向马耳他提供长期无息贷款。双方在广州宾馆举行了签字仪式。

中马双方的协议签订一个多月后，1972 年 5 月 13 日，由刘济舟、张

---

① 卢长武：《筑港苦旅：新中国沉箱结构纪实》。北京：人民交通出版社，2013 年，第 296–297 页。

文成（时任外经部副局长）牵头，由港湾、轻工、纺织、机械、建材等方面的专家组成的考察组赴马考察和商谈，受到马政府热情友好的接待和全力配合。明托夫总理亲自接见，并主持马方官员与我方商定考察内容、方式和日程。考察工作在马方官员的配合下顺利开展，重点是 30 万吨大型干船坞及码头项目。

刘济舟领衔的港湾建设专家们集中精力对马耳他的地质地貌、水文、风浪等条件进行了考察，历时 89 天。中间回国一个月向周总理汇报。分析后认为具备修建大型干船坞和码头的条件，虽然在设计施工技术和大型设备的制造方面有相当难度，但经过努力都是可以做到的，建成后完全可以满足对大型油轮货轮的检修要求，经济上也将获得相当可观的效益，因此认为中国有能力承担这个项目。同时，几位工业方面的专家对轻工、食品、机械、纺织、建材等方面进行了考察，从马耳他的环境特点看：一个岛国土地面积有限，又缺少资源和淡水，所以农业和工业的发展受到了限制，因此居民生活用品依赖进口。但是它有一些特殊的优势，那就是碧海、蓝天、细沙滩，所谓黄金海滩，吸引了大批北欧游客前来日光浴、海水浴，所以旅游事业前景光明。我方同马方官员共同认为，发展加工业，如巧克力糖厂、玻璃料器厂、纺针织厂、水泥制品厂等，将获得理想的经济效益。既可减少对生活用品进口的依赖，又可增加就业，也有利于旅游事业的发展。考察组与马方取得共识后，报经国务院批准，建议同意承建 30 万吨船坞及码头工程。国务院授权中国驻马大使代表我国政府与马国外交国务秘书签订了议定书。

图 5-9　1972 年 8 月，中马双方签订援助马耳他成套项目议定书（后左二为刘济舟）

船坞东临法兰西湾，北

---

① 来源：http://lgj.mofcom.gov.cn/article/ljsy/200606/20060602497464.shtml。

临大港湾，坞的西面和南面系自然高地。船坞坞室长 360 米、宽 62 米、深 12.5 米。主要工程为坞室、码头和围堰三大部分。坞室工程开山爆破量大，为 70 万立方米；坞基为软泥质石灰岩，裂隙较多。

面对船坞复杂的地质情况和工程量大、工期短的困难，刘济舟信心十足。刘济舟的信心，来自于他对国内港湾设计施工水平的了解。经过 20 多年的筑港实践，中国的水运工程设计施工技术已经接近或达到世界先进水平，尽管只有建设 2.5 万吨级船坞的经验，但建设 30 万吨级船坞，在技术上是没有问题的。

援建马耳他干船坞及修船码头工程是我国对外经济援助的一个大项目。周恩来总理十分重视，指示有关部门和出国技术人员要全力以赴，团结协作，努力完成援建任务，为国增光，并以此项工程增进中马两国人民友谊，扩大与地中海沿岸各国的友好合作。

在设计过程中，一方面多次派员到马耳他实地勘察；另一方面去国外考察大型船坞工程。在充分掌握资料的基础上，经过设计、施工及与中船第九设计院结合，作了多方案比选，并到国内有关单位调查研究后，才提出了较为合理的设计方案，于 1975 年 1 月开工。

30 万吨级干船坞，当时在国际上也属巨型船坞。船坞及其配套设施的设计和施工，在我国更是首次。特别是干船坞建在裂隙溶洞发育的泥质石灰岩地基上，更增大了设计、施工的难度。欧洲报界大都从一开始即对我国能否建成这个项目持怀疑态度。

30 万吨级干船坞实际上是船坞和码头合为一体的两大建筑。码头位于船坞东侧墙外，长 450 米、宽 22 米，码头主体亦即船坞的东坞墙。船坞是在拆除旧码头处建筑的，老码头改建段采用混凝土空心方块结构，"炸岩"段采用衬砌锚杆式结构。东、西坞墩为重力式结构，泵房设在西墩内；坞室、坞首为分离式，坞口为整体式，均为钢筋混凝土结构。

在坞室基坑开挖过程中，曾遇到 3 条大裂隙和串珠状溶洞，涌水水柱高 50—60 厘米，日涌水量高达 3.5 万吨。当时，西方一些国家的官员、工程技术人员来到船坞工地"考察""参观"，他们十分"关心"我们的船坞建设工程，有人断言中国人"肯定失败"。

马耳他船坞建设工地设技术组、爆破开挖队、码头队、机械队和吊机安装队。技术组于 1974 年 3 月成立。全体参加设计、施工的出国人员牢记周总理的教导，决心不辜负党和人民的期望，不论施工几年，遇到多大困难，都服从组织安排，坚持到底。施工现场把思想工作始终放在首位。筑港职工为了祖国的荣誉，发扬了奋发图强、无私奉献的精神。施工中每遇重大困难或关键环节，干部、群众齐上阵，不分昼夜，奋力拼搏。

在施工现场，许多技术难题都是技术人员、工人反复研究、实践，不断总结解决的。比较突出的有：①施工采用 220 米的钢板桩格型围堰，使用平板型钢板桩和浮式钢围图，在坞墙与老码头之间挡水石坝下做了帷幕灌浆。1975 年 5 月 12 日开始打桩，当年 11 月 27 日即全部合拢；②坞室和旧码头 70 余万立方米的岩石开挖，采用先进的爆破方法，保证了施工安全和开挖边线的整齐；③坞坑多处漏水，其中横贯坞坑的 3 条大裂缝及溶洞昼夜漏水量达 3600 立方米，是阻碍干地施工的拦路虎。施工技术人员采取埋管导流压浆、胀管压浆、"铁帽子"压浆和抽水竖管灌浆等 6 种堵漏技术，成功堵住了漏水，创造了喀斯特地貌船坞干地施工的条件；④为了保证大体积混凝土不裂缝，根据当地自然条件和混凝土骨料的特点，严格执行规定的技术措施，达到了预期的目的；⑤安装 970 吨重的卧倒式坞门，底部装有两个铰链，"箱型梁"外侧设有缓冲橡胶筒，承压钢框设有止水橡胶，制作精度高。采用浮运沉放安装法，不用大型起重设备，一次安装成功，做到不渗不漏；⑥石灰岩地层承载力低、渗水性强。对此，将坞首和坞室做成分离式结构，用 4397 根重达 1000 吨的螺纹钢锚杆把坞底板、坞墙与地基牢牢地连为一体；⑦施工中采用了混凝土外加剂、脱模剂、养护剂、高强度砂浆等多种新材料，还投入使用了一批新设备、新仪器。

图 5-10　1976 年 4 月，刘济舟（右五）赴马耳他船坞工地现场研究石方开挖问题

1976 年 4 月，刘济舟赴马耳他船坞工地检查工作，现场研究围堰稳定性、石方开挖、基岩堵漏灌浆、大体积混凝土防裂等技术措施，审定施工组织设计，为期 71 天。

马耳他 30 万吨级干船坞工程于 1980 年 10 月交付使用。经交通部、外经部联合工作组检查验收，认为各项技术指标符合设计和规范要求，干船坞不裂不漏，工程质量良好。

图 5-11 刘济舟主管建成的马耳他 30 万吨干船坞 [①]

1981 年 10 月，两国政府举行了隆重的仪式，正式办理移交。马耳他政府总理明托夫和我国政府代表团团长、外交部副部长章文晋共同剪彩。30 万吨级干船坞的建成，促进了中马友谊的发展，影响巨大。船坞投产 8 个月即修船 28 艘，收到了可观的经济效益，马方称这座船坞为"金矿"。地中海沿岸国家海运界、修船界的专家参观后，评语是"与世界近代船坞比较，并不逊色"，倍加称赞我国工程技术人员的实干精神。

援外工程对我国工程技术的发展起到了很大的促进作用。刘济舟总结道：

> 在援助马耳他 30 万吨级船坞工程中，有以下四项创新：①创造了超大型船坞的建造技术；②对严重漏水的喀斯特地质地区工程建设的止水措施，当时国内外都是灌水后无水位差灌浆技术，我们创造了不灌水在高水压条件下封闭灌浆技术；③采用了锚碇式干船坞结构，当时国内都是采用重力式与排水式结构，我们采用锚碇式结构，大大节约了坞坑开挖量与钢筋混凝土用量，降低了造价。

---

① 资料来源：中国交通建设股份有限公司网站。

船坞投入运营后，获得了良好的经济效益。马耳他政府说"中国帮他们建成了一座金山"，马耳他人民亲切地将其称为"红色中国船坞"。在西方发达国家的门口、世界能源运输必经之地，援建马耳他大型干船坞，引起了西方媒体的关注，更引起了同行的侧目。"援建一座金山，震动了地中海"，同时，把中国港湾工程技术带进了世界先进行列。这项工程在国内获得了国家建委优秀设计奖、国家优质工程银质奖；在国外获得第六届国际技术银像奖 [1]。

毛里塔尼亚"友谊港"

毛里塔尼亚友谊港建设工程是我国援外项目中又一大型工程，位于毛里塔尼亚首都努瓦克肖特老港以南 5 千米处。1971 年，毛方向我国政府提出援建 5 万吨级泊位、年吞吐量 500 万吨港口的请求。当年 8 月，我国派出以王禹为组长的考察组。考察历时 7 个多月，在极困难的条件下，对南北 400 千米范围内沿岸泥沙的运动和拟建港区的海流、水深、波浪、地质、地貌等进行了调查；对货源、经济发展和可能的建设方案作了分析研究。综合考察结果认为：货运量不落实，自然条件困难，投资过大，不宜援建。

1975 年，毛方政府又向我国提出改为建设万吨级泊位，年吞吐量 50 万吨的港口，我国政府同意援建，协商取名为"友谊港"。1975 年正式开始勘察，并在现场建立了测波站和地貌观测组，进行了港区南北 400 多千米范围海岸的观测与复查。友谊港为新建港区，三个万吨级泊位，平面布置为单突堤形式。

毛里塔尼亚位于非洲西北部。友谊港面向大西洋，背靠西撒哈拉大沙漠。在海岸开敞无掩护，存在大量沿岸输沙的条件下建设港口，在国内没有成熟的经验。为此，设计院一面派员到现场，在无施工船舶，无先进勘察手段的条件下，开展了艰苦的勘察，取得了可贵的第一手资料。在国内，千方百计搜集资料，并请有关大专院校、科研单位进行试验与研究，请有

---

[1] 《筑港天涯路——第一航务工程局发展史：1945-1990》。1993 年，第 386-387 页，内部资料。

图 5-12　1979 年 10 月，刘济舟在毛里塔尼亚撒哈拉沙漠采石场研究石料开挖

关专家对波浪特性、防波堤结构以及沿岸输沙和冲淤等重大技术问题进行充分探讨，取得大量科研成果。在南京水利科学研究院的配合下，提出了近岸段为栈桥，码头与防波堤结合的单突堤总体设计。施工后期再建防沙堤以延长淤积年限，施工由陆上推进以大幅度加快进度的方案。实践证明，这是一个成功的设计方案。

毛里塔尼亚缺乏石料，斜坡式防波堤的堤身结构只得用混凝土人工块体建造。因此，工程需大量的混凝土预制构件。除引桥预应力钢筋混凝土面板因施工急需是从国内预制船运外，其余所有混凝土构件均在现场建预制场预制。总计共预制混凝土和钢筋混凝土各类构件 25.2 万立方米。所用石料来自距工地约 120 千米处地下埋藏不深的姜石（形状像生姜）区，通过组织力量采集，运输至预制场筛选破碎，作为混凝土骨料。工程用全部钢管桩在现场用钢管焊接。

友谊港建设工地地处热带，雨量稀少，蒸发量大，多东北风，一般大于 5 级风即携带大量沙尘，年扬沙日多达 100—200 天。由于干燥炎热，一般气温可达 40℃以上，最高气温曾达 47.2℃，地表最高温度可达 59.4℃。全体援外施工人员战胜了高温酷暑、风沙弥漫等困难，完成了任务，为发展中毛友谊做出了贡献。

1979 年 9 月 25 日，刘济舟任技术工作组副组长，赴毛里塔尼亚"友谊港"解决设计和施工中遇到的关键问题，为期 51 天。在现场研究了试桩、石料开挖、海岸输沙与码头防波堤设计等问题。

友谊港工程共施工 7 年零两个月，于 1986 年 6 月 30 日竣工。刘济舟任验收组副组长赴毛里塔尼亚进行了为期 25 天的工程验收工作。友谊港的胜利建成，为我国在大西洋开敞、有沿岸输沙的海岸建港提供了经验。

在援建毛里塔尼亚友谊港工程中，开展了波浪作用下沿岸输砂的研究。包括基础理论、测验研究和输沙量测算。进行了周期长达 20—30 秒的长周期波的特性及对系泊船舶运动量和系泊安全影响的研究，以及保证船舶安全靠泊措施的研

图 5-13　建设完成的毛里塔尼亚友谊港[①]

究。在施工中，我国首次在外海恶劣施工条件下使用了大型海上升降平台。毛里塔尼亚西南部地区无坚硬石料，只有在沙漠中埋没的火山岩浆喷射出来的姜石，石质多孔，质轻，按我国规范是不能使用的，在该工程中进行了专题研究，成功使用了无坚硬石料的混凝土。

马耳他马尔萨什洛克港防波堤

马耳他马尔萨什洛克港防波堤是我国援建马耳他 30 万吨级干船坞外的另一项工程。20 世纪 70 年代，根据中、马两国政府关于中国对马耳他马尔萨什洛克港口防波堤提供技术援助的议定书的规定，中方按中国技术规范提供该项目设计，并组织指导施工。设计防波堤全长 1015 米，施工中为避开地质软弱带，直立堤缩短 45 米，因此实际施工长度为 970 米；其中斜坡堤长 252 米，直立堤长 718 米，直立堤港侧兼作一个 8 万吨级泊位。本工程于 1981 年 8 月正式开工，1986 年 7 月完工验收交接。

这也是刘济舟主管的一项难度很大的工程。当时国内的防波堤施工水平在水深 8—10 米、设计波高 4—6 米上下。而这项工程水深最深达 -28 米，设计波高最高达 10 米，沉箱最重达到 7000 吨，块体重量达 20 吨。"工程在当时我国水运工程实践中，规模和技术都是最大和最复杂的，地处我们最不

---

① 来源：中交集团一航局四公司网站。

图 5-14　马耳他马尔萨什洛克港防波堤沉箱安装

图 5-15　马耳他马尔萨什洛克港防波堤

熟悉的地中海。国内大型施工船、机很难运去，人力缺乏，只能在正在修船使用的干船坞中制造沉箱，沉箱要经外海拖运；防波堤就是放在光光的岩面上，没有覆盖层；护脚块体重量不够稳定，只能用空心方块，水下灌注混凝土，挡浪墙很高大，又有越浪，施工中很易被大浪破坏。这些对我国港口工程都是第一次，工程的设计与施工都获得了很宝贵的经验教训[①]"。

2008 年，当时的施工单位交通部第四航务工程局的孙一冰总工程师在《水运工程》杂志发表了对这项工程建设全过程，包括工程调查、研究、设计与施工的技术总结。刘济舟评价说："这项工程实为大型水运工程实践的典型范例。工程的成功实施，是我国筑港人、高等院校和救捞界心血与辛劳的结晶，对我国水运工程的建设和发展，起到了很好的借鉴和指导作用。当年，援外工程成就和技术成果很少在国内公布，马尔萨什洛克港防波堤工程的成功实践，是我们国家和水运系统的宝贵财富，它代表了一代水运人的民族精神和技术水平。二十多年后的今天，通过《水运工程》杂志把它的浓缩版介绍给广大工程技术人员学习借鉴，是激发我们继续艰苦奋斗，推进水运技术进步、技术创新很好的一次弥补。"

---

① 刘济舟给陈路华的信，2007 年。

第六章
新时期推动水运建设

1973 年，在周总理"三年改变港口面貌"的指示下，我国迎来了第一次建港高潮。同年 2 月，刘济舟任交通部水运基建局副局长，负责水运基建的技术工作和有关行政工作。这期间，刘济舟组织和主持了沿海各港的选址、规划论证、可行性研究审查和初步设计审定等重要工作。对于建设技术难度较大的工程，刘济舟亲自审定。"三年改变港口面貌"任务完成后，国家强调港口建设就要这样继续抓下去。为汲取先进国家建港经验，刘济舟多次赴国外考察，结合我国实际，推动水运建设技术的发展。这一时期，刘济舟还组织创办了《水运工程》期刊。

建港高潮中显身手

新中国成立至 1973 年的 20 余年间，我国港口建设主要以技术改造、恢复利用为主。沿海 15 个港口只有 36 千米岸线，共 286 个泊位。大连、秦皇岛、天津、青岛、上海、黄埔、湛江等七个港可以靠泊万吨级货轮的泊位仅有 92 个，尚不及发达国家一个港口的泊位多。而这仅有的 92 个万吨级泊位中，水深11米的只有四个，水深10米的只有24个。

与此同时，我国外交格局发生了重大变化。尼克松访华，使多年来由于美国对中国沿海的包围和封锁导致沿海港口建设发展缓慢的局面出现了转机。随着中日建交，我国对外关系的发展，对外贸易规模迅速扩大，来华的外籍远洋货船越来越多，国内远洋货船、沿海大型货船和大型外轮对深水泊位的需求十分迫切。

港口设施落后，吞吐能力严重不足的现状与对外贸易迅速发展需求之间的矛盾日益明显。同时，装卸机械数量少、不配套，库场不适应，进港航道水深不足等，造成港口压船、压车、压货情况越来越严重。国家每天的经济损失已经超过15万英镑，在政治上也产生了不良影响。加快港口建设已刻不容缓。

解决沿海港口压船、压车、压货的问题，提上了中央政治局和国务院的议事日程。周恩来总理对解决港口"三压"问题非常重视，要求粟裕迅速弄清港口"三压"情况，提出解决办法。1971年3月，粟裕在周恩来总理的安排下，以国务院业务组成员身份分管交通工作①。通过调查，1973年1月26日，粟裕将"关于加强港口、航道建设问题的建议"呈报国务院，这是一份影响中国港口建设走向的报告，很快被提交到全国计划会议上讨论。

2月27日，周恩来总理指出：交通是先行，是基础工业，必须采取非常措施，很快把它搞上去，并提出了三年改变港口面貌的要求。根据周总理指示，国务院修改了"四五"计划关于交通运输建设的基本思路，确立了"1973—1975年全国交通运输建设以水运为主、水运建设以港口为主、港口建设以扩建为主"的战略部署。

同月，刘济舟任交通部水运基建局副局长，负责全国水运基本建设的技术管理及有关行政工作。

1973年3月2日，国务院成立港口建设领导小组，粟裕任组长，谷牧任副组长，小组成员有国家计委、国家建委、交通部、外贸部、物资部、

① 卢长武：《筑港苦旅：新中国沉箱结构纪实》。北京：人民交通出版社，2013年，第261–263页。

海军等部门的领导同志。领导小组下设办公室，彭敏任办公室主任，并从国家建委、交通部、海军等有关单位抽调干部组成。3月9日，粟裕、谷牧邀集参加全国计划会议的上海、天津、辽宁、河北、山东、江苏、浙江、广东等八个沿海省、市的领导开会。会议传达了周总理三年改变港口面貌的指示，提出了三年内增加一些泊位、相应解决配套问题的设想。会议建议沿海省、市成立港口建设指挥部或领导小组，依靠地方党委的领导，多快好省地加快港口建设。

1973年9月在北京召开的全国第一次港口建设会议确定，3年全国港口建设的目标是：新建深水泊位51个以及其他配套设施，增开舱口作业线150条，总计新增港口通过能力5500万吨。我国迎来了第一次建港高潮。

三年建港期间，刘济舟组织和主持了沿海各港的选址、规划论证、可行性研究审查和初步设计审定等重要工作。对于建设技术难度较大的工程，刘济舟甚至亲自审定。

刘济舟作为全国水运建设的主管，制定了合理的水运建设规划，有重点、有步骤地推进水运建设。在1973—1975年的三年大建港时期，国家对港口建设投资60多亿元，相当于新中国成立后前23年港口建设投资的总和。在水运工业方面，还开工兴建了一批新的修造船厂和扩建了一些船厂的船坞，舾装码头等水工设施①。

经过三年建设，1975年8月，交通部传达了党中央表扬全国港口建设的文件，同时指出：我国交通运输工作仍是国民经济的突出的薄弱环节，港口建设仍需加倍努力。这三年也是国家第四个五年计划的后三年。三年大建港，实现了周总理三年改变港口面貌的要求，并为港口建设事业进一步发展积累了经验。在这三年里，我国港口建设改变了以前大港过于集中的做法，确定了"北方沿海以天津港和大连港为中心，相应地建设秦皇岛港和烟台港；华东沿海以上海港为中心，加强建设连云港和宁波港；华南沿海以黄埔港为中心，积极建设湛江港；同时，逐步展开闽、浙、桂三省区和长江下游新的港口布局"的指导方针。

---

① 司元政：我国的港口建设情况。《港口工程》，1989年第1期，第12—19页。

1975 年 2 月 21 日国务院港口建设领导小组会议上，谷牧副总理传达了周恩来总理、李先念副总理对下一步港口建设的重要指示。周恩来总理指示至 1980 年要建泊位 250—300 个；李先念副总理强调港口建设就要像现在这样继续抓下去，不要松劲。6 月，"五五"港口建设规划会议召开。会议提出，"五五"港口建设规划的编制和实施，要认真落实周总理的指示，合理规划，精心设计，精心施工，艰苦奋斗，勤俭建港，使港口建设全面实现多快好省。

刘济舟参与制定了我国北方几个港口的建设规划。东北沿海：继续扩建大连港；积极筹建营口港鲅鱼圈新港区，为鞍钢的矿石、钢铁、东北的木材运输增加新的出海口；丹东市大东沟开辟为中等港口，以承担辽宁地区的海上物资运输。华北沿海：继续建设秦皇岛港，扩大煤炭、杂货的吞吐能力；天津港继续扩建。山东沿海：继续建设青岛港八号码头；烟台港暂可补充些中级泊位。此后一个时期，北方港口的建设，基本是按以上规划部署进行的。

1977 年 1 月，刘济舟参加交通部长江航道工作组，调查了解长江上中游港口、船厂与航道，踏勘兰叙段航道情况。9—12 月，现场审查了海南八所港扩建方案，调查了解海南岛沿海港口情况。

引进国外先进设备

1977 年，党中央、国务院决定在上海建设宝山钢铁厂，所需矿石由澳大利亚、巴西和秘鲁进口，并决定所需的矿砂、煤炭和其他原材料的运输，都采用水运方式。但因宝钢的码头无法进 10 万吨级满载的大船，所以又决定在上海附近建设一个矿石减载中转码头，这个任务落到了交通部的肩上。宝钢 10 万吨级矿石船的减载中转港口，原拟建在上海港的绿华山。1977 年 12 月，交通部派基建局子刚局长等随国家计委工作组到上海进行实地考察，后又再次考察了绿华山和浙江镇海北仑山，最后一致决定将中转港建在北仑山，同时决定疏浚长江口。这样，北仑港的建设，成了交通部的一项紧迫而重要的任务。

交通部决定开辟宁波港北仑港区建设矿石码头后，调派了港工队伍中的精兵强将组织此建设工程，刘济舟就是其中之一。1978 年 1 月，刘济舟开始参加北仑港现场方案设计，并主持进口装卸机械设备的谈判工作。

北仑港位于杭州湾金塘水道南岸毛礁岛附近，原是浙江省镇海县境内一个小岛，西距甬江口 16 千米左右。这项工程是上海宝山钢铁总厂的重点配套工程，供 10 万吨级的矿石船在这里卸下货物，再用 2.5 万吨级的散货船转运到长江口内的宝钢码头。需要建设一个年吞吐量为 2000 万吨，10 万吨级的矿石接卸泊位，两个 2.5 万吨级的矿石装船泊位和一个容量为 50 万吨的矿石堆场等工程，平面布置为 F 型。配套项目有港作码头、通信导航、供电、给排水、生产生活设施，进港公路等工程。北仑港拟建的 10 万吨级的矿石码头是当时全国最大的矿石专用码头。

北仑港是新开辟的港区，工程位于离岸的开敞海面。水深流急，风频雾多，施工条件比较差；焊接大口径钢管桩和水上施打长钢管桩都是国内初次，施工工艺较新。之外，采用先进的装卸工艺也是本工程的一个重要特点。由于国内当时尚没有先进的装卸设备与其配套，所以计划从日本引进。在刘济舟的主持下，通过与日方的谈判，1978 年 11 月 25 日签订了整套装卸设备的引进合同。

全套引进设备包括两台 2100 吨／时的卸船机、2 台 4200 吨／时的装船机、两台 4200 吨／时堆取料斗轮机以及相应的 1.6 米宽的皮带机系统、中央控制室、3.5×10^4 伏变电所、直径 2.8 米、高 2.1 米充气护舷，防尘洒水装置，靠岸速度仪，3200 马力大型拖轮等[1]。整个码头由 13 条胶带输送机把 10 万吨级卸船码头、2.5 万吨级装船码头及堆场的装卸设备连成系统，由中央控制室电子计算机控制。中控室除发送起动、停机指令外，还可以按工艺流程的组合操纵系统联动运转，使系统保持"最佳"作业状态，并自动记录、统计生产日报、月报以及监视报警[2]。

自 1979 年 4 月 21 日开始至 1980 年 8 月 27 日，成套设备分八批在现

---

[1] 黄希桢：北仑港矿石中转码头工程设计简介。《水运工程》，1980 年第 12 期，第 1-4 页。

[2] 汪宗华：北仑港的胶带输送机系统。《水利电力施工机械》，1984 年第 7 期，第 1-13 页。

场交货，共 3679 箱（件、捆），总重量约一万吨。1980 年 10 月 16 日至 1981 年 8 月 19 日，成套设备进行了无负荷的单机和联动试车。1981 年 8 月 20 日至 11 月 15 日进行了第一次带负荷的单机和联动试运转。针对第一次负荷试运转中存在的问题，刘济舟请日方完成修改后于 1982 年 3 月 11 日至 4 月 13 日进行了第二次负荷试运转。二次运转期间，共做了合同规定的 12 个流程，10 装 8 卸作业。在此期间，刘济舟还就设备的技术问题组织召开了专家会议。1982 年 5 月 7—13 日，在二次试运转的基础上，交通部指派刘济舟等人组织召开了"北仑港引进装卸设备考核验收会议"。考核工作由上海远洋分公司 8 万吨级的"宝清海"轮满载 82305 吨澳大利亚粉矿和上海海运局二艘 2.5 万吨的"福州""海州"轮配合进行。考核表明，北仑港引进的成套装卸设备各项技术指标均达到了合同要求。对于一度出现的卸船机钢结构振动问题和皮带机托辊及减速箱温升问题，经刘济舟与日方进一步谈判，也都得到了较为圆满的解决。最后经交通部批准，于 1982 年 5 月 17 日与日方正式签署了《铁矿石中转港装卸成套设备合同验收证书》。至此，北仑港引进装卸成套设备的考核验收工作胜利结束。

整个工程于 1982 年 12 月 24—27 日进行了全面验收。这是我国当时规模最大、效率最高、自动化程度较高的矿石中转专用码头，也是全国港口工程第一次从国外成套引进装卸设备。刘济舟主持了这次设备引进的资料搜集、设备谈判、合同签订、设备监造、验收和安装试运转的全过程，为以后引进港口成套设备积累了宝贵经验。工程于 1983 年获交通部优质工程，1986 年获国家优质工程银质奖。

考察国外港口

1978 年 11 月 15 日，刘济舟随交通部叶飞部长，对荷兰、比利时、西德与香港进行了为期 34 天的考察。参观了 7 个港口，7 个船厂，5 条航道运河，两个船闸，两座升船机，4 个试验室，以及荷兰的拦海大坝，三角洲工程。

刘济舟根据考察成果，对国外技术发展的新动向进行了认真总结。12月20日，他作了关于港口与航道工程建设方面的专题报告。报告分港口总平面规划、港口工艺、港口工程技术、航道工程和船厂工程五个方面。

第一，在港口总平面规划方面，刘济舟主要有以下几点感受。①港口的建设与发展需要大量的土地，势必与城市建设发生矛盾，旧港改造不可避免地要进行拆迁，各国都有这样的问题，但都在尽力设法缩小矛盾。②这次所参观的港口都是河口港或内河港，且都是挖入式港池。岸线、陆域和水域得到充分合理的利用，港内回淤并不严重。③各港虽已发展为深水港，但为了省建设投资，均尽量合理利用潮差。④深水码头的位置要考虑船舶减速或加速所需的距离，这是码头选址中的一个重要问题。⑤各港新建港区大多为深水港池，平面上多布置为长顺岸，宽突堤。⑥西欧的港口不但铁路和公路疏运条件很好，并且都很重视内河水运。

第二，港口工艺方面。①矿石煤炭进口都是采用大型桥吊抓斗，皮带机接斗轮式堆取料机，相当大的数量不入堆场，直接由皮带机倒载装入内河驳船。②桥吊的形式大同小异，吊重一般四五十吨，但行车速度较快，缆索牵引，伸幅较大。③矿煤码头上很少使用电子皮带秤，采用的是船舶吃水计量法，或装火车计量。④火车都是开底专用车，双叉漏斗装车，可在列车行走时连续装车。堆场都采用喷水防尘。⑤散粮装卸都是用吸粮机，除岸机外，辅以大量水上浮动吸粮机。⑥集装箱装卸工艺，前方均为桥吊；后方运输与堆取工艺，有跨运车方式，有平板拖车与轨道门架吊方式。⑦其他港口工艺方面，过驳作业仍占有很重要的地位，特别是海河中转。

第三，港口工程技术方面。①码头结构多为钢板桩，或前板桩高桩承台。②码头护舷最多的还是用护木，木材来自南美洲或非洲，很少用橡胶护舷。③防波堤工程中，荷兰三角洲工程对砂基采用了振动夯实，土工编织布沉排，上用压载，用塑料钉将压载块与织布牢固连接。

第四，航道工程方面。荷、比和法三国通航河道都经过人工全面整治，河势规则，沿线都有整治工程，渠化梯级开发，用渡槽实现河与河立交，用高架桥或隧道与铁路、公路立交。西德运河建设很注意节省投资，经济实用。一般为斜坡岸，遇到占用土地矛盾过大时，才采用一侧或两侧直立式。

第五，船厂工程方面。西德修船大量使用钢质浮船坞。

结合国外的港口建设经验，对考察结果进行了认真总结后，考虑到我国的实际情况，刘济舟提出了对我国水运建设的意见。

当时三中全会公报提出"基本建设必须积极而又量力地循序进行，要集中力量打歼灭战，不可一拥而上，造成窝工和浪费"。刘济舟结合国家的政策，根据四个现代化建设的迫切需要，提出港口建设应首先集中力量建设秦皇岛港和连云港的煤炭出口码头，同时抓紧津、沪、穗三港集装箱码头的建设或改造。上海和黄埔新港区的建设需要慎重研究，"六五"期间实施。针对秦皇岛、连云港、天津港、上海港，提出了建设重点和目标。

秦皇岛新煤港需要建设防波堤，煤炭装运工艺设备要考虑提高单机效率，减少机械台数，简化工艺系统，采用电子计算机集中控制和喷水防尘系统。

连云港的总平面规划，深港池长顺岸的方案值得慎重对比其优缺点，要考虑港口进一步发展的可能性和临海工业区建设的利弊。新港区650万吨杂货，尽量建设专业化码头，如集装箱、木材、钢铁、散粮等，减少泊位数量；老港区留作一般件杂货作业。今后外航道两侧是否需要建设防波堤直达深水有待研究。

天津港扩建总平面规划，有必要考虑深港池长顺岸的方案；今后在投资许可的情况下，防波堤需向深水区延长。天津港地属软基，用门架吊工艺，堆箱四至五层，势必加大堆场沉降；抑或应采用大面积堆场，堆存二至三层，值得进一步研究。

上海港的集装箱泊位必须抓紧建设。如征地确有困难，可采用集装箱堆存仓的工艺方案。上海港应大力发展水上过驳作业，把黄浦江中的系泊浮筒充分利用做过驳用，待修船系浮筒尽量移至江阴或张家港地区；江海中转物资在长江中（浏河口，南通一带）另辟过驳锚地；黄浦江内如王家渡以上可否考虑设过驳锚地。

在航道建设方面，刘济舟注意到西欧内河水运量如此巨大，而标准船型仅 1350 吨，吃水仅 2.5 米，标准船闸宽度仅 12 米。对比之下，我国内河船型有 2000 吨、3000 吨、5000 吨数种，是否过大？如船型小一些，适应我国河流自然水深，航道建设投资可大大节约。荷兰三角洲整治工程规模浩大，技术复杂，而我国长江口三角洲比它要大好多倍，长江口整治工程的投资势必比荷兰三角洲（40 亿美元）大数倍，绝非短期内可以实现。据此，刘济舟提出了抓紧测验研究工作，循序渐进的意见。

连云港建港副指挥

连云港是三年大建港期间全国重点建设的港口。1973 年，江苏省政府革委会组建了连云港建设指挥部，行政隶属于江苏省，与江苏省交通厅平级，业务领导归交通部。指挥部成立以后，港口建设的具体任务主要是利用 3 年时间完成对连云港老港区的扩建改造。这期间，刘济舟任建港指挥部副指挥，具体指导连云港的扩建改造。

探讨老码头改造技术

1973 年，连云港港老港区扩建的重点之一是二号码头西侧钢板桩码头的改造。这座码头原来是日本人建的钢板桩码头，已年久失修。为继续使用，需要在外面重新打入一排钢板桩。刘济舟在北京主持了改造方案设计审查，因原方案在技术上不合理，被当场否掉。设计单位按照刘济舟提出的技术要求，连夜赶做出钢板桩结构的码头方案，次日始获讨论通过。这是在交通系统第一次使用国产鞍 IV 型钢板桩。

刘济舟多次亲临现场，帮助建设单位制订切实可行的方案。由于地质条件十分复杂，施工中遇到许多困难。一次，由于后方抛填速率控制得不好，发生了滑坡。刘济舟调派挖泥船把滑落的石头和泥全部清除，重新做设计方案，最终完成了这一改造项目。这是我国用自己的力量，在连云港这种非常软的地基的条件下，建成的第一座采用国产钢板桩的码头，为在淤泥质海岸建设板桩码头开创了一条新路[①]。

另一个重点是老码头升级的问题。由于连云港地区属淤泥质海岸，且回淤严重，建设深水泊位十分困难，原有码头多为 3000—5000 吨级。为了突破这一禁区，建设深水泊位，刘济舟建议对连云港的回淤问题进行研究。交通部和江苏省革委会联合委托华东师范大学开展专题研究，具体论证连云港建设万吨级泊位的可行性问题。经深入研究论证，得出了肯定的结论。交通部组织召开了连云港第一次回淤研究会议，讨论这份论证报告。讨论会由交通部科技司司长高原主持，经刘济舟和多位专家的审查，认为连云港是可以建设万吨级泊位的。后又由南京水利科学研究院做了物理模型试验，对技术方案做了深入研究。连云港终于开始了万吨级以上深水泊位的建设。刘济舟推动采取产学研相结合的手段，充分借助"外脑"，对连云港深水泊位建设的可行性进行了科学论证，将连云港 5000 吨级泊位改造成为万吨级泊位，航道也加深到万吨级，改变了人们对"连云港回淤严重，不能建万吨级深水泊位"的认识，也为今天连云港成为亿吨大港奠定了基础。

与荷兰的谈判

1977 年 8 月，国务院在听取外贸部的汇报后，决定花大力气开发连云港。华国锋总理在当年召开的五届全国人大的政府工作报告中提出了 120 个重点建设项目，属于交通部的项目有上海、天津、黄埔、秦皇岛、连云

---

① 吴乃华：他为焕发连云港青春走在前头——访交通部基建局刘济舟总工程师。1986 年 12 月 8 日。

港五个港口。连云港的建设列入了国家重要的议事日程。

连云港地理位置适中，无论是水域陆域条件都很好。虽然当时港口还不通铁路，但国家已准备大力开发两淮煤炭基地，可以把铁路修到连云港；加以连云港离大运河很近，只要再挖两条运河，即可与淮河及长江相接，水运陆运都可畅通，有条件发展成为东方大港。连云港新一轮的开发建设原准备由中国人自己设计、自己施工。但实地勘察结果发现，拟建 15 千米的航道，需开挖云台山海底余脉构成的坚硬岩石地基，以当时我国的技术力量尚难解决。1978 年，交通部叶飞部长访问北欧四国，发现荷兰对建港很有经验，鹿特丹一个港就建了 170 多个现代化的深水泊位。在国务院决定开发连云港后，交通部考虑请荷兰专家来帮助建设连云港和整治长江口，得到了李先念副主席和其他副总理的同意。李先念副主席并指示："可以把连云港的建设包给荷兰。"还说，"两淮煤矿的开发、铁路的建设和连云港的建设三个项目，可能铁路快，港口慢，煤矿最慢，所以要抓紧连云港的建设①。"7 月 15 日，交通部即发电报给我驻荷兰大使馆，请大使馆与荷兰政府商谈。7 月 17 日，荷兰交通部复电，同意派筑港技术代表团来华。不久，荷兰筑港技术代表团来华，刘济舟被指定与连云港建港指挥部的负责同志一起组成谈判小组，负责与荷方进行谈判。

谈判期间，荷兰专家到连云港勘查了现场，对各种技术数据进行了认真的调查研究，提出了开发连云港的初步方案。刘济舟与他们商谈了承包方式和投资偿还方式，整个谈判比较顺利。但对总的投资数额尚未估算，因此未能最后确定。

1978 年 9 月 15 日，李先念副主席和余秋里、康世恩副总理专门召开会议，听取交通部汇报邀请荷兰专家协助建设连云港和整治长江口的谈判情况，国家计委、国家建委、国家经委、外贸部、财政部、铁道部等单位的负责同志参加了会议。主要由刘济舟对整个谈判过程进行了汇报。

汇报结束后，李副主席问两位副总理："怎么办？干吧！"康副总理说："好！"余秋里副总理也说："干吧！"李副主席说："写一个委托书，要分

---

① 叶飞：《叶飞回忆录（续）——在交通部期间》。北京：人民交通出版社，第 292-293 页。

秒必争。"康副总理说："连云港要搞个海上石油钻探基地码头。"刘济舟回答说："我们已预留了，也对他们说了。"李副主席接着对刘济舟说："1985年吞吐量4000万吨，要再扩大，要有战略眼光。"刘济舟说："可搞到100个泊位，达到一亿吨吞吐量。"李副主席说："要把煤炭、石油、杂货各种码头分开，要专业化，又是综合性的。这个地方好。"①

在整个谈判过程中，刘济舟丰富的工程实践经验得到了体现，他也进一步积累了谈判经验，掌握了荷兰的技术经验与对外承包业务。

开辟庙岭新港区

1982年，连云港老港区已接近饱和，新开辟了庙岭新港区。庙岭煤码头为庙岭新港区的第一期工程，也是国家"六五"计划中的重点建设项目。建设规模为3.5万吨级及1.5万吨级泊位各一个，年出口煤炭900万吨②。

为了开辟庙岭新港区，刘济舟付出了巨大精力。开始不少人对在这里兴建3.5万吨的深水泊位存在疑虑，他们主要担心会发生严重回淤。对于庙岭煤码头防浪掩护方案，也存在修建仅能掩护庙岭港区的环抱式防波堤和修建对整个港湾起掩护作用的拦海西大堤两种不同意见。采用前一种方案，港内回淤量较少，但对将来向西发展带来不便；如果选择后一方案，则在庙岭煤码头建成后，将有几年时间，无堤掩护，可能会造成回淤量较大，增加航道维护量。因此，在确定庙岭煤码头建设方案中，刘济舟作为主管部门的决策人，他的责任和承担的风险是巨大的。

刘济舟提出对这个问题要慎重对待。他建议通过对外航道的试挖来确定未来航道的维护条件。按照刘济舟的建议，做了里外两个试挖段。试挖成果表明，回淤量不是太大，完全在可承受能力范围之内。据此，最终确定了建设西大堤的方案。

刘济舟凭借丰富的筑港经验和实事求是的科学态度，依靠与科研

① 叶飞:《叶飞回忆录（续）——在交通部期间》。北京：人民交通出版社，第292-293页。
② 牟挺洪：连云港庙岭煤码头设计简介。《水运工程》，1984年第11期，第56-62页。

和设计单位的共同努力，圆满完成了庙岭新港区（包括煤码头工程）的各项论证工作，制订了扎实又大胆创新的建设方案。在码头建设过程中，刘济舟每年多次赴现场进行具体指导，帮助解决各种疑难问题，检查施工质量，保证了庙岭煤码头以较少的投资和较短的工期顺利建成投产。

淤泥质海岸建港理论的创新

通过指导解决连云港建设中遇到的工程技术难题，刘济舟对在淤泥质海岸建港理论的创新起到了重要作用。

在淤泥质海岸建设大型港口需要解决两大问题。

第一个是海岸环境演变问题，涉及波浪、潮流、泥沙等条件及与岸滩变形之间的相互作用。一般情况下，海岸在有外来泥沙补给时是淤长的；在泥沙减少时则易受侵蚀。对于海岸淤积与侵蚀，需要建立一套模型分析转换机理，建立能够定量预测的分析方法，这对港口和港口城市的长期发展至关重要。

第二个问题是波浪、潮流等动力条件、海床地基和建筑物三者之间的相互作用问题。

结合连云港的建设，上述问题的有关理论研究工作由中科院力学研究所承担；现场观测由华东师范大学负责；指挥部负责总体的组织协调。刘济舟全程参与了技术指导。刘济舟不仅积极支持这些研究课题的立项申报，在研究过程中，还结合工程实践给研究单位提出需要解决的具体问题。研究工作完成后，交通部和中科院联合组织了审查鉴定。刘济舟、郑哲敏、谢世楞等院士参加了鉴定会。

课题取得了很多创新性研究成果。比较突出的有三点。

第一点，波浪在经过软基海床时，会发生很大衰减。建造海塘或海堤这类建筑物，确定设计标准时应加以考虑。如果建筑物前面分布有很软的淤泥，就可能与浅滩上的植被一样，起到消浪的作用，建筑物的设计波浪标准就可以适当降低，从而节约投资。

第二点，波浪作用于建筑物，建筑物作用于软弱地基时，地基土的强度将可能降低 30%—50% 左右，从而可能引起工程的倾覆或失稳破坏，需引起高度重视。

第三点，波浪能造成淤泥表层泥沙的漂移，如果表层有污染物的话，它会迁移。

这三点结论在当时是具有开创性的，对在连云港淤泥质海岸的建港实践发挥了重要的指导作用。

组织创办《水运工程》

20 世纪 70 年代初，随着港口建设的大发展，对科技情报工作提出了大量新的课题和要求。交通部基建局和科技局积极组织推动了水运工程系统科技情报工作的恢复和发展，充实扩大情报队伍，开展水运工程情报的协作和交流，组织创办了《水运工程》月刊。1975 年，在交通部召开的刊物协调会上决定将《水运工程》作为内部刊物交由交通部水运规划设计院主办，1980 年改为国内公开发行，1988 年扩大为国内外公开发行。

刘济舟是《水运工程》杂志的创立者和卓越的领路人[①]。自创刊后，刊物的编辑出版工作一直得到刘济舟的积极支持和领导，并成立了由部基建局为首的、由部直属工程局、航道局、设计院及水运事业较发达省的交通厅等单位的主要技术负责人组成的刊物编委会。刘济舟于 1985 年 3 月被聘为第八届编委会主任委员，1989 年续任，1993 年开始历任各届编委会名誉主任委员。

刘济舟领导组织了《水运工程》办刊方针的制定和编委会条例及职责的审定。刘济舟强调刊物要有明确的报道方向和针对性，注重紧密联系实际。《水运工程》贯彻了"科学技术必须为经济建设服务"及"科教兴交"

---

① 2011 年 10 月,《水运工程》, 封面。

的报道方针，以"交流消息、总结经验、研讨问题、培育人才"为报道宗旨，主要报道与港口、航道、修造船厂等项目建设有关的新理论、新技术、新方法和技术改造方面的新工艺、新成果和工程建设中的经验教训、经验交流等。其服务对象主要为从事水运工程建设及相关行业的科研、设计、施工等部门的技术、经营、管理人员，高等院校师生及专业技术工人。

刊物反映了我国水运工程建设的发展过程，记载了广大技术人员的成长业绩，传播了大量工程动态信息。不仅成为全行业技术交流的重要平台，还经常及时刊登行业有关技术政策及规范条令等。加之专业全面，严格保证稿件质量，深受广大工程技术人员的欢迎，成为工作中必备的参考书。

作为编委会主任，刘济舟要求《水运工程》始终把刊物的社会效益放在首位，坚决保证刊物的技术特色，使刊物质量不断提高。在近40年的发展过程中，它已从一本油印的、不定期出版的内部刊物，发展成为正规的公开发行的科技刊物，被国内同行公认为水运工程行业中有重大影响的权威性的技术刊物。

《水运工程》于1983—1985年获部优秀科技成果奖三等奖，1991年被情报系统评为"七五"期间优秀科技情报成果奖二等奖，1992年被评为交通部优秀期刊，1993年获交通部全面质量管理优秀成果奖二等奖。1995年获国家新闻出版署组织的全国报刊展览会的优秀参展期刊等。由于在国内外影响日益广泛，1992年被选入中文核心期刊目录。

第七章
主持石臼港煤码头工程建设

为适应山西省古交、霍县和山东省兖州煤炭出口的需要，国家计委于
1980年3月批准建设石臼港煤码头工程。1980年6月，刘济舟被任命为
石臼港建设指挥部总指挥。在既无大中城市依托，又无老港依托的困难条
件下，刘济舟带领石臼港口建设者们迎难而上，发扬"艰苦奋斗、无私奉
献、勤俭建国"的建港精神，大胆探索，锐意创新。开敞式码头方案、沉
箱分层浇筑、沉箱浮坞出运、钢栈桥整体吊装、后张预应力混凝土梁等新
技术、新工艺的应用开创了我国港口工程设计与施工的先河。

科 学 选 址

石臼海运

石臼海运，历史悠久。自宋代始，即有漂泊海洋的渔人，在东南隅岸
边驻足栓缆，舂米为食，形成多处臼状石坑，故称"石臼"。明朝，为防
倭寇从海上进犯，设备御千户所，始称"石臼所"。从明朝始，即与外地

从事着简单的贸易活动。清代从浏家港海运漕粮，每年数百万担经石臼源源不断地转运至直沽。1683年（清康熙二十二年）开海禁后，石臼所口又逐渐聚集了与江浙、直沽通商的船舶。1686年，石臼所商船首次与台湾通航。至清末，石臼航运业已初具规模。各类船行30多家，专业性运输帆船50多条，年吞吐量3万吨左右。石臼所口逐渐变为本县以至周围地区土特产的集散之地[①]。

新中国成立后，石臼所口逐渐发展成为日照县较大的渔业口岸。1958年，建造了一座长50米，宽7米的石砌突堤式简易码头。后对该突堤加长、加宽，可三面停靠驳船。1966年5月，山东省拨款160万元，历时19个月建成了长100米、宽35米，引堤长270米的客货码头，可同时停靠500吨级和200吨级客货轮各一艘。1973年又对该码头进行了改造。

一封人民来信

20世纪70年代，国家决定把山西、豫西、陕北、宁夏、内蒙古西部作为巨型能源基地加以综合开发，许多大型矿井陆续开工建设。为适应我国西煤东运、北煤南调的能源运输战略，为鲁南、冀南、豫北、晋南、陕中乃至我国大西北地区的物资交流和内外贸易的发展打开一条新通道，提高我国煤炭在国际市场的竞争能力，并适应国际远洋散货船舶大型化的要求，需在鲁南或苏北沿海建设一座大型煤炭出运码头。

为了促进当地航运交通和社会经济发展，山东省和江苏省分别提出了修建石臼港与兖石铁路和修建连云港与连兖铁路的两个规划方案，报中央政府审批，形成了两个港址、两条铁路争建的局面。

其间，连云港在江苏省委的大力推动下，对连云港建深水大港的可行性进行了调查论证。李先念副主席应邀视察了连云港，并为连云港建设题词："要把连云港建成与世界级大港媲美的中国东方大港"。利用这一契机，连云港建设如火如荼地向前推进。矿业部长康世恩为此专访荷兰，与

---

① 《日照港志》编纂委员会：《日照港志》。济南：齐鲁书社，1996年，第1-6页。

荷兰签约，由荷兰协助贷款 10 亿美元，总承包将连云港建成 10 万吨级煤炭出口港。荷兰的专家和筑港机械相继到达连云港，已在多个工程区开始了作业。

山东省为论证石臼港有建深水大港的优良条件，于 1978 年 3 月组织山东省地质局、测绘局、气象局和交通部水运规划设计院、北海舰队等共 14 个部门和单位，600 余人进行了现场观测和勘察，在四个月内取得大量实测资料，对水工建筑物进行了规划设计和方案比较，形成了《鲁南选港规划资料汇编》，为日照港港址的选定打下了科学的基础。

山东省建委将石臼港建深水港的可行性论证报告送交通部和国务院后，过了一个多月也未得到回音，交通部内重点研究的只是连云港建港的问题。当时，山东省一度觉得建石臼港和兖石铁路的希望已很渺茫，将工作重点转移到争取在连兖铁路建设中一些重要站点的建设项目方面。

可是，参加山东鲁南选港的专家们认为石臼所建深水港的条件比连云港优越得多。石臼港水深条件好，航道开挖量少，距兖州近，不淤积，基础好，工期短、投资省，应当积极向国家领导人建议，对两个港址深入比选后再决定深水港址。

建议信由侯国本[1]和王涛[2]起草，辗转交到了李副主席手中[3]。信中认为，在"距连云港 40 千米的岚山港，具有水域深、面积大，以岩盘为基础，不存在引航道的开挖和灾难性天气的堵塞问题等良好条件，有利于港口及城市建设"。

对侯国本和王涛的信，华国锋于 1978 年 12 月 27 日批示："请先念、秋里、谷牧、世恩、叶飞同志阅。"余秋里副总理 12 月 29 日批示："请叶飞同志考虑来信所提的建议。"李先念副主席 1979 年 1 月 1 日晨批示："方毅、谷牧、叶飞同志阅。看来有不少意见（前已转出二信），我虽召开过会议赞成这个方案，现在有同志提出不同意见，我想他们是对这么大的工

---

[1] 中国海洋大学，教授。

[2] 中国科学院海洋研究所，研究员。

[3] 王涛：石臼港选建历险记。中国科学院网站，2011-8-20。http://www.cas.cn/zhengwen/jsgj/201108/t20110821_82051.shtml。

程抱负责态度的。为了慎重起见，请谷牧、叶飞同志主持，方毅同志如能参加更好，再召集不同意见的同志和赞成这个方案的同志一起，多议几次，听取不同意见大有好处，请认真斟酌。"同日，谷牧副总理批示："请叶飞同志组织人准备，准备好我们即开会。召集双方的专家，要真正讲出道理。"

刘济舟主持参与了对连云港与石臼所港址进行科学论证的全过程。1979 年 2 月 1 日，交通部发出《关于召开研究岚山头、连云港港址座谈会的通知》，拟于 2 月中旬召开山东、江苏两省及有关单位和专家开会，集思广益，对岚山头、连云港两个港址进行全面研究、比较。通知转发了山东海洋学院副教授侯国本、中国科学院海洋研究所研究员王涛给李先念副主席的信和华国锋、李先念、余秋里、古牧等领导的批示。

1979 年 4 月 6—19 日，由交通部牵头，会同国家计委、经委、建委、中国科学院、铁道部、煤炭部、外贸部、国家海洋局等单位和山东、江苏两省，组织召开了连云港、鲁南沿海深水港址座谈会，刘济舟主持会议。参加会议的有全国与建港工作有关的科研、院校、设计、施工等单位的专家和科技人员共 81 人，其中规定山东、江苏各限派五位专家与会。会议分两阶段进行：第一阶段：4 月 6—13 日，组织会议代表察看了岚山头、石臼所、连云港现场，由两省的代表在现场对建港条件作了介绍。第二阶段：4 月 16—19 日，在北京展开了座谈论证，各方面的专家从不同角度，各抒己见，对比了两个港址的优劣条件。多数专家认为石臼港是我国难得的优良深水港址，有条件建成 10 万吨级乃至 20 万吨级以上的深水港口。认为在石臼建港深水线近，基础好，可就地取材、造价低、陆域广、腹地大，很有发展前途，可以"一看到底，一劳永逸，没有后顾之忧"。在连云港建深水港，多数专家认为港口已有 40 多年的历史，有老港依托，积累了大量资料，为建港创造了条件。但还有许多问题没有弄清楚，不敢下决心。主要的问题有 3 个，一是地处淤泥质深厚的海滩，距深水线 20 多千米，开挖航道港池建码头，难度大、费用高；二是港区陆域狭窄，堆场及铁路站线需回填造陆，软基处理难；三是堵塞西口问题较多，泥沙回淤问题不清楚。

会上，北方的专家（主要是院校和研究单位）都同意在石臼建；南方的专家（主要是江苏省的专家）同意在连云港建。工程单位（交通部第一、第二、第三、第四航务工程局和北海舰队等）都同意在石臼建。座谈会上对建港条件优劣比较的倾向性虽已很明显，但归结到选址意见时却争论很大，难以统一。会议看现场花了一个星期，讨论会开了一个星期，纪要写了半个月，却写不出来[①]。

当时有一个很特殊的情况是，连云港的建港指挥部已经宣布成立了。陶琦是总指挥，刘济舟是副总指挥。作为会议主持人，刘济舟最后综合专家的意见作了发言。发言中，他并没有因为自己已经被任命为连云港建设副总指挥而有所偏袒。会上谈到疏浚单价时，双方虽都采用绞吸式挖泥船，但石臼港每立方米挖泥需要11元，连云港方面却说0.5元钱就行。刘济舟说，你们报的是11.5元，你现在说是0.5元，一下减了11元钱，4000万立方米就是四个多亿。山东省宋一民副省长说，济舟同志的发言实事求是。

刘济舟的总结发言侧重在两个选址方案的技术比较方面，倾向于认为石臼所自然条件和地质情况比连云港要好。在这里建港比在连云港能节省投资。比如说航道挖泥，10万吨级的航道，石臼的挖泥量是900万立方米，连云港则需要挖泥4000万立方米。

最后，会议秘书组将专家意见和刘济舟的总结发言，整理成了"综合简报"。主要结论为：选择港址要从港口建设的技术经济合理性出发，贯彻深水深用的原则，因此，应在石臼所建设10万吨级的煤炭专用码头，以适应兖州煤炭基地煤炭外运的需要；并主张建石臼所要体现专用码头效率高、工艺布置合理、陆上辅助设施少的特点，以期达到工程量少、建设速度快和投资省的目的。

连云港和石臼港港址座谈会后，国务院、交通部研究决定通知荷兰人暂停连云港建设。此后，经过对连云港和石臼港两个深水港建设方案的比选，最后决定在石臼所建设深水煤炭专用码头，并与秦皇岛二期煤炭码头同时使用日元贷款进行建设。1979年10月山东省编报了设计任务书。

[①]　刘丙寅访谈，2014年5月14日，日照。资料存于采集工程数据库。

建设指挥部的总指挥，刘丙寅是建设指挥部的副总指挥之一。工地上人们都亲切地称他们为"大刘指挥"和"小刘指挥"。因为刘济舟是正指挥，加之个子高、资历老，所以大家都称他为"大刘指挥"。副指挥刘丙寅原是山东省革

图 7-2　港口建设的指挥们（前排左起：马东生、王海平、刘丙寅、李鹏、毛立清；后排左起：李积平、刘济舟、刘绍尧。资料来源：日照港档案馆）

委建港领导小组办公室的成员。据他回忆①，"遇见济舟这样的老领导，感到很亲切。自从济舟来石臼港建设指挥部以后，从没有把我们这些副指挥当作下属，而是像兄弟一样。即便有了错误，也是很亲切地告诉你，这个事情应该怎么做，如果这样错误地去做会有什么危害。所以我们几位副指挥对济舟同志交代的事情，一定要做得让他放心才行。"

指挥部筹建过程中，刘济舟对副指挥刘丙寅说，"你规划一下，要为下一步的发展留有余地，我们指挥部就盖个平房好了。"刘丙寅建议说，"我们的平房质量不能太差，要给今后打下基础，不能工程建完后就拆了，拆了财产也就没有了。我们征地后，考虑后来的发展，以后指挥部总得有个办公楼，虽然简单点，但也得有。"刘济舟很同意这一建议。

刘济舟对指挥部工作做了初步安排后，组织召开了指挥与书记的第一次联席会议。会上刘济舟首先讲的就是指挥部的作风问题。他讲："部里的施工单位我都了解，第一，咱们要做到不能喝酒。"对于这一条，副指挥说，"酒还是要喝点。但是要规定纪律。因为大家在这里建港，风里来雨里去，白天在前线施工，晚上回来喝点酒消消乏也是可以的。"那时生活比较艰苦，每人一个月只有 6 毛钱 / 天的驻港补助费，一个月 18 块，加上六

---

① 刘丙寅访谈，2014 年 5 月 14 日，日照。资料存于采集工程数据库。

块的奖金，每个月就这24元钱生活费。刘丙寅建议规定纪律：喝酒不能过量，不能误事，不能耍酒疯。谁要违背了这三条，该怎么处理怎么处理。这条建议得到了刘济舟和大家的认可。这三条从指挥部一直到现在的港务局，一直都遵守得非常好。刘济舟提出的第二条是，官兵一致。比如餐厅吃饭一律排队买饭，包括指挥部的指挥。早去的买点可口的，晚去的还有点菜，再晚了连菜都没有了，只能烤咸鱼，吃咸菜。包括刘济舟自己都一样。后来，刘丙寅对餐厅的负责人员说，有些指挥在开会或去现场，回来晚了，可以预留出几份来。刘济舟知道了后说，不行，该卖还是卖了，我回来怎么吃点都行。最终还是一律排队买饭。

早上7点半上班，刘济舟7点钟就骑车到了工地。总指挥起早到现场，给几位副指挥做出了表率，他们该去现场的去现场，该研究征地的研究征地，该研究赔偿的研究赔偿，安排得很紧张。刘济舟这种以身作则的带头作用，给整个指挥部带出了好的作风。后来指挥部有了辆吉普车，但他从来不坐。自己一直骑自行车去现场，最后这辆自行车跟随他到了北京。据刘丙寅回忆，在刘济舟的影响下，他也养成了好习惯。刘丙寅干了六年的日照港务局局长，每天提前半小时进港，所有工点都转一圈。回来后，让秘书叫来具体负责的副局长，布置他们去解决自己在现场发现的问题，回来给他汇报[①]。

图7-3 刘济舟任石臼港建设总指挥时骑过的自行车

① 刘丙寅访谈，2014年5月14日，日照。资料存于采集工程数据库。

刘济舟的敬业精神和对事业的执着态度感染着建设工地上的每一个人。当时的施工人员很多是农民，不具备施工常识，只知道用蛮力。每次看到工人们的方式方法不对，刘济舟便停下来指导工人，甚至手把手地教，自己亲自干。工人们对这个"突如其来"、既热心肠又满腹经纶的"老汉"很敬佩，亲切地称呼他为"老刘"，岂不知这人正是日照港建设的总指挥"刘老"。

孔宪雷是负责石臼港煤码头工程沉箱施工的一名技术人员。1982年大学毕业后，分配到交通部一航局设在青岛的航务二处。报道那天，组织部的人找他谈话说："你老家是临沂的，就去你家乡参与石臼所的建设吧！"这样，孔宪雷便作为一航局二公司的新员工来到石臼所，参加石臼港煤码头的建设。在孔宪雷的印象中，刘济舟是部基建局的总工程师，在他的心目中是很高大的一种形象。有一次，刘济舟骑自行车去工地，脖子上挂着望远镜，头上戴着红色安全帽。当时，孔宪雷的技术指导师傅远远地指着刘济舟说："你知道骑自行车这人是谁吗？他就是我们的建港总指挥刘济舟。"听完师傅的话，孔宪雷觉得很诧异。心想，指挥部到施工现场这条路很远，而且不好走。他是交通部基建局的总工程师，这么大的官亲自骑自行车去现场，感觉有些不可思议。听师傅说，这种情况并不是偶然，只要天气不下雨，刘济舟去现场都是骑自行车。与孔宪雷一起到石臼港参与建设的共30名刚毕业的大学生，直接到工地的有12个，还有些到机关工作。刘济舟对他们说，"你们这么年轻，能参加这样10万吨级码头的国家重点工程建设，是很难得的"①。

工作之余，刘济舟喜欢看电影。指挥部有时放映露天电影，需要预先买票。如果换影片，他都要去看。这也是他在工地上的唯一业余爱好。后来刘丙寅跟他商量说，我们花点钱买个电视机吧。于是买了个22寸的日立彩色电视机。刚开始在指挥部里面，下班后有五六十个人看。后来老百姓知道了，这里有电视机，都赶着来看。人多地方小，怎么办？刘济舟他们想了个办法，在指挥部山墙上开了个窗户，电视放在里面对着外面放，

_____

① 孔宪雷访谈，2014年5月13日，日照。资料存于采集工程数据库。

大家坐在外面看。那时候是夏天，外面蚊子又多，大家坐在草地上，也看得不亦乐乎。在这种生活条件下，刘济舟和指挥部的人员都是无怨无悔，每天乐呵呵的。

刘济舟经常到工地上与老师傅们亲切交谈，询问他们的工作和生活情况，工人师傅也因此对他非常熟悉，非常敬佩。刘济舟在《院士自述》中写道：

> 一次同一位老农在地瓜地里唠嗑，他问我："大指挥啊！您说咱家什么时候也能有像指挥部的那玩意（他指的是电视机）？"他的小孙女也在旁边说："我能穿上高跟鞋吗？多好玩呀！"我告诉他们："快了，港建成了，就都会有的。"

刘济舟带头形成的这种平易近人的作风使得建设单位与老百姓之间的关系十分融洽，从没有发生过群众与港口建设单位冲突的情况。春节工地放假了，老百姓与边防检查站自动组织民兵为工地放哨。

科学组织，全面部署"作战"方案

制定"作战"方案

石臼港和兖石铁路是我国自行设计施工的大型基本建设工程，对发展我国国民经济，促进四化建设，都具有重要意义，对山东省工农业生产的发展，特别是对鲁南老革命根据地的开发关系重大。石臼港一期工程原定1985年建成，1981年8月，国家建委"两港两路"会议提出要求1984年建成。交通部考虑到石臼港的自然条件以及施工中可能出现的问题，经国家建委同意，提出力争1984年建成。从石臼港工程的规模，工程量和工期要求可见，石臼港建设的任务是艰巨的，时间是紧迫的，这不仅要求指挥部要科学组织、加强管理、努力做好各项工作，而且十分需要当地各级政府和人民群众大力支持和团结协作，才能确保工程建设的顺利进展。

1980年11月18—22日，山东省建委在临沂召开了石臼港、兖石铁路施工工作会议。会上，刘济舟代表石臼港建设指挥部对石臼港的建设情况做了汇报[①]。刘济舟在汇报中对石臼港建设实现力争1984年年底建成这一总目标的计划实施方案，必须认真、及时解决控制和影响工期的主要问题：

一是沉箱预制和基础整平问题。根据初步设计，预制沉箱共62个。数量虽不算太多，但沉箱尺寸大，重量重，在国内还很少见，最大尺寸为36.8m×20.6m×19.5m，重6000吨，这给预制带来很大困难。原定为我们预制沉箱的某单位，本身有沉箱预制任务，又从未预制过这样大的沉箱。经两次召开会议共同研究，安排计划，预制完62个沉箱，最快也要到1985年6月。预制后，再拖运到现场，安放、填砂、浇筑上部混凝土，安装各种配套设施等，最少也要半年多。这样一来工期就要拖到1985年底或者更晚了。为了保证工期，预制单位建议能否将尺寸改小，由单排大沉箱改为双排小沉箱，使其尺寸符合现有模板尺寸。即使这样，预制完62个沉箱也要到1984年年底，如何解决？已提请设计单位研究。关于沉箱基础整平，由于水深、浪大、流急，水上工作日又少，给整平工作带来了很大困难，也需要发动群众，攻克这一技术难关。

二是施工工艺技术问题。石臼港海域开敞，水深、浪大、流急，给水上施工带来了很大的困难。根据当地水文气象资料分析，每年海上作业天数仅有100天左右。鉴于这种情况，对控制工期的关键工程项目，如基床整平、沉箱填砂等要提前进行研究，做出安排。对此，一航局及科研所已拟定了10项施工工艺技术攻关项目，希望能及时拿出解决方案。

另外还有石料供应和投资问题。

针对以上问题，指挥部制定了当前工作的重点和措施。一是积极妥善地安排好群众生活；二是积极发挥地材优势，保证砂石料的供应；三是合理组

---

① 《在山东省部署石臼港、兖石铁路施工会议上的汇报提纲》。存于临沂市档案局。

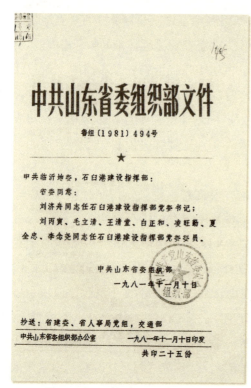

图7-4　1981年，刘济舟被任命为中共石臼建设指挥部党委书记（资料来源：临沂市档案局）

织施工力量，促使各项施工迅速形成"水陆并举，全面开花"的局面；四是加强设计协作，当好先行，为全面开工创造条件；五是健全指挥机构和体制，加强组织和管理，确保石臼港建设按期竣工投产。

为加强指挥部自身建设，加强对工程建设的组织领导，中共山东省委组织部于1981年11月10日成立中共石臼建设指挥部委员会，任命刘济舟为党委书记。

1982年1月22日，万里副总理主持召开了国务院常务会议。出席会议的有谷牧、姚依林、陈慕华、薄一波、姬鹏飞。交通部、铁道部领导同志列席了会议。会上万里副总理问了石臼港的进度情况。当得知由于投资安排问题，仅完成征地工作，工程尚未动工时，万里副总理火了，"原因我不管，到1985年年底必须投产。完不成，负责工程的背着铺盖到最高人民法院报道！"会议决定，按原计划完成两港两路（秦皇岛港、日照港、京秦铁路、兖石铁路）建设。

根据国务院常务会议的决定，在工期要求如此紧张的情况下，交通部陶琦副部长决定召开一次现场办公会。2月10日，刘济舟召集指挥部处级干部开会，强调了国务院的要求，传达了陶琦副部长召开现场办公会议的决定。指挥部上下高度重视，积极投入了会议的筹备工作。2月15日，兖石铁路、石臼港建设领导小组现场办公会议在石臼港建设指挥部召开，组长宋一民，成员陶琦、布克、刘居英参加。16日召开了干部动员会，17日在石臼港施工现场召开了誓师动员会。会上，由交通部子刚副部长传达了国务院常务会议精神，刘济舟部署了石臼港建设作战方案。陶琦副部长做了动员讲话，对刘济舟宣布的作战方案做了进一步强调，节选如下。

　　刘济舟同志是我们的总指挥，我趁这个机会跟同志们宣布一下。石臼港工程一开始，我们和宋副省长研究，达成一致协议，经过省府和交通部批准，公布了一个决定。公布指挥部就是交通部和山东省人民政府的代表机关，在石臼所工地对所属施工队伍进行监督检查，保证完成国家任务，当然也要代表省和部解决施工中的问题。这个指挥部是省人民政府和交通部的代表机关。他（刘济舟）刚才宣布的作战方案来自各施工单位讨论的结果，也经过领导小组批准。就是根据国务院常务会议决定的基本要求做出的实施方案，也可以讲是对各施工单位下达的作战命令。什么时间，哪个单位，负责哪段工程，要求你们保证如期完成。昨天领导小组办公会议批准了这个计划，我在这里代表交通部向同志们郑重宣布：交通部批准这个计划。也就是交通部对交通部所属施工队伍下达的作战命令。希望我们今天到会的和将来要来的交通部直属施工部队要坚决执行，保证完成。只能提前，不能拖后。提前有奖；完不成任务，根据国务院常务会议的决定要追究责任。

　　最后陶琦同志要求："下定决心，不怕牺牲，排除万难，去争取胜利！"这次动员会标志着石臼港主体工程正式开工。本次会议对于振

图7-5　刘济舟宣布"作战"计划后，码头建设全面铺开（图为建设工人运输石子，资料来源：日照港档案馆）

奋精神，团结协作，克服困难，加快石臼港建设进度，确保如期建成起到了巨大的推动作用。

码头建设全面铺开后，为有效控制工程进度和质量，解决工程中的技术难题，刘济舟定期主持召开指挥部办公会议，及时解决相关问题。

石臼港投资 7 亿多元，国家用这样大的投资进行港口建设还是第一次。工程牵涉面广、技术复杂、设计、施工单位多，需要协调解决的问题很多。交通部在会同山东省组建指挥部的同时，建立了现场办公会制度。规定每季度开会一次，第四季度检查全年工作，安排下一年计划。每次现场办公会议，交通部和山东省的负责人都要到会。除听取汇报、查看现场外，主要是研究、解决设计、施工中的问题。

作为整个工程的总指挥，刘济舟对工程质量、进度和费用方面进行了有效控制，强调工程一定要对国家、对人民负责，力争将石臼港建成全优工程。以下节选刘济舟在 1983 年 10 月 24 日现场办公会上的讲话。

今年，石臼港建设取得了很大成绩，在全国 8 个重点港口建设中完成的工程量是第一位。石臼港建设 3 年了。1983 年是闯过来了。从年初天气预报就提今年有 3 次台风影响，连云港会议结束后，我回来盯着。我们是有科学分析的，采取了一些措施，我们闯过来了。关于石臼港的前途，不少同志为它担忧。现在看，1985 年建成投产不能动摇，只能提前。看起来还有两年多，实际很短很短，每年海上作业只有 80 多个工作天。设备的形势也给我们带来困难，安装任务要如期完成。工程越来越艰巨，所以今后工作更要艰苦努力，更要精打细算。概算我们不能超，须精打细算，不能光是刘丙寅，也不能光是财务处精打细算。

最后谈两个问题：力争石臼港工程是全优工程的理念不能变。一定要建成全优工程，廊道无论如何不能出现裂缝。水下工程也要本着对国家对人民负责的精神，工字块体一定要补齐。码头基床做得怎么样，要严格检查，我希望进入码头工程要更注意质量第一。最后讲安全生产。安全生产确实不能掉以轻心。要加强安全教育，并采取充分的安全措施。

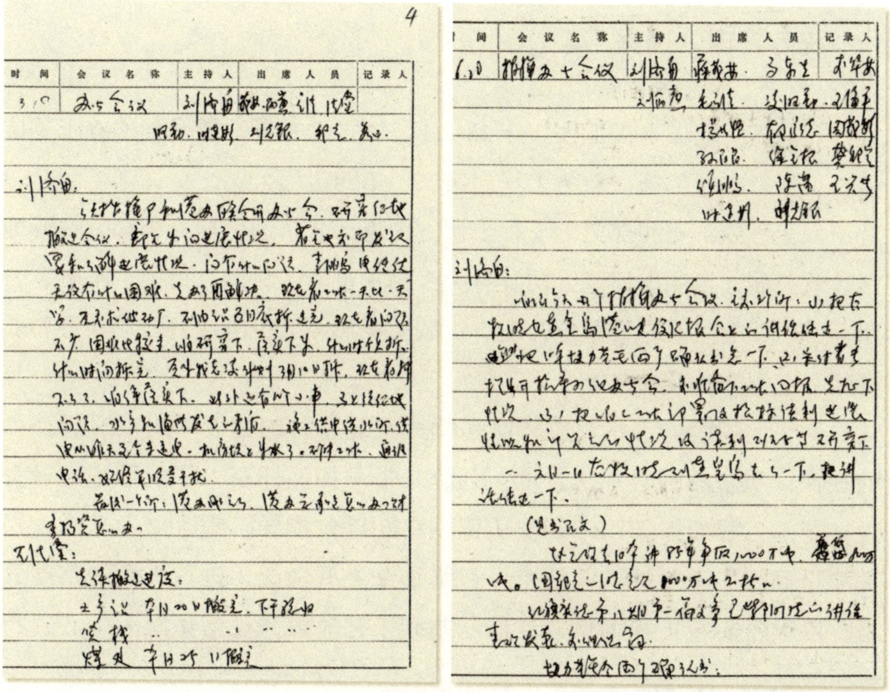

图 7-6　刘济舟主持召开的指挥部办公会议的记录（资料来源：日照港档案馆）

现场办公提高了工作效率，确保了工程进度，也减少了各部门之间的扯皮，加强了协作，增进了团结。刘济舟领导的建设指挥部的工作就是贯彻部省领导现场办公会议决定，检查、督促各单位实施，发现、解决工程中的问题，协调施工单位之间，施工单位与地方工作之间的矛盾，检查督促工程质量，签订承包合同，培训生产人员等。

图 7-7　刘济舟（前排左一）与王敏昭在现场办公（资料来源：日照港档案馆）

统筹管理，确保工期

石臼港一期煤码头工程共分 22 大项，355 个单项。涉及到的施工单位多，主要有交通部第一航务工程局第二、第四工程公司，交通部上海航道局第六工程处，石油部第七工程公司，铁道部北京通信信号公司，临沂地区建筑公司，日照市建筑公司及有关乡镇建筑队，日照县交通、邮电、公路、水力、电力等有关单位，还有机械工业部第二机电设备公司、青岛航标处，广州航道局炸礁队等。

这么大规模的工程，施工队伍构成又复杂，国家要求工期又紧。如何在保证质量的同时加快进度？刘济舟带领指挥部引入了统筹法进行管理，要求工程处等部门编制出工程网络图以便指导工程进展。工作人员需要全面收集工程的有关技术资料和详细进展情况，进行细致的整理分析。以设备安装工程为例，他们以装卸工艺流程和设备试车为中心，将分项工程归纳为：进煤、卸车、后方输送、堆取、前方输送、码头装船、控制监测、公用配套等八个工程系统。同时，又将各工程系统划分为：建（构）筑、设备安装、单项调试、单系统试运转、总体空载试车、总体重载联动试车等共六个工序过程。这样就使原来似不相关的多个分项工程，组成了一个既相对独立、又密切联系的网络体系。

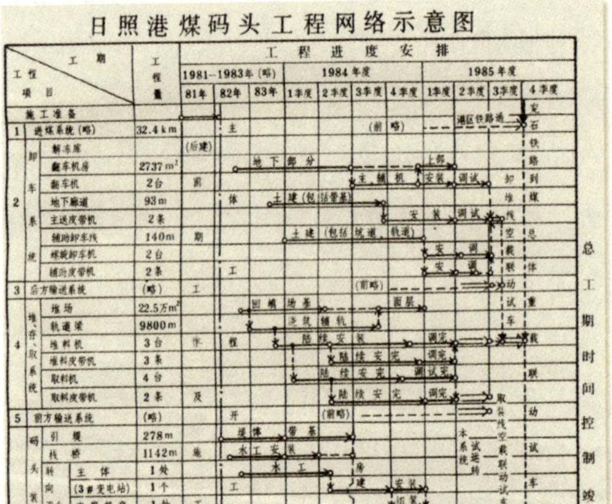

图7-8　日照港煤码头工程网络示意图①

---

① 《日照港志》编纂委员会：日照港志。济南：齐鲁书社，1996 年，第 55 页。

工程网络图编制完成，并经上级审核批准后，建设指挥部召开了计划调度会议。将工程网络图和据此编制的总进度网络计划，向各施工单位和指挥部各管理部门下达。围绕确保总工期这一目标，对工程建设的各方面工作进行了全面部署。各施工单位根据指挥部的部署，围绕各自承担的任务，排进度、订措施，并分别编制了各自的单项工程网络图，下达到工程队和班组严格实施。指挥部各管理部门也围绕各自的工作目标，制订了周密的计划，这样就使各项工程、各项管理工作都纳入了"一本账""一盘棋"，既相互约束、相互促进，又协调一致，紧密配合，有力地保证了总工期。

统筹法的应用提高了工程建设的管理水平，确保了这一国家重点工程的按期完成。

率先推行工程投资包干责任制，节约投资

投资控制方面，石臼港在全国港口建设中率先推行了工程投资包干责任制。多年来，基本建设概算包不住预算，预算包不住决算，投资一加再加，重点工程重点浪费，吃重点，卡重点，对重点工程乱加苛捐杂税已成常规。面对这一问题，刘济舟从对以往工程教训的分析得出结论，除了人为的浪费以外，更重要的是对工程底数不清，心中无数，基础工作不扎实，对工程项目花钱敞着口，包不死。针对以上情况，石臼港工程从开工就采取了包干的办法，制定了交通部和指挥部、指挥部和施工单位以及施工单位内由上到下的层层经济责任制。具体做法是 [①]：

第一，把好概算审查关。在交通部主持下，由设计院、施工单位和建设指挥部共同参加，认真仔细地会审初步设计概算，力求做到避免大的漏项，施工条件分析趋于实际，定额的采用基本合理。

第二，坚持签订承包经济合同。规定工程不论大小，投资不论多少，没有预算，不签合同；没有合同，不准开工，不准拨款；重要工程项目

---

① 交通部基本建设局：石臼港工程建设顺利进行的诀窍在哪里？《经济管理》，1983 年 11 月，第 15-17 页。

必须经公证处公证。这一做法严格了手续，提高了效率，减少了浪费损失和经济上的扯皮，工程结算只是照进度拨款，竣工验收合格后照预算付清余款。

第三，坚决贯彻执行"基本建设项目包干经济责任制"的有关规定。

第四，依靠施工企业的主管局，积极推行承包经济责任制。

1984年初，指挥部与交通部有关部门签订了《石臼港煤码头工程投资包干合同》。合同规定，包投资、包工期、包质量、包重要材料用量、包形成综合生产能力。这是在全国港口建设中率先实行工程投资包干责任制的工程项目。

建设指挥部对交通部实行第一层次的概算投资包干后，又与内部各处室签订了第二层次的承包合同。就是将与交通部签订的投资包干合同内容分解成若干个具体指标逐项落实到内部各处室及个人，用经济责任制的形式将指标落实下去，按业务性质分项承包。如工程处承包建筑工程费用，规划处承包征地、搬迁、科研试验、勘察设计等费用，设备处承包设备采购及差价费，行政管理处承包管理费用。第三层次的承包是主管处室与施工、制造单位签订项目费用承包合同，由主管处室对分管项目招标、议标，选定施工、制造单位、组织工程实施。

工程预算有没有超支，超支了用哪部分资金补，每个月刘济舟都要详细审核预算执行情况。通过三个层次的承包，责权利紧密地结合起来，充分调动了管理单位和施工单位的积极性，收到了投资省、工期短、质量好的明显效果。由于石臼港工程精打细算、管理严格，全部工程共节余人民币2200万元。根据原签订的承包合同，结余的资金一半上缴国家；另一半可用于给职工发放福利和奖金。但在工程验收时，经指挥部与国家计委协商，用节余的2200万元又建了一个万吨级杂货码头，指挥部成员和职工一分钱奖金都没发。杂货码头建成时，万里同志来视察，高度评价了这一做法。他说："社会主义建设要都像你们这样就快了！"

多项创新，建成优质工程

石臼港建设工程中，大量采用了新技术新工艺，有效保证了工期和质量。例如，座底浮坞出运沉箱下水新工艺。该工艺要求的水深小，可避免预制场出运水域大量的水下爆破和挖泥，适应工期紧迫要求；沉箱分层浇注，突破了我国沉箱预制的传统工艺，利用大面积钢模板，分层浇注混凝土，流水作业，改善了劳动条件，提高了沉箱的预制质量；后张预应力梁在海港工程中大面积应用，保证了结构的耐久性；大型起重船的采用为预制安装大型构件提供了条件；采用了金属喷涂技术进行钢梁防腐，采用大面积强夯地基处理方法等。

作为总指挥，刘济舟积极推广并亲自指导施工单位大胆采用新技术，耐心地帮助他们解决新技术应用中遇到的各种问题。刘丙寅回忆说，"他在交通部是基建局总工程师，在建港方面，是老资格，很容易说服那些队长们。如果是我，根本说服不了。一是我不懂，对港口来说，我也没这个资历。济舟在这方面，为我们的工程顺利完工起了重要的作用。"

中国第一座外海开敞式码头

石臼港煤码头工程有10万吨级和2.5万吨级的出口煤码头泊位各一个，设计能力为年出口煤炭1500万吨。是我国自行设计、施工的开敞式大型煤炭输出专业化码头，为国内当时吨位最大的煤炭码头。

对于码头布置形式，曾进行了开敞式与合并式（外侧为防波堤，内侧兼做码头）方案的技术经济比较。经研究分析，开敞式方案虽作业条件较差，工作天数较少，但工程量小、造价低、建设工期短。为了在保证安全、满足使用要求的前提下尽可能地节省投资和缩短工期，刘济舟要求设计单位在进行大量调查研究和资料分析的基础上，重点深入地分析了开敞式码头的有关资料。尔后，进行了多次模型试验，并请日本国际临海开发研究中心进行了咨询，对澳大利亚三座大型开敞式码头进行了实地考察。在国内多次召开了有关部门专家学者的座谈和研讨。大量的技术准备和分析论证工作为石臼港采用开敞式码头方案提供了有力的证据，起到了决定性的作用。

为保证设计生产能力的实现和船舶系泊安全，设计波要素的确定成了水工建筑物设计的重要前提条件之一。为了分析石臼所海域的波浪资料，探讨开敞式码头作业的波浪标准和建筑物的设计波浪要素，研究在石臼港建设开敞式码头的可能性，交通部于 1981 年 5 月 5—8 日在日照召开了波浪技术讨论会。参加会议的有 16 个单位共 39 名专家和技术人员。会上第一航务工程局勘察设计院介绍了石臼港的波浪情况和开敞式码头的设计方案。石臼所海域长周期波的能量损耗较大，因而波高较小，在一般情况下，波高较小的涌浪（长周期波）有可能被风浪所掩盖而不易被观测到。这一情况，在中国科学院海洋研究所的"压力式"测波仪记录中也有所反映。分析对比了石臼港和国内外开敞式码头的自然条件后，认为在石臼港建设开敞式码头是可能的。

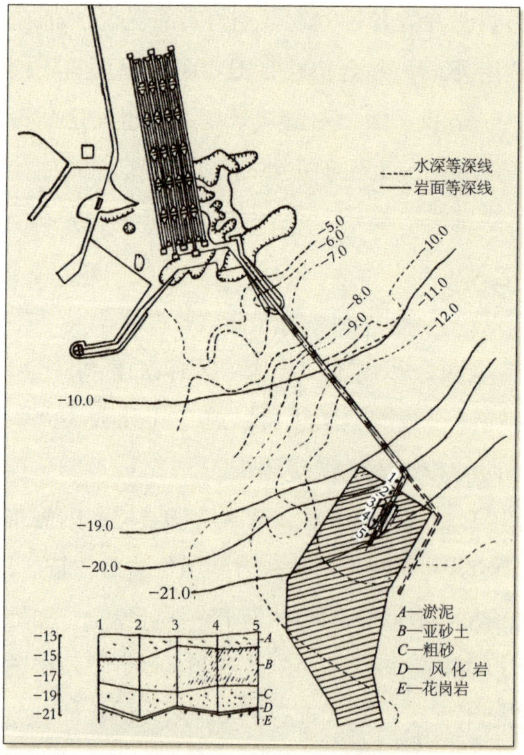

同月 13—16 日，交通部审查了石臼港开敞式码头设计方案。审查会上形成的共识是：在我国国民经济调整时期，建设石臼港这样的大型深水泊位，应贯彻执行自力更生、勤俭建国的方针，发扬节约精神，按照总体设计、分期建设、分期投产和及早发挥经济效益的原则，尽量缩短工期，节省投资，早日建成投产，为四个现代化做出贡献。把工作重

图 7-9　技术小组最后研究确定的工程平面图

点放在开敞式码头方案上，继续进行有掩护方案和开敞式方案的对比，争取早日提交初步设计。

会上成立了石臼港开敞式码头技术小组，由刘济舟担任组长，刘德豫任副组长，成员有丁宗炎、任福延和翁祖章。技术小组的任务是加强对石臼港开敞式码头技术工作的研究，解决有关技术问题。

在刘济舟带领的技术小组的努力下，最终认为合并式方案有防波堤掩护，作业天数较多，但需修建长 1300 米、水深 12 米的防波堤，工程投资大，施工期也长。根据对当地波浪观测资料的分析，波高 $H_{4\%} \geqslant 1.5$ 米的出现频率仅占 3.2%；平均周期 $\overline{T}$ 绝大部分在 6.0 秒以内，说明此处采用开敞式的码头布置方案是可行的。经过模型试验和反复论证，确定采用开敞式码头方案。

建设开敞式码头在中国是第一次[①]。石臼港的开敞式煤码头采用两侧靠船方式，外侧为 10 万吨级泊位，内侧为 2.5 万吨级。结构设计中已考虑在需要时只要将该 2.5 万吨级泊位的水深予以浚深，即可停靠 10 万吨级船舶。码头设 5 个靠船墩和 5 个系船墩，另有一个系船柱设置在转向平台上。自艏缆系船墩至艉缆系船柱间的码头总长为 452 米，相当于 10 万吨级船长 260 米的 1.7 倍。码头与引堤之间用转向平台和全长 1144 米的钢栈桥相连。码头面上设有最大轮压达 45 吨的装煤机和带宽 2.2 米的皮带运输机。为适应自然条件的突然变化，使船舶能够在较大风浪下，确保码头迅速方便地系泊和离泊，首次引进了快速解缆钩和绞缆机。

沉箱预制、座底浮坞下水新工艺

石臼港地处岩石海岸，附近有质地优良的砂石可充分供应，建设速度要求快，工期紧迫，外海施工天数少。因此，煤码头采用了沉箱重力式结构[②]。在最终确定的施工图设计中，石臼港煤码头工程的靠船码头及栈桥均

---

① 柴长清，顾民权："六五"期间我国煤炭出口港的建设。《海洋工程》，1988 年第 6 卷第 3 期，第 1–8 页。

② 柴长清：石臼港的沉箱重力式码头。《水运工程》，1983 年 9 月，第 13–17 页。

系钢筋混凝土圆形沉箱为主体的墩式结构，共需沉箱 32 个。沉箱直径分别为 14 米和 18 米，底板外形呈八角形，重量 2200—3056 吨，最大高度 20.8 米，最大吃水 13.2 米。

钢筋混凝土沉箱是近代大型水工建筑物中应用较广泛的预制构件。因它体积大，整体性好，具有施工简便、节省材料、潜水作业量少、可缩短建设周期等优点，常作为码头、防波堤、栈桥墩、灯塔等水工建筑物的主体结构[1]。工程中的 32 个沉箱，除四个由海军预制外，其余 28 个沉箱均在现场施工，由交通部一航局二处三队承担预制任务[2]。

沉箱为透空式圆沉箱。作用在圆沉箱墩上的波压力比方沉箱小，且圆沉箱受水平力时无方向性，结构造价比方沉箱墩约可节省 20%。新中国成立以来，我国制造的第一个圆沉箱是 1954 年在旅大地区开始的。此后，陆续在大连、秦皇岛、葫芦岛等多次建设沉箱重力式码头和防波堤。20 世纪 80 年代，天津新港外海灯塔采用了大型圆形沉箱基础。第一个圆沉箱是以牛油木滑道快速溜放下水的，入水时间 17 秒。由于沉箱未加载，下水后随即倾斜，因顶部有密封舱盖而能斜浮水面。此后沉箱多数是在预制场制造，并以变坡平车钢轨滑道溜放入水；但也有几个工程的沉箱是在船坞内预制的，个别采用在船台上预制。

自 1954 年至石臼港煤码头建设期间，28 年来建设的沉箱重力式码头有以下主要特点：以港内和顺岸码头为主；沉箱重量一般在 1000 吨以下，这是受预制场条件限制所致；由于泊位水深要求，必须多次在水上接高沉箱；沉箱预制采用低流态混凝土，塌落度 2—4 厘米，一次浇筑而成。

摆在刘济舟面前的一个难题是，石臼港煤码头采用了开敞式方案，港区海域风大、浪高，50 年一遇波高达 7.2 米，周期达 14.2 秒，海上作业时间少。如何因地制宜、制定一个既快又好的沉箱施工方案，成为工程的关键所在。

为了解决这一难题，指挥部派人出国进行考察。针对大型沉箱的预制安装工艺，考察人员在日本了解到可以在浮船坞上制造沉箱，制造完成后，把浮船坞用拖轮带到深水部分，浮船坞下沉、沉箱下水，进度是 60 天一个。

① 刘崇义：坐底浮坞载运沉箱下水新工艺。《海岸工程》，1982 年第 1 期，第 16-20 页。

② 张鲁生，金同悌：对石臼港沉箱施工质量的调查。《港口工程》，1983 年 5 月，第 37-42 页。

结合赴日考察受到的启发，刘济舟带领施工单位对沉箱预制、下水方案进行了全面分析比选。

首先对现实施工条件进行了归纳。石臼港距青岛 70 海里（约 129.64 千米），距 1204 工地 33 海里。交通部一航局航务二处在青岛的方块预制场可以改造成沉箱预制场，1204 工地的两个干船坞也有预制沉箱的条件。但在这两地预制沉箱的方案都因临建费用高和难以满足国家对重点工程的高标准要求而被否定。

若将石臼港的港作船码头作为预制区，水域南半部天然水深为 -4.5——-5.5 米，航道宽 110 米、水深 -5.5 米以下。自码头根部向西有与其垂直的水深为 -1.4 米的直立式西护岸 600 米。施工港区基岩为花岗岩，自石臼咀向西南倾斜。西护岸处岩面标高为 -2 米（无覆盖层）。自港作船码头到煤码头水上航程 2 千米，期间有良好的沉箱存放场地。

根据上述条件，沉箱可以在石臼预制。预制方案有土坞预制、浮坞预制、台座预制滑道下水、码头岸壁预制 1500 吨起重船下水、台座预制座底浮坞下水等方案。

土坞方案因石臼港附近无合适的建坞地址而被否定。

台座预制沉箱利用滑道下水，是我国预制沉箱的传统做法，但由于施工港区水深浅，岩层高，建设滑道和开辟航道要大量挖泥炸岩，费用高、工期长。如想减少挖泥和炸岩工程量，则需要降低沉箱的预制高度、提高滑道末端水深，尚需采用 500 吨起重船辅助沉箱起浮，并需在 -6.9 米码头进行二次接高。另外，此方案约占去水域 3 万平方米，势必造成港内施工船舶拥挤、难以调度的局面。再者，根据规划要求，第一期工程完成后，所建滑道必须拆除，这也增加了临建费用。所以滑道下水这一常用的方案在石臼港的特定条件下也未获采用。

在码头岸壁上预制沉箱，用 1500 吨起重船吊运下水再进行接高的方案，需购置大型起重船，因方案造价高也未被采用。

利用浮坞预制沉箱的工艺，已被世界上许多国家采用。此方案适合在陆域狭窄、沉箱较小或者数量不多的情况下采用。浮坞预制具有进度快、节省临建投资的突出优点。石臼港沉箱重量大、吃水深。最大沉箱重 2700

吨，最大吃水 13.5 米。选用 5000 吨举力浮坞一次只能预制两个沉箱，预制工期要三年以上，不能满足 1985 年煤港投产的要求。若适应工期要求，每坞必须预制三个沉箱，浮坞满载后下水接高。这样，不仅质量不易保证，而且占去了大部分港作船码头，对施工船舶的进出停靠影响甚大。由于总造价高，缺点甚多，所以这一方案也未采用。

受到日本沉箱预制出运工艺的启发，刘济舟和施工单位研究了仅利用浮船坞作为出运工具的可能。这在当时是一种极富创新意识的想法。考虑到西护岸水深小、基岩高，具备座底浮坞停靠和座底的优良条件，浅置的岩磐基础使浮坞底梁基础薄、压缩变形小，在沉箱上坞时不至于因为出现较大的沉降而造成失败。与水上座坞预制沉箱相比，陆上台座预制沉箱施工条件优越得多。不仅施工场地宽敞，能容纳更多劳动力同时作业，操作也方便，容易保证质量，提高施工效率。利用台座预制沉箱，可根据效率和工期计算台座数量，既可按指定工期完成，也可用调整沉箱台座数量来改变工期，以适应建设过程中提前工期的变化要求。采用座底浮坞不但可为以后大量预制沉箱提供下水工具，而且稍加改动就可以在上面预制沉箱，具有较好的灵活性。此外，座底浮坞尚可兼顾修船，具有一坞多用的优点。此方案占用浅水岸线 60 米，对施工港区船舶干扰最小，施工平面布置合理。与各方案相比，具有技术先进、能确保工期和预制质量、施工干扰小、经济合理等优点，是诸多方案中的最优方案。

为了慎重选定施工工艺，刘济舟又组织施工单位重点针对座底浮船坞工艺的可行性向造船及设计单位作了技术咨询，还对造船用浮船坞做了调查。

通过调查，刘济舟了解到用座底浮坞运载大型沉箱下水虽无经验可循，但是用浮坞运载船舶下水已有先例，成功的可能性较大。日本是利用浮坞制造沉箱最多的国家，当时共拥有制作沉箱的浮坞 80 余艘，着底式浮台亦有数十座。前者完成沉箱预制及下水的全过程；后者除制造沉箱外，还可在较大风浪时座底，确保施工期安全。但后者尺寸均较小，举力在 2000 吨以下。此外，日本神户港曾采用一 L 型梳式浮坞，可插入沉箱制作台下部，抽水起浮，托起沉箱。但台座及浮坞结构均很复杂。利用座底浮坞载运沉箱下水与载运船舰下水原理相同，区别在于沉箱的平面尺寸小、高度大、重心高、荷载较集中。且由于沉箱的浮游吃水深，要求浮坞的沉深较大，故赖以维持浮坞稳定的两侧坞墙需相应增高[①]。

掌握了这些技术资料后，刘济舟要求施工单位对各方案进行了定量分析[②]。通过多次技术、经济论证，最终认为座底式浮船坞应用在石臼港及未来的新港口建设上，可以减少水工土建投资、充分利用浅水岸线、适应外海作业条件、减少场地干扰、可快速形成生产能力、一机多用、可供修船等突出优点。经交通部批准，最终确定采用了陆上预制沉箱、座底式浮坞运载下水方案[③]。

座底式浮坞既可在水中沉浮，又可与路上轨道衔接，操作简便可靠。经计算在适当水深处等距离设置四条同标高的混凝土底梁，上嵌镶垫木，使浮坞下沉后能恰好坐在其上，而上部的轨道亦恰好能与陆上台座的轨道齐平对正。这样，可使沉箱托运上坞时避免坞身摆动，操作安全可靠。混凝土底梁下以抛石基床为基础，经过预压，第一个沉箱上坞时其轨道高程变化只有 2.5 毫米。其施工工艺流程为：

陆上台座预制—同步顶升—轨道台车承接—水平牵引—沉箱进入甲板落座—浮坞抽水起浮—浮坞带沉箱拖航—浮坞在沉坞坑下沉沉箱漂浮—沉箱出坞存放安装—浮坞抽水起浮—浮坞系靠码头—浮坞灌水座底—船岸轨道对接—下一沉箱进入甲板。

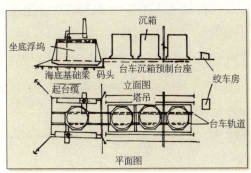
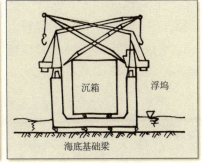

图 7-10 座底浮坞施工工艺布置图

①　刘崇义：坐底浮坞载运沉箱下水新工艺。《海岸工程》，1982年4月，第1期，第16-20页。

②　崔宝昌：石臼港沉箱预制下水工艺方案选择。《港口工程》，1983年5月，第10-12页。

③　杨永和：坐底式浮船坞的性能及技术参数的选择。《港口工程》，1983年5月，第13-17页。

沉箱出运工艺解决后，下一个需要解决的工艺问题就是沉箱接高。

以往，沉箱混凝土浇筑是不允许留施工缝的。即沉箱预制需要一气呵成，24 小时连续施工，工人劳动强度很大。石臼港煤码头的沉箱有 20 多米高，约 3000 多吨混凝土，劳动强度太高。技术人员在日本考察时，发现他们的沉箱都设置了施工缝，施工缝清理干净后，用高强度砂浆实现与上面一段混凝土的结合。刘济舟与施工单位和指挥部的其他指挥研究后，果断决定采用分层浇筑工艺。即先浇筑沉箱底板，以后约分 3 米一段浇筑沉箱外墙及内隔墙。浇筑时内外采用钢脚手架，分段整体式钢模板。

沉箱浇筑采用了中流态混凝土，并使用了复合外加剂，水泥用量与低流态混凝土相比稍有增加，但仍可控制在现行水工预算定额内，坍落度增大到 14—18 厘米；采用拌和站集中供应流态混凝土，拌合车运送，泵车管道输运入模的新工艺；陆上新建了四个台座的预制场，千斤顶顶升，滚轮撬车托运，3300 吨举力座底浮坞出运。

分层浇筑法利于组织均衡生产，当沉箱数量不多，工期允许的条件下可以组织一班作业。这样每日出工无论在工种上、数量上都很均衡，易于现场管理，而且每个工人可正常作业，劳动强度低，避免了整体浇筑时必须三班昼夜连续作业和耗用工人多等缺点。当沉箱重量增大到接近 3000 吨时，这个优点就更为突出。

1982 年 12 月 27 日，石臼港建设指挥部在施工现场举行了沉箱上坞、出运、下水典礼，第一个沉箱上坞、出运、下水安放成功。

实践表明，这套由台座滚运沉箱上坞及浮坞运载下沉沉箱的新工艺是

图 7-11 沉箱出运上坞

图 7-12 第一个沉箱下水

成功的，浮坞性能及主要设备状态良好，为石臼港煤码头工程建设发挥了应有的作用。

大面积应用后张预应力混凝土梁

码头靠船墩主体部分由两个直径 14 米的沉箱组成。在 +8.0 米标高处，沿垂直码头轴线方向摆放一层（2 根）大断面后张预应力箱型支座梁。支座梁支撑码头上部纵梁，上部荷载通过此梁传到沉箱和基础上。为增强靠船墩的整体性和尽可能减小支座梁内力，在梁的两端分别增加了直接接在沉箱上的现浇混凝土部分，以使装船机轨道下箱型钢梁产生的垂直和水平力直接通过支座梁的现浇混凝土部分传到沉箱墩上；该现浇混凝土部分与后张预应力箱型梁联在一起，起到固定箱型梁的作用[1]。

以高强钢丝束为配筋的后张预应力构件当时在海港工程中很少采用。日照港是继秦皇岛港油码头一期工程之后第二次采用，经验不多。刘济舟担心的主要是耐久性问题，高强钢丝直径较小（5 毫米），抗锈蚀能力较差。为确保梁的耐久性，采取了如下措施：①把混凝土净保护层的厚度加大到 10 厘米。②增强混凝土的密实性，采用 C50 混凝土，水灰比不大于0.45。③为保证孔道灌浆的密实性，除要求在砂浆中添加水泥重量 0.01%的铝粉外，同时要求固化过程中压应力不低于 50MPa。④为确保保护层的密实性和施工质量，在所有预应力梁孔道中间均不留排气孔和出浆孔，突破了规范规定的排气孔和出浆孔间距不大于 12 米规定，在施工中曾凿开保护层检查，没有发现问题。⑤为使两端锚具可靠地工作和防止梁端锚下垫板锈蚀，在钢垫板的侧面均留有 5 厘米厚的混凝土保护层。采用圆筒形锚下垫板，使锚具卧在圆筒中，最后用水泥砂浆封堵。⑥为防止发生纵向裂缝，对锚下都按局部承压进行了抗裂计算，凡不满足要求的，都采用了加厚钢板措施，同时在锚下混凝土中都加设了由 $\phi6$ 钢筋组成的网片 6—8层，锚下又加设了 $\phi5$ 螺旋筋。⑦鉴于长期使用中可能出现预想不到的偶

---

① 刘济舟等编。《水运工程技术四十年》。北京：人民交通出版社，1996 年 4 月，第 801-803 页。

然超载情况，为控制此时可能出现的裂缝宽度，在整个梁身沿纵向加配一定数量的非预应力构造筋，配筋量达95千克／立方米，且全部采用II级钢。上述措施对提高预应力混凝土梁的耐久性产生了显著效果。

箱型钢梁的热喷铝保护

码头上有18根32米跨径的箱型装煤机轨道钢梁，除4根尾梁高为2.8米外，其他14根主梁高度为3.2米，上翼宽度为3.5米，由日本的SMSIC钢板焊接而成。钢梁处于典型的海洋大气中，风浪大时还受到浪溅的影响，平时结露现象也很严重，背阳面终日处于潮湿状态，煤粉污染也会加速腐蚀。16根钢梁重2000余吨，外表面保护面积为6552平方米。

一般对处于海洋大气和浪溅区的钢结构，都采用涂料保护，3年后就要进行重新涂装。大连新港（鲇鱼湾）油码头和黄岛油码头，由于腐蚀程度严重，几乎整年都有一批人从这头涂到那头。当时，热喷涂金属（锌、铝及其合金等）加封闭层保护海洋工程钢结构技术在国外已有大量实践经验；国内在淡水闸门和挡潮闸等一些钢结构中用喷锌来保护也已有一些先例，取得了很好的保护效果，保护寿命一般都能达到二三十年以上。在开展了室内喷金属层和封闭涂料配套选择试验以及阶段盐雾加速试验的基础上，石臼港工程采用了热喷铝加封闭涂料的保护方法，并根据技术要求进行了严格的质量控制和检验。整个工程与制作、搬运、翻转等各道工序穿插进行，四个半月全部完工。

从室内盐雾试验和现场检验结果来看，热喷加封闭漆涂料对海工钢结构大气部位的保护效果是显著的。铝在海水中的电位要比钢铁略负，可以保护电位较正的钢结构，所以喷铝层是一种兼有机械和电化学双重保护作用的保护层。其比重较小，价格较低廉，喷涂时毒性较小，因而更宜优先采用[1]。

箱型钢梁的喷铝防护，是国内第一次在海洋环境中大面积实施。在石臼港煤码头中的应用是在刘济舟的大力支持下，由南京水利科学研究院试

---

[1] 刘济舟等编:《水运工程技术四十年》。北京：人民交通出版社，1996年4月，第918-920页。

验、设计并组织实施的 [①] 。

顺利验收

自 1982 年 2 月正式开工至 1985 年，工程已经初具规模。1985年 4 月 23—24 日，李鹏副总理第一次视察石臼港，刘济舟主持了建设指挥部汇报会议。副指挥刘丙寅汇报了工程的投资构成和工程进度等情况。刘济舟在码头现场向李鹏副总理介绍了工程建设中采用的新技术和新工艺。李鹏副总理看到石臼海滩沧海桑田的巨变，心潮澎湃，提笔写下了"黄海滩头千年睡，日照东岸巨港出"的词句。

图 7-13　建成后的煤码头

图 7-14　石臼港竣工时国家路港建设领导小组合影（左起：刘济舟、陶琦、宋一民、刘居英、孙雨亭）

1986 年 5 月 7—9 日，工程顺利通过了国家验收委员会正式验收，工程总评为优良。

在既无大中城市依托，又无老港依托的困难条件下，刘济舟带领港口建设者克服重重困难，战严寒、斗酷暑、沥血挥汗，使这座黄海滩头的小

---

① 黄振荣，蒋坚：石臼港煤码头箱型钢梁喷铝防腐使用六年后的检查介绍。《港口工程》，1991 年第 2 期，第 51 页。

图 7-15 刘济舟在石臼港建设中的立功证书

渔村发生了翻天覆地的变化，建成这座气势恢弘的现代化开敞式煤炭专业码头。工程荣获国家优质工程、鲁班奖、国家优秀设计金奖、国家科技进步奖三等奖和联合国发明创新科技之星奖，并入选为改革开放以来全国十大水运工程。刘济舟也因在工程建设中的卓越贡献，荣获指挥部一等功。

难舍石臼情

煤码头工程通过验收后，刘济舟从石臼港回到北京。临行时向指挥部提出一个要求："我带走两样东西，行不行？一个是我骑的自行车、一个是我戴的安全帽。"对刘济舟来讲，这是一个很好的纪念。当时，交通部已经决定将工程建设期间个人骑的自行车作价归个人。刘丙寅说，你就带走吧。刘济舟问，你们的自行车交多少钱。刘丙寅说，你的自行车骑了四五年了，又笨又重，交 10 元钱就行了。刘济舟坚持交了 20 元钱。回到北京后，身体好时，刘济舟一直骑着这辆自行车上班，那个安全帽临终前还一直珍藏在他家客厅的橱柜里①。

1987 年 10 月 7 日，交通部、山东省调整石臼港领导班子，刘丙寅任交通部石臼港务管理局局长。当时，港口每年仅出运 200 万吨煤炭，每年亏损三四百万。刘丙寅就找刘济舟商量如何改变这一现状。刘济舟指出，

---

① 刘丙寅访谈，2014 年 5 月 14 日，日照。资料存于采集工程数据库。

你们港口能力没问题，关键是货源问题。刘丙寅和港务局的同志们经过各种努力，广揽货源，第二年，煤炭运量就达到 700 万吨，净挣了 400 万元，实现了扭亏为盈。1989 年，吞吐量又跃居全国沿海港口第十位，并成为全国第二大煤炭输出专业港。

1992 年 5 月 1 日，"石臼港务局"更名为"日照港务局"。同年，刘丙寅把孔宪雷作为人才引进，从交通部一航局调到日照港，成立了港湾公司。1993 年，刘济舟再次来到日照港。当时日照港正在建设一个工程改造项目。刘丙寅带着孔宪雷等技术人员在现场向刘济舟介绍了港口的一些情况。刘济舟对孔宪雷说"哎呀，小孔，不简单啊，七个泊位，4700 万吨①！"随后，孔宪雷向刘济舟汇报了在另外一个工程项目中，自己负责设计了一种新结构，节约了 300 多万元投资，并获山东省科技进步奖二等奖的情况。刘济舟听后赞道："这个结构好！"但紧接着提了个要求："丙寅啊，还有一种结构叫薄壁圆筒，各方面性能非常好，希望日照港日后能够深入研究，在港口建设中推广使用！"1995 年，孔宪雷陪同刘丙寅专程去南方学习了这种新结构的设计施工技术。

刘济舟一直关注着日照港后续的建设情况，所有日照港的简报他都要。当他得知日照港作总体规划的消息时，就打电话给刘丙寅，要求把总体规划图和有关简报给他送过去。

2002 年随着全国港航体制的改革，日照港下放日照市管理。2003 年，原日照港务局和当时隶属于省交通厅的岚山港务局企业部分进行联合重组，成立了日照港（集团）有限公司。2010 年，日照港（集团）有限公司更名为日照港集团有限公司。日照港集团有限公司董事长杜传志自 1982 年毕业后，就参与了煤码头的建设，经历了日照港的 3 次创业。他在给刘济舟的一封信中，回忆了刘济舟任石臼港建设总指挥期间艰苦创业的情景：

尊敬的刘老：

您好！您的亲笔来信已收到。看到您熟悉的字迹，眼前浮现出您

---

① 指港口吞吐量为 4700 万吨。

高大有力的身影和亲切慈祥的面容，当年您带领我们忘我工作、艰苦创业的场景仍历历在目。您对日照港的深切牵挂，对日照港发展的关注、关心和关爱，对港口老同志和建港初期来港大学生的关怀、惦念之情，令人感动，催人奋进。值此新中国成立60周年和日照市建市20周年之际，我们也愈发想念曾经为日照港发展做出重要贡献的老领导、老前辈，谨以此信向您致以诚挚的问候和良好的祝愿！

29年前，您怀着对国家建设事业的满腔热忱，满怀对我国水运事业的高度责任感，带领广大建设工作者，在既无大中城市依托，又无老港依靠的石臼荒滩上，披荆斩棘、艰苦奋斗，用智慧的汗水铸就了世界上最大的现代化开敞式煤炭专用码头，用科学和严谨的态度奠定了日照港坚实发展的基石。经过近30年的建设发展，日照港已经由黄海滩头的小渔村变成了综合性的沿海主枢纽港，成为我国改革开放和现代化建设伟大成就的精彩缩影。2003年在原港务局基础上组建成立日照港集团公司以来，吞吐量年均增长30.5%，2006年开港20周年之际，年吞吐量突破1亿吨，成为中国沿海最年轻的亿吨港口。去年以来，日照港积极应对国际金融危机的冲击，实现了快速发展，2008年完成货物吞吐量1.51亿吨，今年1—8月累计完成1.22亿吨，同比增长17.6%，吞吐量由去年全国沿海港口第9位跃居第8位。一座现代化的海滨城市——日照市依港而立，依港而兴，从一个落后的小县城变成了著名的水上运动之都，中国优秀旅游城市，成为黄海滩头一颗璀璨的明珠；曾经一度封闭的鲁南、沿桥（欧亚大陆桥）及沿黄（黄河）经济带等广阔腹地，通过日照港走向世界，走向富裕。这里面饱含着您的心血，离不开您为日照港打下的良好基础，离不开您长期以来对日照市、对日照港发展的关怀指导。您艰苦奋斗、忘我工作、无私奉献的精神将永远教育、激励我们努力进取、拼搏向上。

您老关心的当年您从部里要来的那几批大学生（1982年、1983年来港的77级、78级、79级大学生），绝大部分都一直扎根港口，埋头工作，承继了建港初期日照人艰苦奋斗、励志践行的优良传统，经过26—27年的风雨历练，现已成为港口发展的中坚力量（按您老要求，备了份名单呈您审阅）。我本人作为其中的一员，对您老及各位指挥们在建港初期所做出的重大贡献和精神风范，以及对我们的潜心教导，感受尤为深切，也将永远铭记在心。我们特别希望您老能故地重游，看看港口的巨大变化，讲讲创业的艰辛与光荣，并对我们的工作提出意见，给予指导。但因您老年事已高，不能亲临，现将反映近年来日照市、日照港发展变化的有关资料，还有前面提及的建港初期跟随您来港创业的部分大学生的近况信息一并寄去，呈您阅览。

　　您的问候，我已向刘丙寅局长等老同志、老领导转达，并向现任班子成员做了通报，大家都非常感动。我们坚信，有您老在黄海滩头参与创建的千秋功业做基石，有您老的强力支持做后盾，日照港一定会实现更快更好的发展。

图7-16　杜传志给刘济舟的复信

　　日照港筹建展览馆时，孔宪雷作为分管建设的领导，布置了一项工作，就是"大刘指挥"和"小刘指挥"当年在石臼港建设时所用过的东

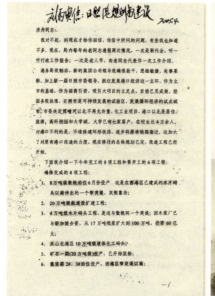

图7-17　刘丙寅给刘济舟的复信

图7-18　刘济舟搜集的有关日照港剪报

西，一定要想办法筹集到，包括刘济舟用过的望远镜、自行车、安全帽，要送到展览馆去展出。在对孔宪雷访谈[①]时，他讲到：

> 作为年轻的一代，我们对刘老非常敬重，非常怀念。他留给我们的不仅仅是作为一名港口开创者在工程上所做的工作，更多的是精神层面的东西，这些我们永远都不会忘怀。作为日照港人，不只是我们这一代直接跟着他干过活的人，而且包括所有的后代，都会记住日照港曾经有第一代的建港指挥，叫刘济舟，他曾经在这里做过什么，日照港人会永远记着他。

2009年，刘丙寅去北京看望刘济舟，告诉他日照港吞吐量已经超过1亿吨时，刘济舟高兴得热泪盈眶。"刘院士现在要还健在，知道日照港已经超过3亿吨，不知道得有多高兴。"刘丙寅激动地说[②]。

---

① 孔宪雷访谈，2014年5月13日，日照。资料存于采集工程数据库。
② 刘丙寅访谈，2014年5月14日，日照。存地同上。

第八章
推进标准体系建设和科技创新

刘济舟领导组织编制了中国水运工程第一套技术规范，促进了结构设计规范向可靠度设计的转轨，为现有的标准体系奠定了基础。他结合工程实践，指导并参与了港口工程软基处理、预应力混凝土管桩等创新技术课题的研究，解决了工程建设中的关键问题。刘济舟在交通部基建局期间，对中国水运工程标准体系建设和新技术发展应用方面做出了巨大贡献。

推进水运工程标准体系建设

组织编写港口工程技术规范

1982 年 9 月，刘济舟被任命为交通部基建局局长，水运工程标准体系的建设成为他主管业务之一。

1949 年前，我国港口工程建设很少，没有可依据的技术标准规范。新中国成立后，50 年代开始做的几项工程，主要依据是杜廷瑞等人突击翻译的苏联《码头设计》。后来，又组织翻译了苏联一套港工规范并开始研究我国需要编制哪些标准规范。这项工作最先由交通部航务工程总局承担，困难较大，关键就是缺乏这方面的人才，主要工作仅有交通部航务工程总局技术科的 2—3 人在做。

1956 年，标准规范的编制工作改由水运设计院承办，人员略有增加。1957—1958 年机构下放，人员分散，工作遂告停顿。期间曾编制出版了《港口工程地质勘察规范》。1958 年交通部水运规划设计院成立后，1959 年又重新安排力量开展了标准规范的编制工作。在前面工作的基础上，规范的设计部分定名为《港口工程设计标准及技术规范》，一部分内容是标准性的，强制性较高；一部分内容是技术性的，执行时允许有一定的灵活性。施工部分的编写工作由水规院总负责，组织航务工程局，设计处、有关科研院所和高等院校参加。这些规范尽管对加强我国水运工程的质量管理和降低工程造价起到了积极作用，但许多内容尚不完全适应我国国情，且覆盖面小，使用上不方便。

20 世纪 60 年代初，陆续编制出版了总体设计、混凝土结构设计和方块码头、沉箱码头施工等规范。以后由于政治运动，使工作彻底停顿达数年之久。

70 年代初，根据国家的统一部署，规范工作又提上日程。先由交通部第一航务勘察设计院总负责，交通部水运规划设计院迁回北京后，又改由其总负责，扩充了人力，并设置了专职规范组，后改为标准室。有关局、院和科研所、院校也安排了专职或兼职人员从事规范工作。在原有基础上对规范系列做了调整，确定了各册规范的主编和参编单位，10 余册规范的制定或修订同时展开。陆续完成了河港总体、重力式码头、高桩码头、斜坡码头和浮码头、地基、桩基、混凝土结构设计、混凝土施工、防波堤、海港水文、测量、地质勘查、荷载、混凝土试验、制图和海港总体等规范。后又新增海港钢筋混凝土结构和预应力混凝土结构防腐蚀、钢结构防腐蚀、抗震设计、节能等规范。

这一时期，刘济舟对标准化工作明确提出三条要求[①]：

---

① 麦远俭访谈，2014 年 4 月 25 日，广州。资料存于采集工程数据库。

第一，规范要以总结自己的工程经验为主，系列配套齐全，能反映我国自己的设计、施工实践经验。

在编制过程中，结合工程中的问题，安排了多次调查研究和科学试验项目，使规范的规定更结合实际、科学合理。但由于基本理论受限于作为蓝本的原苏联规范，反映国际先进水平和国外先进技术经验的内容很少。为此，刘济舟提出了对标准编制的第二条要求：所制定规范的技术标准要掌握"平均先进"的水平，不能迁就落后，但也不能高不可攀，大家都实现不了。刘济舟形象地用"跳一跳就能摘下来的果子"向技术人员阐述"平均先进"的理念。跳一跳够不着的果子不算，蹲着就够得着的也不算。"平均先进"就是努力一下就能做到的。

第三，规范一定要体现实用性和全面性，要照顾到地方和小单位使用的方便。很多单位技术条件不足，为方便他们使用，后来在规范里面增加了很多简化计算的条文。

对这三条要求，多年从事水运工程标准规范编制工作的麦远俭至今记忆犹新。

刘济舟认为，规范一定要体现时代性。水运工程规范虽在港工方面已基本形成系列，但由于编制时间较长，各册规范编制工作又是分别进行的，相互之间不够协调甚至有过时的情况。随着水运建设技术的发展和工程实践经验的积累，20世纪80年代，针对原有规范的不足之处，刘济舟又组织开展了系列修订工作。他组织领导对20册规范进行了统一协调和修订，1987年完成出版了《港口工程技术规范（1987）》合订本。至此，我国才有了一套自己的完整的港口工程建设技术规范。与此同时，还开展了有关航道、船闸工程和修造船建筑物等专业方面的规范编制和修订工作，水运工程的标准规范工作在水运行业全面展开。

在本轮规范修订过程中，港口使用方反映港口结构已出现腐蚀破坏的现象。北方港口结构腐蚀的原因主要是冻融；南方港口结构则主要是受氯离子侵蚀。为研究造成这种结构破坏现象的本质原因，刘济舟布置了大规模的港口使用情况调查。重点针对高桩码头，力图弄清冻融及氯离子侵蚀对港工结构使用寿命的影响。调查结果让人大吃一惊：如果没有防腐蚀措

图 8-1　刘济舟领导编写的 1987 年版《港口工程技术规范》

施，很多码头结构使用 15—20 年后就出现了严重的破坏。根据调查结果，后来，在结构设计规范中增加了"耐久性设计"内容。此外，他还安排建设了天津和湛江两处混凝土暴露试验基地。多年来，暴露试验站积累了丰富的第一手现场资料，为后续港口工程耐久性研究奠定了基础，有力地推动了全国港口工程结构耐久性水平的提高。

制定标准规范十年目标

标准规范工作关乎工程建设质量和造价，因此刘济舟对标准规范工作十分重视。他定期组织召开规范工作会议，制定长远规划和执行计划，明确规范工作目标并组织实施。负责领导编写了"水运工程标准规范工作 10 年目标"。这一目标是在 1990 年水运工程标准规范工作会议上提出来："积极调动各界技术力量，总结工程建设经验，重视科学实验研究，加紧编制修订工作，经过 10 年左右的努力，使水运工程标准规范具有我国工程建设的特色和当代的先进水平，基本满足工程建设的需要，使勘测、设计、施工、验收、维护、管理基本有章可循。"

目标分两步实现，第一个五年，除完成宏观决策项目建设标准的编制外，根据水运工程建设的需要，拟定 1990—1995 年水运工程标准规范工作建议计划，按实际可能组织实施，以进一步补充港口、航道工程实施阶段的主要标准，并按《港口工程结构可靠度设计统一标准》修订港口工程结构设计规范；第二个五年，继续完成宏观决策项目建设标准的编制，按体系表补齐水运工程建设实施阶段的标准，全面实现十年目标。到 2000

年，我国的水运工程标准规范在数量上和质量上都得到一个较大的提高。

为实现第一阶段目标，1990 年开始着手制定港口工程技术规范的第二轮修订本，同时，加快补齐航道工程方面急需的标准规范，使其形成体系，与港口工程标准规范相互配套。在致力增加标准规范数量的同时，努力提高标准规范的质量水平，向国际先进水平靠拢。港口工程结构设计规范开始纳入以概率理论为基础的结构极限状态设计方法，相应开展了水工建筑物结构可靠性问题的研究和规范修订工作，使该理论和方法有步骤地引入港口工程结构设计。

极力支持结构可靠度设计

在 1987 年版的《港口工程技术规范》中，对各种构件、各种结构均规定了安全系数，但不同结构的安全系数又不一样。那么，这个安全系数到底是个什么定义？设计出来的整个工程的安全度是多少？安全系数与安全度是一回事吗？比如重力式码头抗滑稳定验算允许的最小安全系数是 1.3，圆弧滑动验算是 1.1，混凝土结构设计是 1.8，甚至还有 3.0 的情况，差别比较大。范围从 1.1 到 3.0，这在理论上是无法解释的，因为这些系数是根据经验得来的，与结构安全度到底是什么样的关系，难以说清楚。

20 世纪 80 年代初，我国虽已了解国外在结构可靠度设计方面有较大发展。设计人员对可靠度是比较有兴趣的，过去安全度与安全系数存在什么关系，可以说是一笔糊涂账，有了可靠度这个概念就不一样了。可靠度对应的是失效概率，可靠度定多少，可靠概率就是多少，概念就清楚了。以可靠度理论为基础的设计方法虽有不容置疑的科学性、合理性，但当时要在规范中采用难度却很大。

为此，交通部曾多次举办概率设计学习班，组织设计、施工、科研、教学等各方专家参加座谈会。在讨论是否采用可靠度设计这一个问题的时候，也有一定的分歧。赞成者觉得这种设计理论概念清晰；不赞成者，主要是觉得港工结构所处自然条件复杂，到底能不能做到？即使设计方法能够实现转轨，设计成果是否可信？在这个问题上，刘济舟作为主管行业标准规范的部领导，分析了国内外的研究现状后认为，与安全系数法相比，以可靠度理论为基础的概率极限状态设计是工程设计中更科学的方法，它的推行是当前国际和国内的大势所趋。对促进港口工程的技术进步，将会具有重要的作用。在一次工作会议上，刘济舟明确表态，"我不但支持，而且要亲自参加[①]！"这给一直从事规范编制工作的杜廷瑞留下了深刻的印象。

以后编写组内部的每次讨论会刘济舟都亲自参加。他的支持和认可，给编写组带来了很大的信心。在刘济舟的大力支持下，1986年正式成立了《港口工程结构可靠度设计统一标准》编制组。编制组主要由结构规范的主编人员参加，以便于《港口工程结构可靠度设计统一标准》的内容同各册结构规范的修订工作相互协调。在编制过程中，对影响港工结构可靠性的主要因素：荷载、材料、构件、桩基和地基土等进行了大量实测，调查获得了各种数据资料。例如，通过持续了两年的码头堆货荷载的实测，共获得892个样本，44600个数据；起重运输机械起吊过程2300次，7944个样本，24万个数据，400余根试桩资料等，数据占有量居世界领先地位。

1988年4月，刘济舟被任命为水运工程标准技术委员会主任。在刘济舟的支持和指导下，编写组开展了桩基承载力、波浪力，特别是开展了地基土物理力学性能和回填砂、块石重度和摩擦角的研究，提出了有效的统计分析方法，为解决港口工程可靠性问题做了大量开创性、基础性工作。

1991年3月27—31日，交通部工程管理司在天津市主持召开了《港口工程结构可靠度设计统一标准》部审会议，刘济舟作为评审会主任，与30余位专家共同对成果进行了评审鉴定，做出了肯定的结论：这是我国首次在港工结构设计中引进了可靠度指标作为结构可靠性的度量标准，并运用获得的基本变量的概率分布和统计参数，校核现行设计规范的可靠度水平，以确定目标可靠指标，其方法和步骤是正确的；引进了设计基准期和三种设计状况，提供的以分项系数表达的结构可靠性设计表达式，在使用上是方便的，尊重了设计人员的设计习惯；规定的荷载组合规则，既简便易行，又能满足工程的精度要求。这一标准是对港口工程结构设计的重大

---

① 杜廷瑞访谈，2014年1月21日，北京。资料存于采集工程数据库。

改进，为统一港口工程结构设计的基本理论、设计原则和设计方法奠定了基础。

《港口工程结构可靠度设计统一标准》于 1992 年颁布实施，标志着我国港口工程结构设计从过去的单一安全系数法中走出来，步入了以可靠度理论为基础的概率极限状态设计新境界，我国港工结构规范具备了按更科学、更合理的理论进行修订的条件。

“这次修订把原来结构设计的定值安全系数法改为可靠度理论为基础的极限状态设计方法，这个改变是相当大的，是结构设计的一次革命。这些都是与刘院士的极力支持分不开的[①]”。

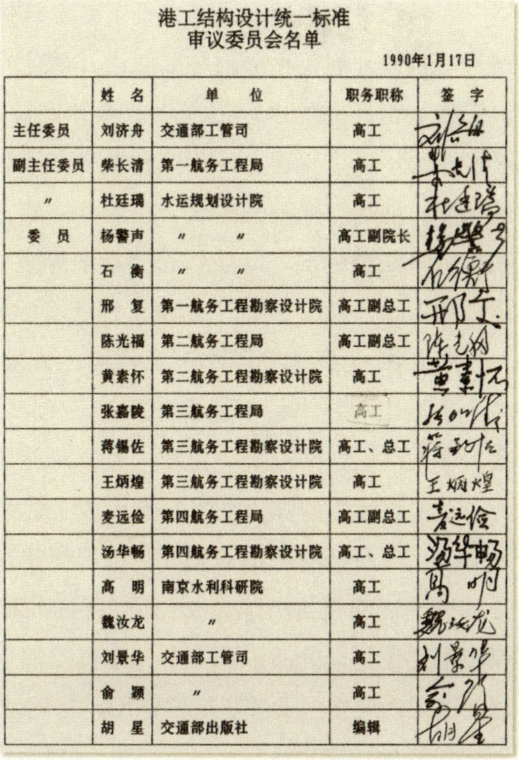
港工结构设计统一标准
审议委员会名单

1990年1月17日

	姓　名	单　位	职务职称	签　字
主任委员	刘济舟	交通部工管司	高工	
副主任委员	柴长清	第一航务工程局	高工	
〃	杜廷瑞	水运规划设计院	高工	
委　员	杨警声	〃　〃	高工副院长	
	石　衡	〃　〃	高工	
	邢　复	第一航务工程勘察设计院	高工副总工	
	陈光福	第二航务工程局	高工副总工	
	黄素怀	第二航务工程勘察设计院	高工	
	张嘉陵	第三航务工程局	高工	
	蒋锡佐	第三航务工程勘察设计院	高工、总工	
	王炳煌	第三航务工程勘察设计院	高工	
	麦远俭	第四航务工程局	高工副总工	
	汤华畅	第四航务工程勘察设计院	高工、总工	
	高　明	南京水利科研院	高工	
	魏汝龙	〃	高工	
	刘景华	交通部工管司	高工	
	俞　颖	〃	高工	
	胡　星	交通部出版社	编辑	

图 8–2　刘济舟作为审议主任委员参加《港口工程结构可靠度设计统一标准》审查

奠定水运工程标准体系基础

《港口工程结构可靠度设计统一标准》颁布后，以此为纲领，开始了 10 余册港口规范的修订和板桩码头等若干结构设计规范、规程的制订工作。1995 年全部完成了送审稿，经交通部组织审查后，于 1998 年颁布实施。至此，港工结构规范实现了从定值安全系数设计法向以概率论为基础、以分项系数表达的极限状态设计法的转轨，并与国际先进设计方法接轨。

① 杜廷瑞访谈，2014 年 1 月 21 日，北京。资料存于采集工程数据库。

在刘济舟的主持下，除完成了港工结构规范的全面修订外，还完成了河港工程设计规范和海港总平面设计规范的修订工作。此外，还对包括港口工程规范在内的水运工程规范系列进行了全面梳理。将1999年年底前已发布的水运工程建设行业标准划分为行业基础标准、综合类标准、勘测类标准、地基与基础类标准、航道类标准、船厂类标准、通信类标准、船舶交管系统类标准、助航标志类标准等共11类，77册，这就是水运行业俗称的2001体系。至此，水运工程建设标准体系初步形成。

进入21世纪，我国水运工程建设大发展，水运工程建设技术持续创新，水运工程技术标准适应工程建设和技术持续进步的需要，也不断完备，作用凸显。经过全行业几代人，特别是主编单位及主编人员的多年努力，目前水运工程建设技术标准形成了体系较为完善、编制质量较高的良好局面。现行标准基本涵盖了水运工程建设的设计、施工、试验检测、检验和维护管理等各阶段，128项现行标准和有序的制修订工作，不仅有效保障了工程建设的质量和安全，还直接催生了一批技术创新成果，在这些创新成果的转化中发挥了重要作用，有力地推动了水运行业的技术进步。

刘济舟不仅为水运行业技术标准体系的建立做出了正确的宏观决策，

图8-3　1995年版水运工程建设标准体系结构框图

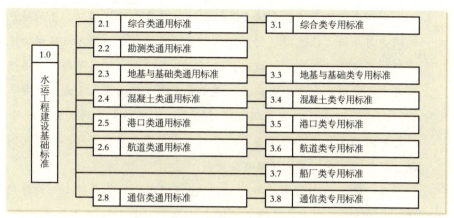

图 8-4 2001 年版水运工程建设标准体系结构框图

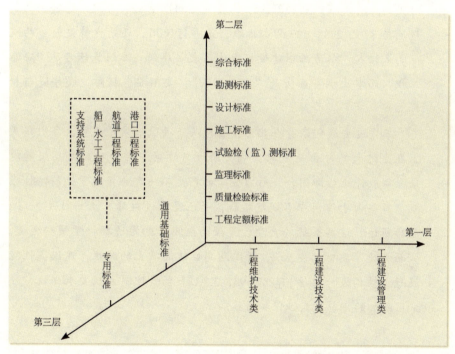

图 8-5 2007 年版水运工程建设标准体系表结构框图

对在标准规范制定过程中遇到的具体技术问题也都给予了悉心指导。如
2000 年，刘济舟回复潘德强关于征求对《海港工程混凝土结构防腐蚀技
术规范》的意见时，便从全国港口建设的实践情况出发，提出了宝贵
意见：

一、此规范是涵盖全国海港工程的，对华南地区湛江、赤湾地区的调查与分析工作做得很好，建议在总校时对华东与北方地区的海港工程的腐蚀情况做一定的校核，使之更全面妥善。据我了解，过去连云港庙岭煤码头，三突堤码头；天津港已建成码头已大量进行修复工程；大连港日伪时重力式码头破坏修复；上海港大量码头更新改造；北仑矿石码头数次破损调查与加固……均有调查分析资料，可请南科院、天科所、一、三院提供有关资料。

二、过去我们颁布执行过 JTJ228-87 "海港钢筋混凝土结构防腐蚀"与 JTJ229-87 "海港预应力混凝土结构防腐蚀"两本技术标准，对提高海港工程钢筋混凝土结构质量起到很重要的作用，现编制的本规范与 87 的 228、229 两本标准，是并行使用，还是代替更新。两规范尚未编入"水运工程建设标准体系表"序列。本规范标名是"海港工程"而本次调查分析是"海港码头"，要不要包括防波堤导堤与护岸工程。

三、过去我们亲身在北仑杂货码头下面做过实地观察，每当码头上发生过大的冲击荷载时，码头面板与纵梁下部即瞬时发生裂缝现象。荷载停止后即闭合。所以裂缝的产生不一定都是属于钢筋锈蚀胀裂。有些由于使用中不规范超载，早已发生过裂缝。正如附件 2，P3 最后所述"这些裂缝的产生，无疑为氯离子的渗透提供了便利之道，从而加速了腐蚀的发生"。考虑到高性能混凝土的脆性，建议高性能混凝土结构设计应按 JTJ267-98，3.3.1 条裂缝控制 A 级要求保证，或采用附加的钢筋防腐蚀保护措施。

正如与刘济舟在交通部基建局一起工作多年的邹觉新所说："当时国家在水运方面的人才稀缺，刘济舟负责了主要标准规范的审查、定稿。刘济舟带领整个基建局为我国首批水运标准规范的制定下了很大功夫，为现在的水运工程标准体系奠定了基础[1]。"

---

[1] 邹觉新访谈，2014 年 4 月 16 日，上海。资料存于采集工程数据库。

图 8-6　1988 年，刘济舟获水运工程标准规范工作突出贡献奖

主持领导交通部科技攻关项目

刘济舟组织领导了交通部"六五"（1981—1985）技术攻关"真空预压软基加固""预应力大管桩"；"七五"（1986—1990）技术攻关"粉煤灰地基加固""爆炸法施工"与技术推广，使真空预压软基加固、预应力大管桩、爆炸法施工都达到了国内先进水平，经交通部鉴定推广应用后，取得了良好的经济效益和社会效益。

真空预压法加固软土地基

软弱地基加固是港口工程的技术难题之一。新中国成立后，对软弱地基进行加固，长期使用的是堆载预压法，即用砂、石等材料置于地基上预压，并据计算确定的速率逐级加载，使地基逐渐密实，从而提高地基的承载力。这种方法虽然可行，但堆载、卸载工艺繁琐，材料搬运量大、工期长、成本高，且污染环境。为解决这一问题，我国引进和发展了真空预压法。

真空预压法的基本原理最早是瑞典人杰尔曼于 1952 年在皇家地质学院提出的。随后，有关国家相继进行了探索和研究，但因真空度上不去，故进展不大。只是在美国费城国际机场跑道扩建工程和日本大阪南港采用真空、降水、砂井联合的方法才取得了较好的效果。苏联也开展过这方面的研究，引用拉普拉斯方程来计算真空作用下的沉降量，并用真空法来提高小面积滑动楔体液化土的稳定性。20 世纪 50 年代末和 60 年代初，我国一些单位对该法进行过研究，但因缺乏合适的真空设备和覆盖材料，后被搁置下来。

对这一方法的重新提出始于塘沽天津新港扩建工程。天津新港的建设是不断与软土地基作斗争的过程。因天津新港扩建工程有大量仓库货场建造在软基上，为保证建筑物的安全和正常使用，必须对软基进行加固。刘济舟组织领导交通部第一航务工程局自 1980 年开始，对这个老方法的工艺、设备和薄膜覆盖技术进行了较大的革新，采取了合适的抽真空装置和覆盖薄膜以及铺设工艺。并先后在天津新港现场进行了初步试验和大面积中间试验。现场试验表明，地基土的强度增长达到了预期效果，地基承载力和变形模量可提高两倍。天津大学水利系配合开展了室内试验和加固机理的分析研究，室内试验成果与现场试验大体相符。通过试验和典型工程实践，证明该法是加固软基的好方法。

1982 年 8 月 5—7 日，交通部基建局对相关研究报告召开了评议会，对真空预压法的研究成果做出了肯定。后来在刘济舟的极力支持下，列为"六五"国家科技攻关计划的第 33 项第一子项，攻关计划合同于 1983 年 4 月签订，1983 年 5 月国家经委正式批准实施。

经革新后的真空预压法的基本原理是将不透气的薄膜铺设在需要加固的软土地基表面敷设的砂垫层上，薄膜四周埋入土中，借埋设于砂垫层中的管道，将薄膜下土体内的空气抽出，使其形成真空，借助大气压力，促使土体排水而压密。与堆载预压法相比，它具有以下优点：一是预压时间短。荷载可一次加上，节省加荷时间。二是加固效果好，地基承载力高。三是单价低、能源省，初步统计，单价约为堆载预压的 2/3。四是设备简单，不需大型机具，管道、泵等都可重复使用，易于操作和掌握[1]。

1985年12月，交通部在天津主持召开了真空预压加固软土地基技术鉴定会。经专家、教授们认真讨论和评议审查，真空预压加固软土地基项目通过了国家技术鉴定。这项技术获得了国家专利，填补了国内空白，并处于国际领先地位。先后获交通部重大科技成果奖一等奖，国家"六五"科技攻关奖。"七五"期间这一技术得到了大力推广，在天津港东突堤国际招标中以此为代案一举中标。在刚吹填不久，含水量较大的48万平方米超软地基加固工程中获得成功[2]。这对于我国沿海地区大量的软基处理具有较大的经济效益和社会效益，为沿海城市的经济技术开发建设提供了有效的技术措施。这项技术后来又不断得到了创新，为国家节省了大量资金。

预应力混凝土大管桩研究

我国内河高桩梁板码头，以往多采用钢管桩，以适应大水位差的条件。但钢管桩造价昂贵，且需采取防腐蚀措施。在海港工程中，除钢管桩外，普遍采用60厘米×60厘米预应力钢筋混凝土空心方桩，但空心方桩的抗弯性能并不理想。

为降低工程造价，并达到提高基桩抗弯性能的目的，经刘济舟推荐，将"预应力钢筋混凝土管桩技术"列为"六五"国家科技攻关项目"岩基中钻孔锚固大管桩"的工艺和设备分课题。

经1983—1985年两年半的努力，刘济舟领导科研单位，采用离心、振动、辊压复合工艺完成了大直径预应力钢筋混凝土管桩的研制工作。先后开展了设备研制、管节制造（直径1.2米，每节长4米），并用后张工艺拼接了28—36米长的管桩八根，在连云港二期试桩工程中打了5根试桩。

预应力混凝土大管桩的工艺简易可行，可以满足作为内河和沿海码头基桩的质量要求，并可在远离混凝土管桩生产基地的工程中使用。和

---

① 叶柏荣，等：真空预压法在天津新港的应用。参见：中国土木工程学会第4届土力学及基础工程学会会议论文集。1983年12月，第542—547页。

② 《筑港天涯路——第一航务工程局发展史：1945-1990》。1993年，第309页，内部资料。

以往在软土地基上建造码头采用钢桩及钢筋混凝土方桩相比，预应力管桩可以机械化生产，不受时间和气候的限制，且桩的用量较少。它的研制成功，为在港口建设中代替大口径钢管桩和预应力混凝土方桩提供了技术基础。

随着高性能混凝土的出现，预应力混凝土大管桩的性能日益得到改善，目前已成为港口工程中应用最为广泛的桩型之一。

地基爆破处理技术研究

随着港口建设的发展，我国筑港技术的水平不断提高，但在传统的施工工艺中，还有许多方面与工程要求不相适应，无论是造价、工期，还是在施工难度方面都还有待改进。如软基上抛石结构的施工、新建港区填海造陆及水下抛石基床的夯实等[①]。

以上问题中，刘济舟遇见的典型实例就是连云港西大堤工程。西大堤为抛石斜坡堤结构，长近 7 千米。下面的淤泥厚度达到 8 米，抗剪强度非常低。起初提出用砂桩对淤泥进行处理，存在处理速度慢、造价高的缺点。另一个方案是全清淤，即开挖基槽，把淤泥全部清除后再抛石。但这个方案更不可行，因为抛石与基槽开挖的进度很难协调，抛石期间槽内还会发生回淤，像夹心饼干一样的又夹了一层。后来又改为半清淤，先清掉一半的淤泥，将断面减小，再抛石。大概做了 1000 米后，发现进度非常慢。

当时，中科院力学所正在进行爆炸方面的现场试验研究工作，即采用爆炸的方法来处理地基。作为连云港建港指挥部副指挥的刘济舟就跟中科院力学所联系，探讨能否采用爆炸法进行地基处理。中科院郑哲敏院士是搞爆炸力学的，他对这个问题很感兴趣，组织了一个团队到连云港。从 1985 年开始，连云港建港指挥部同中国科学院力学所、交通部三航院及连云港锦屏磷矿组成科研攻关组，结合工程开展了试验研究。攻关组根据室内试验成果和理论分析，认为用爆炸的方法把大堤下面的淤泥挤出去，代

---

① 刘济舟，郭大慧，武可贵：港口工程地基爆破处理技术。《水运工程》，1991 年 9 月，第1-4 页。

替机械置换的办法是可行的。

经过几年努力，提出了三种工艺。

一种是爆破排淤填石技术，其主要原理是在抛填堆石体的前方或边缘淤泥中的一定位置和深度埋设药包，药包爆破时，周围淤泥被排出，在回落入爆坑之前，抛填堆石料在自重和震动作用下坍入坑内，并深入到硬土层上形成"石舌"，使排淤和填石同步进行，达到清除抛填体下方淤泥、加固地基的目的。重复作业即可得到不断延伸的爆炸置换地基。此项技术可用于软土地基上建筑防波堤、围堰、护岸等水工工程的条形地基处理，也可用于大面积抛填基础的形成。采用此项技术可代替传统的水上机械清淤，大大简化施工、缩短工期，显著地节省地基处理费用。攻关组结合连云港工程，使该项技术首次在国内试验成功。此后，连云港多项港口工程采用了这一新技术。这些工程中既有前述全国最长的海上防波堤——连云港西大堤，也有大面积陆域形成工程——墟沟一期工程，均取得了理想的工程效果和经济效益。以西大堤工程为例，由于采用此项新技术，使工程投资比概算节省了1700多万元。

另一种是水下抛石基床的爆炸夯实技术。在重力式水工建筑物如重力式码头、防波堤、抛石滑道等工程中，常采用水下抛石基床，以扩散建筑物对地基的压力。为避免或减小基床受力后发生不均匀沉降，常需进行基床密实作业。当时，国内普遍采用并纳入港工规范的方法是重锤夯实法。规范要求基床应分层夯实，每层厚度一般不大于两米。随着港口建设的发展，许多重力式水工建筑物都建在水深、浪大、泥厚的新港址上，基床抛石均较厚。在这种情况下，采用重锤夯实法并按规范要求施工比较困难，存在工程造价高、作业时间短、工期长等问题。科研组结合连云港工程试验成功实现了水下爆炸夯实技术，克服了以上存在的问题，为水下抛石基床的密实提供了一种新的施工方法。该法的主要技术原理是，在抛石基床上方一定位置和高度的水中布置群药包，通过控制爆破，利用水下爆炸产生的震动和压力夯实基础。此项技术在连云港渔轮厂滑道基床、渔轮厂驳岸沉箱基床北段和某滑道基床三项工程中应用，均取得了满意的效果。每项工程采用水下爆夯法施工的时间仅为六天左右，如果采用传统的重锤夯实法施工，每项工程至少需要一个月，还必须要采用大型船机设备。可见爆夯法较重锤夯实法可缩短工期 60%，且具有显著的经济效益。如渔轮厂滑道基床采用爆夯法施工实际发生的费用仅为重锤夯实法的 15%。实践表明，当抛石基床厚度不超过 7 米时，爆炸夯实率与抛石基床厚度增大无明显递减关系，所以在类似工程中可以采用一次抛石，避免分层施工。爆炸夯实技术除在以上连云港 3 项工程中成功应用外，1990 年下半年交通部第一航务工程局在大连港大窑湾一期工程中也成功地采用了该项技术。该工程水深 10—15 米，抛石基床厚 12 米，分两层进行了爆夯。经检验，爆夯质量完全满足设计要求。

第三种是爆夯挤淤技术。该方法的主要技术原理是，在水下抛填体上方的一定位置和高度的水中布置群药包，通过控制爆破，利用水下爆炸压力，使抛填体挤开并穿透淤泥落到下卧硬土层或一定深度，达到加固地基的目的。该方法可使挤淤、压密同时完成，其主要特点是代替水上机械清淤，从而简化施工、缩短工期、节省地基处理费用。该项技术适用于在软土地基上建造抛石防波堤、围堰、滑道及码头等水工建筑物的地基和基础处理。科研组通过室内模型试验、现场工程试验，对其作用机理、施工工艺及有关参数等做了研究，取得了理想的效果。成功地应用于连云港渔轮厂驳岸沉箱基床处理和连云港集装箱管理楼地基处理工程。实践证明，爆夯挤淤法对某些中小型工程，尤其是不具备挖泥条件或即使能挖泥但工程所需的挖泥量远小于为工程挖泥而开辟的航道等的辅助挖泥量时，有其突出优点。该法在我国其他一些港口工程中也同样取得了良好的应用效果。

结合连云港的工程实践，刘济舟领导攻关组成功地将爆破技术引入到港口工程地基处理施工中，取得了良好的应用效果。在连云港应用成功后，刘济舟发表了《港口工程地基爆破处理技术》一文，在系统总结以上方法的同时，又提出了有待进一步发展应用的两种地基爆破处理技术。

第一种是爆破压密技术。分深层和表层爆破压密，深层爆破压密法即把药包埋入土中一定深度的爆破压密方法。这种方法的优点是充分利用炸药能量，并不受土层厚度限制，对很深的土层，可以布置多层埋深药包。具体应用可分为单孔分层和多孔分层埋药，前者钻孔数较少，但药包药量多些；后者钻孔数较多，但药量较少。多层爆破时可采用由上向下延时起爆，达到使上层土处于液化状态，减少下层土体的有效应力，从而加大下层土的压实深度和范围。此项技术在国外应用较早，20世纪40年代开始就用于工程，目前已被广泛采用，有许多成功的实例。

第二种是爆破——砂井加固软基技术。即利用爆破动载及砂井排水加固软基。又可分两种方法：第一种是先人工插打砂井，然后施行爆破加载；第二种是利用爆破作用，同时达到形成砂井和加载的双重目的。该技术目前应用较少，适用土质为砂质淤泥，在低渗透性淤泥中的加固效果还有待于进一步研究。

鉴于爆炸法施工工艺具有巨大经济效益和社会效益，刘济舟建议将该技术列为国家重点推广新技术。刘济舟进一步提出了下一步工作的设想。首先应明确哪些爆破技术是比较成熟的，可在类似工程中推广应用。刘济舟认为爆炸排淤填石法、水下爆炸夯实法和爆夯挤淤法已积累了较多的工程经验，具备推广应用的条件。这几项技术在码头、防波堤、围堰、护岸等水工建筑物及填海造陆工程中有广泛的应用前景。下一步应结合实际工程，重点推广这几项技术。基于这方面的考虑，刘济舟组织有关单位，结合工程实例制订了有关爆破技术的设计、施工、检验验收及安全等方面的标准、规程，以便更深入、系统地推广此项技术，真正在港口工程中发挥效用。

刘济舟提出在应用以上爆破新技术时，一定要紧紧结合工程选用适当的方法和参数进行设计施工，切不可笼统套用。另外采用爆破技术施工，必须遵循有关安全规程规定，施工队伍必须是经有关部门认可，并持有爆破施工许可证的施工单位。

现在爆炸法施工工艺已成为沿海淤泥质地基处理广泛采用的工艺，整套施工工艺得到了国家科技进步奖。新中国成立以来，在港口工程地基处理技术中，共有两项成果荣获国家科技进步奖。即真空预压加固地基技术和爆炸法处理软基技术。这两项新技术的获奖，均包含着刘济舟的智慧和汗水。"刘济舟在援助越南时就曾采用过爆炸法施工工艺，所以他是爆炸法地基处理的开创者，但在所有的获奖材料里都没有他的名字。这也体现了他并不看重这些奖项的一种品格①。"

粉煤灰"变废为宝"

20世纪90年代,随着全国各地大规模进行燃煤发电厂的建设,粉煤灰的排放处理成为一个十分重要的问题。燃煤电厂排出的灰渣,每年以千万吨计,且还在逐年增加。电厂灰场占地面积很大,全国平均处理一吨灰,需花费6元,个别电厂高达19.3元,有的灰场建设费用已超过1亿元。不但堆放粉煤灰要占用大量土地,而且还会污染环境。为此,国家专门成立了粉煤灰利用中心,以推动粉煤灰的综合利用,变废为宝。80年代初曾在大连进行过小规模房建基础粉煤灰地基加固,当时并没有引起各方面关注。所以,开展研究粉煤灰在建材、工程等领域的综合利用,变废为宝,具有显著的经济效益和现实意义。

粉煤灰作为发电厂排放的废料,对其在建材、工程等领域的应用,国内外都非常重视,通过大量的应用实践,已取得了丰硕的成果。1983年12月16日,刘济舟陪同李鹏副总理在北仑电厂选址时,李鹏副总理曾现场指示:"我国大力发展坑口、港口电站,港口附近大多都有大型发电厂,交通部门应该研究粉煤灰的利用技术,你们是利用粉煤灰的大户"。

港口工程中应用粉煤灰,主要有以下两个方面:一是做混凝土的掺合料,二是做地基的回填料。刘济舟当即组织积极开展粉煤灰与工业废渣利用技术的研究。

在混凝土掺合料的研究方面,刘济舟组织南科院、一航局科研所和二航局科研所等单位对粉煤灰在港工混凝土和钢筋混凝土中作为掺合料做了大量的调查研究工作,取得了一定的成果。南科院的研究结果认为,混凝土中采用"双掺"技术可提高钢筋的抗锈蚀能力,在港工结构的适当部位可掺用粉煤灰,以节约水泥、降低成本;对以耐久性指标控制的部位,如浪溅区的海工混凝土,应进行全面试验论证后方可掺粉煤灰。一航局在天

---

① 金镠访谈,2014年4月16日,上海。资料存于采集工程数据库。

津港防波堤工程中做过中间试验，认为港工混凝土从满足抗冻性要求考虑，可采用粉煤灰掺量不大于 30% 的粉煤灰水泥，混凝土中的熟料用量不宜少于 230 千克／立方米，并应掺入足量的加气剂，以保证混凝土含气量达到 4%—5%，粉煤灰烧失量不宜大于 4.5%。一航局二公司和南科院对泵送"双掺"混凝土工艺进行了试验研究，亦取得了满意的效果。二航局科研所对长江沿岸 12 个电厂的粉煤灰应用情况做了系统调查，并对粉煤灰品质等做了试验研究。

另外，港口陆域回填工程中也可以大量利用粉煤灰。但电厂粉煤灰多采用水力吹排，以达排量大、运距远、成本低的目的。但湿排灰类似浮泥，承载力近乎是零，且灰场下多为很厚的软弱土层，如何加固使之成为可以利用的地基土，是主要的技术攻关课题。1983 年，大连某预制厂滑道工程中就曾应用粉煤灰作回填材料。该处粉煤灰是 60 年代回填的，厚度 7—8 米，强夯面积 6509 平方米，夯前承载力 6 吨／平方米，夯后为 22 吨／平方米，夯后平均沉降 50 厘米左右，施工后经检测，有关指标均达到设计要求。此项成果证明，粉煤灰经加固后，可作为持力层。另外在天津港四港池堆场工程中，用山皮土、粉煤灰和石灰混合后作为堆场垫层回填料，配合比是 5.5∶3.5∶1（山皮土∶粉煤灰∶石灰），用灰量约 1.3 万吨，经对比分析，堆场使用粉煤灰土做垫层，比使用水泥砂垫层的成本降低 39.8%。

调研了这些初步研究成果后，1986 年 3 月，刘济舟邀请有关单位召开了"粉煤灰应用于港口工程可行性研讨会"，对粉煤灰在港口工程中的应用进行了充分的论证。认为在港口工程中利用粉煤灰代替部分水泥和作为填料，以降低工程成本，具有重要的现实意义。

根据国内外有关研究单位对粉煤灰进行的大量研究及应用成果，在 1986 年修订颁发的《海港钢筋混凝土结构防腐蚀技术规定》中规定："有充分论证时，也可采用粉煤灰水泥。掺入粉煤灰代替部分水泥时，应保证不降低混凝土的密实性和抗冻性。"此《规定》颁发后，促进各有关单位对粉煤灰的应用给予了足够的重视，一航局在 1985—1987 年的三年里，在混凝土及砂浆中掺入粉煤灰约 1400 多吨；二航局在武汉客运码头、武汉船厂及芜湖朱家门外贸码头工程中成功地应用了粉煤灰；三航局在连云港三突堤、上海宝山工程中应用了粉煤灰；四航局在西江桂平枢纽工程中亦掺用了粉煤灰。

为扩大推广粉煤灰在港口工程中作为回填料的应用，自 1987 年开始，刘济舟先后组织在宁波镇海、上海关港、天津港开展了多种条件、多种施工工艺的加固技术试验研究，确认了工程技术的可行性。

宁波港镇海港区 10—15 号泊位后方和后海塘港外仓库区，原计划采用航道疏浚土吹填，以形成陆域。为给附近镇海电厂的粉煤灰安排出路，改善环境，为国家节省投资，改为吹填该电厂排放的粉煤灰。10—15 号泊位区三年内吹填粉煤灰 85 万立方米；后方仓库区 5—6 年吹填了 350 万立方米。两个吹填区分别节省投资 340 万元和 1400 万元。由此可见，利用粉煤灰作为港口工程吹填或回填料的效益是十分显著的。为获得理想的地下水位以下粉煤灰地基的加固方案，后在 10—15 号泊位吹填区划出一块 3000 平方米的试验区，进行了强夯法、振动碾压法和堆载预压法等多种加固方案的比选。

在上海港关港工程中，确定地下水位以上除设计指定用其他填料外，其余均采用了粉煤灰做回填料。回填面积 8 万平方米，填方量 4 万立方米，用灰量 4 万多吨；地下水位以下，在后方堆场区划出 2000 平方米做了回填试验。

上海港罗泾港区是大型煤炭枢纽港，建在石洞口电厂水冲粉煤灰灰场上，积灰厚度达 4—5 米，采用粉煤灰地基加固方法将 26 万平方米的灰场加固成了地基承载力大于 200 千帕的煤堆场地基，工程质量优良。与堆载预压加固工艺对比，工期缩短一半，节省投资 2000 万元以上。取得了良好的经济效益、环境效益和社会效益，工程技术的实施经验非常宝贵。

刘济舟在《谈粉煤灰在港口工程中的应用》[①]一文中，展望了粉煤灰在港口工程中广阔的应用前景。"七五"期间我国将建成 100 多个深水泊位。这些新建的泊位基本都分布在新建或扩建的港口电厂附近，这就为在港口

---

① 刘济舟、司元政、郭大慧：谈粉煤灰在港口工程中的应用。《粉煤灰》，1997 年 6 月，第 33—35 页。

工程中应用粉煤灰提供了得天独厚的优越条件。设计人员应在保证工程质量的前提下，发挥港口工程用灰量大、靠近电厂、运输方便的特点，积极考虑应用粉煤灰。港口工程中应用粉煤灰的重点是做填料，此项工作应作为近几年的重要技术攻关项目。结合天津港新建及扩建工程，刘济舟建议应在以下几方面继续进行研究、探索：①将粉煤灰与淤泥按一定比例混合吹填或将粉煤灰作为透水层与淤泥交错吹填，然后进行加固，形成陆域。②在粉煤灰中掺入适量水泥、石灰或其他材料，制成块状、球状或装尼龙袋，作为重力式码头后方填料或斜坡式防波堤堤心的抛填材料。③在深层拌合法处理软基的工法中掺用粉煤灰，部分代替水泥。上述应用应通过试验取得成功经验后，再向全国新建港口工程推广，以达到大量应用粉煤灰、降低工程造价的目的。刘济舟指出，粉煤灰利用是一项政策性和技术性很强的工作，既要重视经济效益，也要重视社会效益。有关设计单位在设计靠近电厂的港口工程时，应考虑利用粉煤灰，并加以经济技术论证。

通过密切结合工程实践，刘济舟大力促进将粉煤灰"变废为宝"，大规模地引入到港口工程中来。经过各研究单位和使用方的共同努力，粉煤灰在港口工程中得到了大面积推广应用，成为我国粉煤灰综合利用的一个突破口，在降低工程造价、加快港口建设中发挥了重要作用。

第九章
享誉水运界　涉足多领域

　　1988 年，面对德商破产带来的设备安装困难，年逾花甲的刘济舟被任命为秦皇岛港煤码头三期工程协调组组长，常驻工地现场近两年，依靠科学的管理和出色的协调能力，最终将秦煤三期建成为一座当时我国最大、具有国际先进水平的煤码头，并获国家优质工程银质奖和建筑工程鲁班金像奖。1990 年，为总结建港 40 年来的技术经验，刘济舟发起并组织了《水运工程技术四十年》的编写，记录和总结了中国水运技术的发展历程。当选为中国工程院院士后，除了解决水运工程中的关键技术和疑难问题外，刘济舟在桥梁工程、水利工程等领域也做出了诸多技术贡献。

任秦皇岛港煤三期工程协调组组长

　　秦皇岛港煤码头三期工程，是大同至秦皇岛铁路运煤专用线的配套工程，是我国"七五"期间重点建设项目，也是我国当时最大的煤码头，主要承担山西、内蒙古等地的煤炭南运和出口运输任务。位于秦皇岛东港区沙河口以西，距煤码头一、二期工程约 2.5 千米，为两个 3.5 万吨级泊位和一个 10 万吨级泊位，负责接卸大秦铁路线重载列车，年出口煤炭能力为 3000 万吨。建成后，秦皇岛港的煤炭年通过能力将达 6000 万吨，使秦皇岛港成为世界最大能源输出港之一。三期煤码头卸煤工艺设备采用了当时世界上最大的煤炭专用翻车机和堆载系统，卸车系统采用的是三串联转子翻车机，煤炭堆场的堆取料设备采用"三堆三取"堆取分开的形式，由西德、美国等国外厂商供货。

国家对秦皇岛港煤三期工程极为重视，要求 1988 年与大秦铁路工程同步建成，所以交通部对这项工程抓得很紧。1987 年，因装卸设备不能按期到货，全部工程按期完成受到威胁。同年夏天，邓小平、万里、李鹏等中央领导视察码头工地，李鹏副总理指示：三期煤工程必须按期完。9 月 3 日，交通部在秦皇岛港煤码头三期建设工地召开现场办公会，指出："由于设备到货晚，煤三期的安装调试被拖到没有退身之步的状态，但无论如何工期不能含糊。这是党中央关心，全国人民瞩目的事情，只准搞好，要让用户满意。"办公会提出了"大干三个一百天，安全优质确保总工期"的号召[①]。要求参加建设的各单位在年底前的第一个 100 天内必须全面实现 1987 年各项工程的进度。

进入 1988 年，开始了关键的第二个大干 100 天。正值安装工程施工的关键时刻，三期煤码头设备供货总承包商——西德 PWH 公司突然宣布破产，并立即撤走在现场的技术专家，中止了对现场的一切技术服务和设备材料供应，施工面临着严峻的形势。经国务院决定，由香港振华工程有限公司取代 PWH 公司，承担煤三期设备供货总承包。5 月 10 日，交通部再次在秦皇岛港召开现场办公会，要求全体筑港职工发扬自力更生、艰苦奋斗的精神，顾全大局、团结协作、确保工期。

为解决组织国内外装卸设备供货问题，交通部成立了三期煤码头工程协调领导小组。年逾花甲的刘济舟勇挑重担，担任协调领导小组组长，常驻现场协调解决有关技术难题。1988 年 9 月 5 日，交通部和国家交通投资

---

① 《筑港天涯路——第 航务工程局发展史：1945-1990》。1993 年，第 332-336 页，内部资料。

公司在秦皇岛港联合召开现场办公会，检查、总结三个大干 100 天任务完成情况和工作经验，表彰了一批先进单位和先进个人，做出了分四个阶段夺取三期煤码头工程建设全胜的工作部署。

刘济舟在施工现场常驻近两年时间，深入施工第一线，充分发挥广大工人和技术人员的智慧，及时协调解决了工程建设中诸多重大问题和关键性技术问题。他在工地的两年时间中，极少回北京的家，甚至有时带病坚持工作，基本上整天都在工地现场。除了跟大家商议工作，还经常爬到很高的地方去查看设备。港口的设备都很大、很高，他每天自己爬上去，每个工位上面要解决什么问题，他都去具体指导，工作很认真①。

图 9-1　刘济舟在秦皇岛煤码头三期工程现场

刘济舟这种认真负责的工作作风影响着工地上的每一个人。无论是水工、土建还是工艺设备安装，煤码头三期工程许多项目的完成都是筑港职工敢打硬拼夺取来的。交通部第一航务工程局五公司一队施工的翻车机房工程，结构复杂、工程量大、作业困难。1987 年 4 月，由于预埋件到货拖期，机房基础 +3.0—+5.7 米的混凝土浇筑工期被延误 40 天。他们不喊困难，而是背水一战，从 4 月 21 日到 5 月 30 日，全队 260 余名职工苦战了 40 个日夜，干完了原计划 80 天完成的任务，且工程质量优良。1988 年 12 月 27 日，三期煤码头水工工程通过预验收时，这支施工队伍受到了刘济舟的称赞。

由于德国 PWH 公司提交的安装图纸拖后 200 天，设备安装工程的进展断断续续，贻误工期一年以上。德国 PWH 公司宣布破产后，在现场指

---

① 顾民权访谈，2014 年 5 月 9 日，天津。资料存于采集工程数据库。

导安装调试的外国专家停止工作，把安装计划、操作规程及整套设备的润滑图统统带走。德方现场代表贝克在最后撤退时轻蔑地说："离开我们，煤三期将是一堆高级废铁"。此时，距大秦铁路联动试车仅有半年时间，这对我国的技术人员是个严峻的考验。面对图纸残缺不全，设备质量不合格或不能按期到货的情况，交通部第一航务工程局四公司副经理蔡根耀大臂一挥："拼死也要啃下这堆铁家伙"。在刘济舟的指挥下，四公司及时加强、调整施工力量，两位副经理上现场。职工们凭借实践经验，充分发挥集体智慧，在部协调组的指导下攻克了设备安装中的各个难关。原由外国技术人员负责的堆、取、装各系统的试车均靠我国自己的技术力量圆满完成。1988 年 12 月 7 日，全套设备重载联动试车成功。

1988 年 12 月 26 日，三期煤码头翻车机卸下了大秦线第一列满载煤炭的 96 节 C63 型重载单元列车，1989 年 1 月 10 日，万吨轮"振奋号"首靠码头，开始了码头全套设备的重载调试。

在近两年的时间里，刘济舟依靠广大群众，攻克了一个又一个难关，克服了国外总承包公司破产给工程建设带来的困难。在他的组织指挥下，技术复杂、具有国际先进水平的我国当时最大的煤码头——秦煤三期工程终于 1989 年 12 月 29 日通过了国家竣工验收。1990 年被评为交通部优质工程，1991 年获国家优质工程银质奖和建筑工程鲁班金像奖。

刘济舟出色地完成了交通部交给的任务。工程完工后，交通部秦皇岛建港指挥部给刘济舟颁发了荣誉证书："工程面临困境、肩负协调重任、煤三胜利建成、不忘刘总殊功"。

图 9-2　刘济舟在秦皇岛三期煤码头工程建设中获得的荣誉
证书

组织编写《水运工程技术四十年》

新中国成立以来，水运工程建设取得了巨大的成就。尤其是改革开放后，发展更为迅速。为我国国民经济的发展起到了极大的促进作用。水运工程建设技术也从新中国成立初期极端落后的状态，发展到能胜任多项堪称世界级规模水运工程的先进水平，攻克了大量技术难关，取得了一系列重大技术成就和国际水平的创新成果。

为总结水运工程建设这些技术成果和经验，刘济舟发起了《水运工程技术四十年》的编写工作。他计划通过这部书的出版，对水运工程的新技术、新工艺、新结构和新材料作一系统介绍；结合工程实例，突出总结各个时期有代表性的、有特色的和关键性的技术内容；重点汇编港口、过船建筑物、修造船建筑物以及涉外工程中水工建筑物的设计、施工与科研的技术成果和经验，为今后工程建设提供指导与借鉴。

图9-3　刘济舟组织主编的《水运工程技术四十年》

1990年，他主持召开了北方、华东、华南、华中四个片区的水运工程技术40年座谈会。就编写思路、编写方法和编写框架征求了有关单位意见。为了编写这部传诸后世的巨著，许多老工程师翻出了几十年前的笔记本。他们说："几十年的经验，不论是成功的，失败的，都是财富。我们这一代人有责任把它保留下来，对历史、对后人作一个完整的交代。"

参加编写这部巨著的执笔者达504人，55个单位、300余位工程技术人员、专家、教授参与了组稿、审稿和联系工作，历时四年半，征集稿件 586 篇。刘济舟为这部著作倾注了诸多心血。他从这 586 篇来稿中精选了 490 余篇，而且对每一篇都作了精心编辑。他依靠自己丰富的实践经验，负责纲要的编写，对全部稿件进行了审查、修改、补充和编辑，编写了部分篇章的综述。使这部 160 万字的著作生动地展现了 40 年来我国水运建设事业蓬勃发展的面貌。全书共分 9 章：第 1 章：港址选择。第 2 章：码头总平面布置。第 3 章：装卸工艺。第 4 章：水工建筑物。第 5 章：仓库堆场和客运站。第 6 章：海港航道。第 7 章：陆域填筑与软基加固。第 8 章：施工技术与施工工艺。第 9 章：试验、研究和勘察。

《水运工程技术四十年》的编辑出版，是我国水运工程建设史上的一件大事，对我国水运工程建设的发展产生了深远的影响和推动作用。

当选中国工程院院士

1995 年，刘济舟自 1947 年大学毕业从事水运工程建设，已历经 48 年。1955 年调到交通部机关，长期主管援外工程项目，新技术开发、设计审查与标准定额工作。期间多次参与国外工程项目，先后组织或主持了在越南、缅甸、马耳他、毛里塔尼亚等国建造的码头、船台和船坞等工程项目。在援越工程中，荣获了越南二级劳动勋章和交通部援外人员特等奖。他在工程技术方面的主要成就和贡献可归纳为以下几方面。

（1）三个"第一"。

1954—1955 年，参加厦门海堤堤身设计工作。海堤堤长 2212 米，宽 19 米，设计波高 4 米。主要负责海堤工程的现场施工，主持了新中国第一座沉箱的建设。在厦门海堤工程中，首次采用了爆炸夯实抛石基床。

1957—1958 年，主持领导码头工程第一次预应力钢筋混凝土试制，板、梁、桩，并得到了大规模应用。

（2）在援外工程中做出了突出贡献。

1959—1964 年，他组织领导了援越南海防造船厂 1000 吨滑道工程、

1000 吨级造船台工程以及 5000 吨修船码头工程，并试制成功了电热后张预应力钢筋混凝土梁和后张预应力钢筋混凝土桩。

1966—1967 年，现场主持了援助缅甸锡当造纸厂码头加固工程，在工程中采用了沙滩预制沉箱，水下灌浆沉箱基床锚碇，气压沉放混凝土方块，水下钻孔灌注桩等方法，在当时都处于国内领先水平。

1968 年，领导主持抗美援越防城港，企沙船厂选址与设计方案。

而后，主管援马耳他 30 万吨船坞、援毛里塔尼亚友谊港建设和马耳他马尔萨什洛克港防波堤建设。解决了马耳他干船坞石灰岩喀斯特地区严重漏水和无砂拌制混凝土，毛里塔尼亚友谊港沿岸输沙影响港口淤积、无石料拌制混凝土和海岸防护以及马耳他马尔萨什洛克港深水防波堤建设问题。

（3）现场主持重点工程，以点带面带动全国水运工程建设技术发展。

1980—1988 年，主持领导了日照港一期工程 10 万吨级煤码头的设计、施工和工程管理工作。在工程中采用了开敞式设计方案和 3000 吨沉箱座底浮坞下水新工艺，并解决了工程中 2000 吨级沉箱 60 千米的拖航，182 米跨度钢桁架远距离的托运、500 吨起重船大型构件的吊装，多索后张预应力钢筋混凝土梁的制造和钢梁热喷涂铝防护等技术问题。为该工程节约大量投资，取得了重大的经济效益。

1988—1989 年，主持协调了秦皇岛煤码头三期工程的设备制造、安装和调试工作，使工作得以顺利进行。

（4）领导编写标准规范和科技攻关。

1972—1988 年，组织领导编写《港口工程技术规范》和《水运工程概预算定额》，使我国的港口技术规范和水运工程概预算定额形成了一个较完整的体系，对指导和规范我国港口建设及控制水运建设投资起到了重要的作用。在港口工程结构设计规范向可靠度设计方法的转轨中，起到了关键推动作用。

组织领导交通部"六五"科技攻关"真空预压软基加固""预应力大管桩"；"七五"科技攻关"粉煤灰地基加固""爆炸法施工"与技术推广。这些均取得重大成果，已被广泛推广，取得了良好的经济效益和社会效益。

（5）组织编写《水运工程技术四十年》。

1992—1994年，主持领导编写120万字著作《水运工程技术四十年》，负责总结纲要编制，全部稿件的审查、修改、补充和编辑，编写部分篇章的综述文章，为我国水运工程建设技术发展提供了重要指导。

（6）重大技术决策。

在重大工程技术决策方面，刘济舟起到了关键作用。比如长江口深水航道整治工程项目，参与了该项目的咨询、试验论证、项目审查与施工建设等工作。

图9-4 刘济舟当选中国工程院院士的通知

基于刘济舟的杰出贡献和突出成就，1990年他被批准为享受政府特殊津贴的专家。1994年6月获准退休（年68岁）后，刘济舟辞退了一切行政职务，但仍然从事着大量技术咨询工作。1995年，刘济舟当选为中国工程院院士。

交通部终身技术顾问

1995年7月12日，刘济舟被聘为交通部终身技术顾问。负责重大水运工程建设中关键问题的把关，为交通部决策提供技术支持。

创干船坞施工新工艺

1995年以前，国内的干船坞都采用传统的干法施工，直到大连中远船坞工程有限公司的 6 万吨级干船坞工程，才首次出现了"湿法"施工工艺。该工程于 1994 年 12 月 13 日开工，1997 年 9 月 26 日竣工，试用一年，进坞修船 60 余艘，于 1998 年 12 月 29 日经中国远洋运输（集团）总公司验收，评定为优质工程。船坞长 240 米、宽 40 米、深 11.8 米，可供 6 万 DWT 船舶坞修作业。

早在 20 世纪 60 年代初期，交通部曾组织船坞选址的调查。在大连湾棉花岛附近海岸勘察时，发现该地区地质构造十分复杂，限于当时技术条件及施工装备水平等因素，认为该处不宜建造船坞。1992 年，基于市场经济形势发展的需要，大连中远船务工程有限公司为投资建设修船工业基地，重新选择在大连湾棉花岛东侧兴建大连中远港口船坞基地。

在"大连益远港口船坞基地可行性研究报告"中推荐的船坞建设方案采取的是干施工方式：即修建围堰，堰内排水后开挖基坑，坞室结构采用现浇扶壁方案。进一步的地质调查发现，这里的地质条件太复杂了，基岩面较高，上覆淤泥质土层，且基岩裂隙发育、透水性强，不适合采用常规先做围堰的干施工建坞方式。

1993 年 2 月，刘济舟被聘为中远大连益远港口船坞公司技术顾问。在工程设计及施工过程中，刘济舟与设计、施工单位一起研究探讨了从结构设计方案到施工工艺的大量技术课题。

在 7 月召开的工程初步设计讨论会上，刘济舟讲了以往的一次工程教训：某个船台工程采用干施工方案，但基坑开挖前排水时却怎么也抽不干。后来在地基中灌注了大量水泥浆止水堵漏，工程才得以顺利开展。因此，针对棉花岛的地质条件，他建议益远船坞采用湿法施工方案。

进入初步设计阶段后，设计单位认真吸纳了刘济舟的建议，按照湿法施工的原则修改了设计方案。基本做法是：先在工程水域清淤、爆破，开挖基槽，抛填坞室底板和坞壁沉箱结构下的块石，安装坞壁沉箱及坞口作为临时围堰的沉箱（这些沉箱拆除后，将作为坞外防波堤工程的主体结构）并完成纵横接缝的止水，在坞室底板下的块石间隙中水上施工压力灌浆，实现底板防渗，坞坑抽水，坞内干施工钢筋混凝土底板，拆除坞口作临时围堰用的沉箱，安装坞门，完成船坞工程。

按照湿法施工的要求，底板下要先做 5 米厚的升浆混凝土，以承受抽水后巨大的扬压力。为了增大升浆混凝土的抗浮重量，刘济舟提出采用容重更大的废金属矿石代替块石。这样，在同样满足抗浮稳定性的条件下，可以减小升浆混凝土的厚度，自然就减少了基岩炸礁量，可有效缩短工期、降低造价。经过对大连周边废铁矿石源及价格的调研和陆上模拟升浆试验，刘济舟关于采用废铁矿石的建议顺利地被设计单位采纳。

这种采用预填骨料再升浆形成底板的底层，施工期抽水后再浇注钢筋混凝土底板面层的施工方法，希腊和日本曾各有一例，且在施工过程中均发生过漏水事故，国内则属首次。根据刘济舟的建议，在工程正式施工前，进行了系统的"预填骨料升浆混凝土专题试验研究"。包括矿石产源调查与矿石物理力学性能试验、砂浆和重混凝土室内试验及预填骨料升浆混凝土的系列模拟实验[1] 等，取得了有关预填骨料升浆混凝土现实可行的技术指标以及施工工艺参数等，参考希腊、日本的施工经验和有关规范，制定了本工程的技术标准。经建设、设计、施工单位及有关专家讨论定案后，提交建设单位批准，在施工中实施。

益远船坞工程由于采用了湿法施工工艺，省去了施工期长、费用昂贵的围堰工程，避免了处理围堰止水、严重渗漏等复杂的问题，节省了工程投资 2400 万元，缩短工期 1 年以上。该工艺分别于 1999 年和 2001 年荣获中港集团科技进步奖二等奖和天津市科技进步奖三等奖。

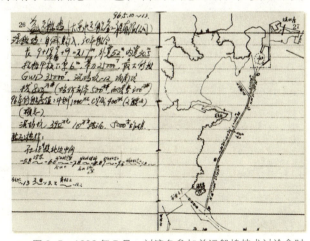

图 9-5　1996 年 5 月，刘济舟参加益远船坞技术讨论会时的手稿

① 中港第一航务工程局：大连中远 6 万吨级船坞湿法施工新工艺的研究与实践。《中国港湾建设》，2000 年 10 月，第 18–22 页。

对三峡工程的建议

作为交通部专家委员会委员，刘济舟在三峡工程中对有关问题进行技术把关。他收集了有关三峡论证和技术方面的大量资料，关注长江航运的发展和三峡工程过船建筑物的建设，多次参加交通部专家委员会的三峡专题会议，提出重要建议。

1993年4月20—22日，参加了三峡工程航运工作会议。会上由交通部梁应辰院士对初步设计有关内容进行了介绍，刘济舟对升船机口门航行条件研究、船模研究等提出了具体建议。

1996年3月5—8日，参加交通部专家委员会会议，讨论了三峡通航建筑物布置方案、施工通航和下游航道演变及整治问题，提出三峡工程三大任务：防洪、发电和通航应同等对待；三峡的通航标准、灌泄水条件和淤积条件是影响通航的控制条件；提出了泥沙治理"排、防、导、冲、

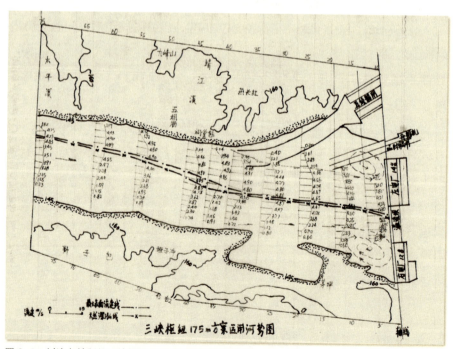

图 9-6　刘济舟绘制的三峡枢纽 175 米方案运用河势图

挖"的五项措施。

1997 年 9 月 13—20 日，刘济舟参加《长江三峡工程库区航运规划报告》和《长江三峡工程库区水运设施淹没复建规划报告》审查会议，任综合组组长。对航运规划的思路、目标和格局提出了意见。

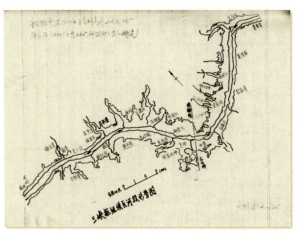

图 9-7　刘济舟绘制的三峡枢纽坝区河段形势图

指导江阴大桥建设

江阴长江公路大桥位于江苏省江阴市黄田港以东的西山与江苏省靖江市十圩村之间，是中国两纵两横公路中黑龙江同江至海南三亚的国道主干线和北京至上海国道主干线的跨江咽喉工程。江阴大桥桥型采用主跨为1385 米的悬索桥。是我国第一座跨径超越千米的特大型钢箱梁悬索桥，大桥于 1994 年开工建设，1999 年 10 月建成通车。

1995 年 8 月 29 日，刘济舟参加江阴大桥 A 标段技术研讨会，对沉井制作和施工工艺提出了建议。次日，被大桥承建单位中交第二航务工程局聘请为技术顾问。1996 年 2 月 13 日，刘济舟又被聘为交通部江阴长江大桥技术顾问，多次对工程关键技术问题提出重要建议。江阴大桥由港航专业施工队伍中交第二航务工程局承建，它是该队承建的第一座具有真正意义的桥梁工程。当时由于技术条件差、缺少专业施工设备，工程建设举步维艰。

"中国桥梁不是一步登天。"中交第二航务工程局副总经理杨志德回忆起江阴大桥建设时不由得眼角又泛起了泪花。他说，当时已年过七旬的刘济舟在石棉瓦工棚里一住就是一个月，还屡屡爬上百米高塔，"我那时才四十多岁，刘院士每次告别时总紧紧握着我的手说'拜托你了，老杨！'"

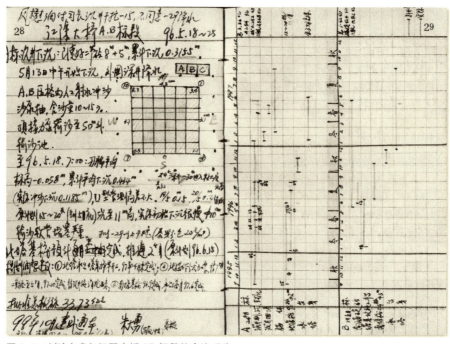

图9-8　刘济舟参加江阴大桥 AB 标段的会议手稿

建第一座桥是"摸着石头过河"，问题和挑战一个接一个。在工程接近尾声时，由于主塔混凝土密度不均匀，存在一些安全隐患。想到刘济舟"百年大计，质量第一"的叮嘱，杨志德没有"睁一只眼闭一只眼"，应付竣工了事，而是决定在200多米高塔上彻底清除存在隐患部位。花了20天时间，他和100多个工人硬是用凿子一点点把已经浇筑好的混凝土凿掉，重新浇筑。

图9-9　建设中的江阴大桥

"桥梁不能留有隐患，我不能让活着的每一天都在想这件事。"杨志德说。

刘济舟在江阴大桥建设中给予了中交二航局很多技术上的指导。1997年12月，刘济舟第6次来到大桥工地，检查施工质量，处理沉井故障，指导工程进展。正赶上当时连绵雨天，道路泥泞，攀缘不便。他不顾年迈体弱，冒雨登上三十几米高的锚碇顶端，现场解决技术问题。在巍峨巨大的锚碇沉井前，刘济舟反复叮嘱："百年大计，质量第一。"

这是一直从事水运工程的刘济舟作为专家顾问指导

图 9-10　刘济舟在百米高的塔顶上检查施工

桥梁领域解决关键技术问题的典型事例。凭借多年的工程建设经验，除了在技术上做到融会贯通外，刘济舟心中一直不变的原则就是要对国家、对人民高度负责。

关心洋山深水港建设

洋山深水港区位于杭州湾口外的浙江省嵊泗崎岖列岛，由大、小洋山等数十个岛屿组成，是中国首个在小岛上建设的港口。由于洋山深水港的建成，2010 年，上海完成集装箱吞吐量 2907 万箱，首次超越新加坡成为全球最繁忙的集装箱港口。从 1996 年 5 月洋山深水港正式开展选址论证，到 2002 年 6 月开工建设，历时 6 年多。在洋山港的建设过程中，刘济舟分别在前期研究和结构方案等方面给出了建议。

2001 年 10 月 26 日，刘济舟参加"洋山深水港区一期工程初步设计阶段勘察技术要求专家咨询会"，强调按规范要求详细提出勘察目的，钻孔布置、勘察技术要求和成果整理要求，为初步设计和施工图设计做好技术准备。

2002 年 3 月 26 日，在"洋山深水港海洋水文气象站布局实施方案可行性研究报告评审会"上，刘济舟对大观音山气象台、西口海洋观察站、东口海洋观察站的观察内容和目的，提出了具体建议意见。针对测站位于孤岛的特点，建议尽量采用遥控、遥测手段，减少人工观测和给养供给费用。

同日，他还参加了"洋山深水港区一期工程初步设计平面布置方案专家咨询会”，从为洋山港实施创造有利条件的角度，对小洋山方案和小洋山—镬盖塘方案提出了比选意见，并要求结合整个小洋山港区的实施，对 3000 米岸线进行全面的方案论证，对各汊道封堵对流态的影响进行深入研究。接着，刘济舟主持了“洋山深水港区一期工程码头结构设计应征方案专家评选会”。会上确定了方案评选的原则，并评选出提出相对优秀合理的高桩码头斜顶板桩承台方案。这一结构型式在洋山港区得到成功应用。

2003 年 5 月 16 日，刘济舟在“洋山深水港区一期工程水工码头钢管桩防腐处理专家评议会”上做了书面发言，对钢管桩采用牺牲阳极—阴极保护的具体布置提出了建议意见。

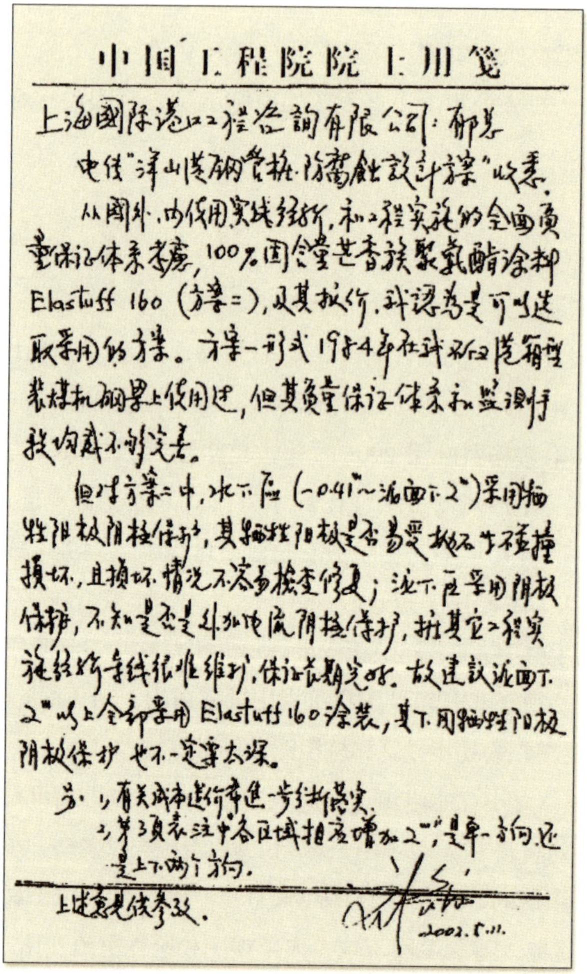
中国工程院院士用笺

上海国际港口工程咨询有限公司：郁总

电传“洋山港钢管桩防腐蚀设计方案”收悉。

从国外、内使用实践经验，和工程实施的全面质量保证体系考虑，100%固含量芳香族聚氨酯涂料 Elastuff 160（方案二），及其技术，我认为是可以选取采用的方案。方案一形式 1984 年在我国日港箱型装卸机钢梁上使用过，但其质量保证体系和监测手段均感不够完善。

但对方案二中，水下区（-0.41m～泥面下2m）采用牺牲阳极阴极保护，其牺牲阳极是否易受船舶等碰撞损坏，且损坏情况不容易检查修复；泥下区采用阴极保护，不知是否是外加电流阴极保护，按其它工程实施经验导线很难维护，保证长期完好。故建议泥面下 2m 以上全部采用 Elastuff 160 涂装，其下用牺牲阳极阴极保护也不一定要太深。

另：1）有关成本造价希进一步分析落实。
2）第 3 页表注中各区域相应增加 2m，是单一方向还是上下两个方向。

上述意见供参考。

刘济舟
2003.5.11.

图 9–11 刘济舟对洋山港钢管桩防腐设计方案的建议

洋山深水港于 2005 年 12 月 10 日建成，刘济舟为洋山一期专家评议意见书汇编做了题词：“运用现代化科技咨询方法和手段，把洋山港建设成为世界一流的深水大港”。

为总结洋山港工程建设中的宝贵经验，建设单位汇编了《上海国际航运中心洋山深水港区一期工程论文集》，刘济舟欣然作序：“洋山深水港工程是我国在外海岛屿上建成的最大

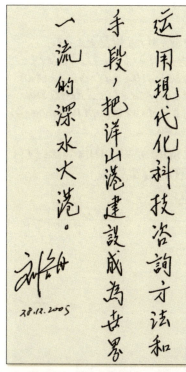

图9-12　刘济舟在洋山一期专家
评议书中的题词

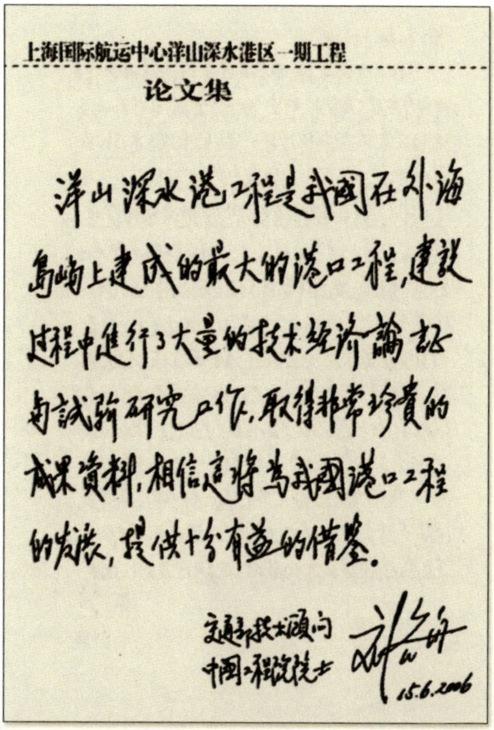

图9-13　刘济舟为洋山一期论文集作序

的港口工程，建设过程中进行了大量的技术经济论证与试验研究工作，取得非常珍贵的成果资料，相信这将为我国港口工程的发展，提供十分有益的借鉴。"

在后续西港区导流堤建设过程中，刘济舟也提出了重要建议。2009年7月和9月，上海国际港口工程咨询有限公司相继组织召开了"小洋山西港区3号堤及西侧导流堤方案设计专家评议会"和"西港区3号堤及西侧导流堤（导流段）施工图设计专家评议会"。刘济舟因身体关系未能参加会议，但在阅读了会议资料后仍认真提出了书面意见，主要有：针对舟山地区外海涌浪情况，强调对西侧导流堤的工程质量要求不能放松，7吨块体重量只能大不能小；斜坡堤需设置大型压脚块体；3号导流堤外侧采用潜短丁坝护底；异型块体可规则安放；波能集中处应增大块体重量等重要的建议。

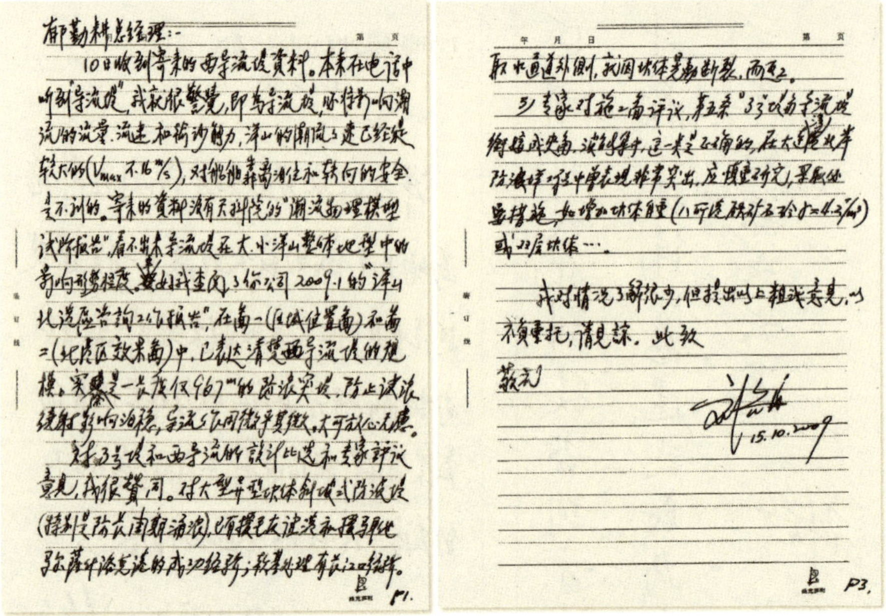

图 9-14　2009 年，刘济舟就洋山港西港区导流堤设计写给郁勤耕的信（部分）

剖析建港新问题

探索综合防腐技术

如何提高钢筋混凝土结构的工程质量与使用寿命，一直是工程界努力探索，但至今尚未圆满解决的技术课题。刘济舟在 1996 年 8 月发表了《努力提高水运工程钢筋混凝土结构的使用寿命》[1]一文，强调了提高钢筋混凝土结构耐久性、保证使用年限的必要性，指出应从整体技术经济效益和百年大计的角度，研究综合防腐蚀技术措施。

我国 20 世纪 50 年代初即开始研究改进混凝土抗冻融的耐久性问题。50 年代末研究推广预应力工艺，以解决钢筋混凝土裂缝问题。但是钢筋

---

[1]　刘济舟：努力提高水运工程钢筋混凝土结构的使用寿命。《水运工程》，1999 年第 8 期，第 8-9 页。

混凝土结构的钢筋锈蚀、混凝土保护层胀裂脱落，造成整体结构破坏等，一直是严重影响工程使用寿命的病患。交通部先后多次组织对全国水运工程的钢筋混凝土结构进行的普查和调研表明，使用时间最长的不过 30 年，最短的只有 7 年，多数在 10—15 年即出现裂缝。新中国建立初期最早建设的湛江港高桩码头，不足 20 年即已被迫限制使用荷载，火车机车不准上码头。不足 30 年即已全部拆除重建；曾经是质量控制比较严格的宁波北仑矿石码头，10 余年后剪刀撑和梁板已相继出现裂缝，数次进行了修补。

虽然施工质量不尽完善是十分重要的原因，但超载、振动、冲撞和自然因素的干湿交替、盐雾聚集、温差变化，造成孔隙裂缝，加速氯离子入侵，促使钢筋锈蚀和混凝土保护层胀裂脱落，也是不容忽视的客观因素。

钢筋混凝土结构耐久性差的问题严重影响了港务局等使用单位的生产经营与经济效益，也成为建设者们久积心头的一大遗憾。

总结经验教训，交通部组织编制了有关技术规范，以期改进结构设计、施工工艺与技术标准，使工程质量显著提高。但根据已建工程的实际情况，能否保证 50 年以上的使用寿命，仍把握性不大。

20 世纪 60 年代中期刘济舟在参加援越工程时，曾接触到苏联援建海防港板桩码头中采用镀锌钢筋的事例。但他感到成本过高，不符合我国国情，难以推广使用。70 年代开展过混凝土表面防腐蚀涂料的研究，并在多项工程中使用。实践表明，有效期一般 8—10 年，且再次涂装时，清理与操作均较困难；更重要的是发现已做了表面涂层的梁板出现裂缝后，钢筋会很快锈蚀。80 年代引进了钢筋混凝土结构外加电流阴极防腐技术，开展了湛江港高桩梁板油码头修复工程试验。后来，由于导电砂浆与导电塑料网技术长期未能获得切实可靠的解决，且使用管理不便，难以保证正常运行而中止研究。在上述诸多经验的基础上，在制定国家标准《港口工程结构可靠度设计统一标准》（GB50158-92）时，经过反复审慎研究，取得共识，将设计基准期定为 50 年。并在条文中明确"当结构出现影响耐久性能的局部损坏（包括裂缝），即认为超过了正常使用或耐久性能极限状态"。标准表明了采用各种有效的技术措施，力争保证水运工程钢筋混凝土结构的使用寿命达到 50 年以上的决心。

20 世纪 70 年代，环氧树脂涂层钢筋已在国际上推广采用，我国也早在中东承建工程中使用过。建设部 1997 年初已颁布建筑行业标准《环氧树脂涂层钢筋》，并在北京西客站做了试验性施工。

1997 年初，通过中国建筑科学研究院介绍，刘济舟从港资汕尾宏利厂了解到国外有关环氧树脂涂层钢筋的技术标准、大量的工程实践经验和研究成果。他借《水运工程》编委年会之机，请美国专家介绍了经验。又多次考查检验汕尾宏利厂的质量保证体系和产品质量。之后，在汕头 LPG 码头工程中作了局部试用。后来，为保证马迹山矿石码头工程的耐久性，宝钢也决定采用了这种产品。对这项技术，刘济舟主要关心两个问题：一是长途倒载运输、仓储、钢筋加工、绑扎和混凝土浇筑中能否保证环氧涂层的完好无损；二是对工程造价的影响程度。参考国外资料，结合我国实际，刘济舟组织编制了适合于水运工程的设计准则和施工操作规程。还针对运输方式和施工操作进行了典型试验，对规程做了改进和完善，使之基本做到了涂层完好，喷涂成本与运输费用有所降低。

同期，刘济舟还领导水运工程行业开展了掺加微硅粉的高性能混凝土的试验研究。研究表明，在混凝土中适量掺加微硅粉，可显著提高混凝土的强度、密实性与抗渗性能，可以有效地延缓及阻止氯离子的侵入，也是一项很有前途的提高钢筋混凝土结构使用寿命的技术措施。国外对重要的基础工程要求具有长达 100 年的使用寿命，工程中往往同时采用多种防腐蚀技术措施。刘济舟指出，"从整体技术经济效益和'百年大计'的指导方针上看，是值得我们借鉴的。"

针对提高水工建筑物耐久性，延长结构使用年限问题，刘济舟建议在"九五"国家重点科技攻关计划"深水枢纽港建设关键技术及示范工程"中列入"港口水工建筑物耐久性研究"研究课题，重点研究海工高性能混凝土、钢筋混凝土电化学脱盐防腐保护，并通过调查研究码头结构破坏情况，研究氯离子在混凝土中的渗透规律以及混凝土表面涂层等技术。攻关项目通过对这一课题的研究，使水工建筑物的耐久性有了明显改善。

"九五"总结与展望

新中国成立以来我国港口建设起初多是在原有老港区范围内进行，20世纪 80 年代大多数港区内泊位建设已近饱和，加之港口带动了城市发展，城市发展紧逼港区，陆域十分狭窄，港口发展受到严重制约。随着国民经济的发展，很多地区和工业部门需要建设新的港口。近 20 年来全国范围内开展了大量新港区的调研、勘测、设计和施工。至"九五"末，已有近20 个新港址和新港区达到了一定规模，新港区的容量一般均较大，可满足数十年甚至上百年持续发展建设的需要。随着国际航运事业的发展和我国对外贸易的迅速增长，为接纳大型远洋油船、散货船和集装箱船靠泊，需要建设大型的深水泊位，开挖深水航道。为此，从 20 世纪 80 年代开始陆续开展了深水筑港技术研究，包括海洋地质、地貌、大型码头结构和高效装卸工艺、河口航道整治、疏浚技术、软基处理和水下施工技术以及高耐久性钢筋混凝土与新材料的研究。

2001 年 2 月，根据科技部的统一安排，委托中国土木工程学会负责组织"九五"期间土木工程科学技术重大进展的研究项目。组织所属专业分会及资深专家分析讨论并编写出包括：桥梁工程、高层及大跨度结构工程、隧道与地下工程、岩土工程、港口工程等 10 类重大研究成果的《"九五"期间土木工程科学技术重大进展》一文。2001 年 5 月在科技部召开的新闻发布会上公布[1]。

刘济舟针对港口工程，发表了《"九五"期间我国港口工程的科技发展》[2]一文，系统介绍了"九五"期间我国在港口建设、深水航道开发、科技理论等方面取得的成绩及存在的问题。

刘济舟将"九五"期间我国港口工程科技发展的重大成果归纳为六大方面。分别是：成功地选定与建成大批新港区和新港址；深水航道开发；

---

① 中国土木工程学会：《中国土木工程学会史》。上海：上海交通大学出版社，2013 年，第72 页。

② 刘济舟："九五"期间我国港口工程的科技发展。《水运工程》，2001 年 10 月，第 5—9 页。

大型深水泊位建成；提高港口水工建筑物使用寿命；新型水工建筑结构的研究与使用；大型、新型船坞建设。在科技理论和关键技术创新方面取得的重大进展有：河口拦门沙深水航道治理技术；大型泊位装卸工艺技术的发展；提高港口水工建筑物使用寿命技术；港口水工建筑物设计与施工技术创新等。刘济舟还总结了引进技术的改进与创新，进行了国内外对比分析，并指出了存在的主要问题。

现将刘济舟对"九五"期间我国港口工程科技发展总结的主要内容节选如下：

（1）在短短的20年，一个国家进行了这样大规模的新港址和新港区的选定兴建，数量之多，规模之大，技术经济条件的错综复杂，需要解决的重大关键技术问题之多，在国际上是鲜有的，这是新中国成立50余年来港口工程技术研究工作成果的总体现。

（2）大型泊位装卸工艺技术的引进，使我国港口装卸工艺技术水平、规模、效率、质量均有很大的提高与改观，效益显著。但与国际先进水平仍有一定差距，如管理水平不高，效率尚低，人员配置多，环保水平高低不齐等。港机制造业需发展，人员素质有待提高。

（3）为提高港口水工建筑物使用寿命，我们结合国情开发了大掺量磨细水淬矿渣高性能混凝土，并在少数工程使用环氧涂层钢筋，试验检测效果可满足要求。有待进一步总结，编入规范，以利推广。我国硅资源丰富，但微硅粉加工工艺与产业化生产尚未解决；环氧涂层钢筋加工工艺与涂料技术并不复杂，我国自行研制开发不难，需产业化以利推广使用。

（4）我国创新开发的大型河口深水航道整治建筑物结构和大型机械化水下施工专用船机，虽属引进，但有所改进，如半圆体计算理论与设计方法。我们创建的消浪、透流、轻型防护建筑物结构型式属国内外首创，其效果尚待今后进一步在使用中深入测试、检验。

（5）不用围堰水上建造大型船坞技术尚有进一步改进的可能，如借鉴中港第一航务工程局二公司小型船坞使用的坞体分段预制浮箱，水上拼接新工艺；水下升浆重骨料混凝土技术可改用增塑剂水下不离析砂浆，代替高速砂浆搅拌；改用快易收口网代替坞分段灌筑使用的组装钢模，改善漏浆与施工缝强度。

（6）真空预压软基加固技术多年来大面积推广使用，并已跨行业用于公路、机场。爆炸振动滑移置换软基厚度已深达 12 米。这些方面在国际上均属领先。

（7）沉埋式薄壁圆筒结构是造价低、节省石料、耐久性好的岸壁结构型式，国外较早即有诸多使用先例，我们 10 年前即进行研究探索，曾试用真空加载静力下沉和孔内旋喷工艺，但下沉效率和质量均不理想。近日正与美商合作，拟用液压振动锤在一试验段工程中下沉直径 12 米，长 22 米，重 470 吨的钢筋混凝土薄壁圆筒，入土 15 米。

（8）海底管线单点系泊是造价最低，适应外海恶劣条件超大型油船装卸的工艺技术，国外早已推广使用。自 20 世纪 60 年代我国就曾多次想引进采用此项技术，均因未能取得生产使用单位共识而作罢，至今只有广东茂名石油在水东港北山岭购进二手货 25 万吨级单点使用。

（9）我国建筑用砂资源日渐匮乏，虽长途采运，仍很困难，而我国已知海河口、珠江口海底土层下 −14—−23 米即有大量细砂或中砂，日本和荷兰早已有海底深层抽砂技术，日本可深达 70 米，并已大量使用，成为主要砂源，上层土层坍陷后并副生港池航道浚深效应，我国虽已进行过海底砂源勘探与国外抽砂设备考查，诸多原因未能实施。

（10）"九五"期间 GPS 定位技术在港口工程中已广为使用，精度和自动化程度均已接近国际水平，但我们使用的都是美国卫星导航系统，可靠性堪虑，切盼我国的北斗导航系统早日建成使用。

结合多年的实践经验，刘济舟在该文中提出了三项"学术争鸣"的内容。

第一，港口的建设与发展，必须适应国民经济发展的需要。其规模的大小，综合性还是专业性，货种、货流与合理运输链的形成，不能受主观意识左右，而是市场经济发展的必然结果。比如对上海港曾想将其规模限于一亿吨以内，长江下游诸港分流，没有充分认识到上海港的不可替代性。事实上，2000 年已超过 2 亿吨。

第二，高桩梁板码头是最适于软土地基，造价最低，建设速度最快，在我国广为应用的码头结构型式，全国已有不下数百座。但梁板构件寿命低，一般只有 20—30 年，已发生多起码头严重损坏甚至坍垮实例；码头对荷载的变化非常敏感，稍有冲撞，构件即易产生裂缝，对装卸工艺的调正变更也很难适应，所以越来越不受欢迎，有的港甚至宁愿花更多的投资，也要建重力式码头。虽然由于当今软基加固技术的发展，在软弱地基上建重力式码头已没有困难；相对而言，重力式码头也确实是百年大计，但高桩梁板码头不可予以否定，我们应该在技术上予以改进、提高完善，使它仍不失为良好的码头结构型式。高桩梁板的最佳模式是长桩大跨，直径达 1.2 米、长几十米、承重能力近千吨的长桩我们早已实现了，但排距跨度始终维持在 7—10 米，个别轻载的也不过 12 米。问题是 40 余年来梁板上部结构没有改变粗钢筋单向先张预应力叠合式结构，技术上没有改进和突破；钢筋混凝土材质墨守老一套，加之施工质量不高，使建筑物耐久性低下。如果合理地提高安全储备，采用高强钢材多向后张预应力结构型式，以及提高建筑物使用寿命（耐久性）等有效措施，实现长桩大跨、高质量、低造价的高桩梁板码头新结构决不比重力式结构逊色。

第三，港口水工建筑物提高耐久性、延长使用寿命的技术研究，几十年来几乎成为我们永恒的科研课题。但攻关课题研究中也常有一种排他倾向，似乎创新一项技术可以代替其他，自身完美无缺，可以全面解决提高耐久性和延长使用寿命问题。我们的实践证明是不可能的，也是不应该的。研究国外的技术论点和多次考查交流的成果，已有如下共识："港口水工建筑物的使用寿命影响因素是多方面的，必须全面考虑，采取综合措施，才能奏效"。由于各种提高耐久性新技术的采用，港口水工建筑物的造价可能会有一定增加。

刘济舟从行业和市场角度提出了水运工程进一步发展的建议。他指出，我国国民经济的高速发展有目共睹，但深水高效的泊位建设还未满足实际需要，与国际水平差距仍很大，深水航道的建设还仅仅是开始。迫切需要加大建设投入力度，特别是长江口深水航道治理一期工程已完成，但其技术状况和工程设施的功能均属暂时过渡性的，尚不完整，切盼二期、三期工程尽早陆续实施，巩固一期成果，早日建成 10—12 米深水航道。

港口工程中的防波堤、航道、码头、铁路、公路均属基础设施，投资大，但宏观经济效益和社会效益显著。国外多数国家对这类工程建设采取不同程度的资助政策，而我国至今采用全部贷款建设，需要还本付息，使各港负债累累，缺少投资建设的积极性。一些人认为，不建设、不增加吞吐能力、不增加负债、维持现状，进行正常生产，保持一定的利润更为可取。即使发生港口堵塞，对港口并没有影响，受害的是社会和国家。刘济舟希望有关部门斟酌利弊，对这一现状予以改革。

对于若干新建筑材料的研制与生产工艺的开发，刘济舟认为，产品是大有市场和利润的，只是缺乏相互沟通的渠道，致使长期拖延，不得发展，需要相关行业的支持。他呼吁与相关行业加强沟通，这对社会各行业和国家都是有益的。

强调装卸工艺与管理创新

改革开放以来，港口装卸工艺与管理的发展与改进很快，码头的装卸效率和整体吞吐能力大大增加，但码头水工建筑物并没有相应地同比增加。20 世纪七八十年代，集装箱码头单泊位年吞吐能力始终没有突破过 10 万标准箱，而当时国外已达到 40 万标准箱左右。通过调研，对比差距，装卸机械效率是主要原因之一。通过摸索改进，到 2005 年左右，上海港外高桥已达 86.2 万标准箱，盐田港已达 100 万标准箱。实践证明上述经验总结是完全正确的。如今同样规模的一个泊位的能力可以顶过去的 7—10 个[1]。

我国水运货运量中散货所占比例很大，其中煤炭为首，矿石第二。煤运中几十年来，几任总理亲自过问的煤炭中混掺杂物问题一直得不到很好解决。煤矸石掺量有的高达 10% 以上。掺杂的枕木、坑木、钢丝绳、道钉及零件众多，经过多道工人和磁力检出工序，仍难以做到彻底清除，易造成机械损坏事故，且增加了不必要的大量废渣处置和运力、能源消耗。运

---

[1] 刘济舟：装卸工艺与管理是港口工程的龙头。参见：《港口工程分会技术交流论文集》，2005 年 10 月，第 107-108 页。

一亿吨煤仅煤矸石就造成百万吨的浪费，经济损失上亿元。再者煤炭含水量难以合理控制，居高不下，有的高出一倍以上。这一项也浪费车船运力几十万吨之大，年煤炭亏损量巨大。上述两个问题在改革开放后，由于市场竞争机制的促进，均已大为改善。我国的煤炭作业区规模都很大，占地面积大；工艺型式千篇一律，机械设施众多，煤炭要经提升—落下—堆取、存储—再提升—落下，反复十余次，才运抵装船；运转环节多，除尘装置必然也多。国外煤港堆场很少有像我国这样庞大的，工艺设备也较简单，但效率很高，相比之下其电力消耗远低于我国。究其原因，我国煤港由于车、船调度衔接不协调，到港煤炭几乎百分之百必须进入堆场堆存，车船直取量几乎等于零，其后果是在一定程度上使煤价上升，加上倒运费，运到用户已高达每吨二三百元。当今信息技术高度发达，建议我国能实现煤炭产、运、销物流全系统统一精密协调调度，保证用户需要，尽可能使船待车，车待煤，加大车船直取量，减少中途堆存倒运。这样，设备量、堆场规模、能耗和煤价均可降低，单位泊位的吞吐能力将大大提高。

同样，矿石运输减少中途转运环节和堆存，对降低矿石储运费和钢铁产品成本也是十分必要的。宝钢矿石的运输将由于长江口整治后水深加大，10万吨矿石船可乘潮进江直达宝钢原料码头，不需中途减载和倒载，经济效益显著。

澳大利亚塔斯马尼亚美资矿浆采用管道运输，管道约200千米。我国曾试验桶装水煤浆长途运输成功，日照港在杂货码头增设一条水煤浆管线，供应日本火力发电厂，直接喷射入炉燃烧。刘济舟提出，今后我国如能在经济合理的条件下，实现煤、矿浆化运输，不但装卸设施大大简化，环保条件大为改观；如能再结合单点系泊，则煤、矿码头水工建筑物将不再成为必需。

关于油品装卸泊位采用单点浮筒工艺问题，虽然国外已有大量使用的工程实例，但我国除水东港和海上油田曾有少数几个实例外，水运部门总感到不如使用油码头放心，管理维修也方便，甚至对水下油管也有同感，几十年来一直不愿采用。这种经济、简便的工艺方案，成功使用的实例只有广西防城港的2000吨级海底油管浮码头，以及援建阿尔巴尼亚发罗拉港海底油管接软管成品油码头。

基于上述事实，刘济舟强调，港口的发展必须紧紧抓住装卸工艺与管理这个龙头，不断研究创新，跻身国内外先进水平。

关注水运监理制度

由于国家对基础设施建设的重视，历届领导都很关注水运工程质量。这给水运工程的质量控制营造了很好的外在环境①。

水运工程对质量控制的要求很高。因为水运工程大多是海上作业，结构经常受海水中氯离子的侵蚀，而且冬天还有冰冻的影响。在计划经济时代，水运工程质量主要是依靠施工单位自检，现在每年都要进行的年检就是从那个时候流传下来的。但是，施工单位既是运动员又是裁判员，这种体制的弊端直接影响了工程质量。

刘济舟是在援外工程建设中开始接触工程监理的。他们的工程全寿命理念给刘济舟留下了深刻的印象，他们对工程的目标使用年限理念也让其感触颇深。刘济舟在国外从事援外工程十几年，使他较早地了解了FIDIC（国际咨询工程师联合会，法文全称为：Fédération Internationale Des Ingénieurs Conseils）。

1987 年，我国开始在高速公路项目上推行工程监理制，水运工程也随之实行了工程监理制。

为了确保工程质量，刘济舟强调，监理最主要的工作还是要把本职本岗工作做到位，不放过每一个施工环节，真正起到"质量卫士"的作用。监理人员要不断提高自身素质，加强专业知识的学习，不仅要懂施工、设计、咨询等专业知识，还要懂管理、法律、合同、外语等方面的知识。随着社会的发展和行业的需要，监理要想有所作为，必须要把自己打造成复合型人才，只有这样，才能在市场竞争中立于不败之地。

---

① 刘济舟：水运工程更需要监理。《中国交通建设监理》，2007 年第 10 期，第 27-28 页。

对防灾减灾的思考

2008 年 6 月，汶川大地震发生一个月后，《综合运输》期刊记者张菁拜访了刘济舟①。因为身体状况，年过八旬的他已经不再担任交通运输部的具体职务，但是对我国交通建设的发展却仍然牵念。汶川地震发生后，刘济舟关注新闻报道，翻阅杂志书籍，对抗震救灾以及灾后重建要注意的问题有着自己的思考。采访过程中，刘济舟拿出杂志给张菁介绍美国为提高管道运输抗震性能所采取的措施，在杂志上有他仔细划出的可供借鉴的段落和字句，其认真严谨的治学态度由此可见一斑。

张菁问道，这次四川汶川特大地震对灾区的基础设施造成了严重破坏，交通一度阻断。在未来的灾后重建过程中，交通运输规划要注意哪些问题？对于灾后重建，您有哪些意见或建议？刘济舟认为：

灾后恢复重建，交通等基础设施建设要先行，这既是重建灾区基础设施的迫切需要，也是整个重建工作的前提和基础。从更大的范围来看，审核全国抗震烈度的区域划分，在某些区域应该适当提高抗震烈度，在强震区域应重新研究和确定设防标准。对于处在板块断裂带的城镇，尤其是公共设施如学校、医院等场所，应提高设防等级。此外，滑坡、泥石流、煤气管线爆炸、地下水管爆裂、溃坝等也都属于土木工程灾害的范畴。减轻这种灾害的主要手段和手法是科学的土木工程方法，即注意对工程进行正确的选址、设计、施工、加固、维护和保养等。汶川地震不仅导致交通阻断，还出现供水、通信、电力的中断。今后在进行输水管、输气管和输油管线设计时也应充分考虑其抗震性能。最近我注意到一些报道，通过用柔性材料接头以及敏感可调阀等的支撑结构，可以提高管道的抗震性能，其中介绍了美国在地

---

① 张菁：以质量和创新支撑推动水运工程发展——中国工程院院士刘济舟先生访谈录。《综合运输》，2008 年第 10 期，第 78—81 页。

震多发区把管道架设在形状如"Z"型的轨道支架上，这样，管道便能在断层错动的过程中承受拉伸力，这些都是我们在重建中可以借鉴的。汶川地震让我们警醒，给我们启示：要因地制宜地发展有助于土木工程抗震的经济有用的方法和技术；要重视居住环境的选择，尽量将居住地点选在安全的地带和地段上，适当避开活动的断层及容易发生地质灾害的恶劣环境；要重新审视和总结我国目前的防震减灾体制及思路，提高我国防震减灾工作的技术等级。

据统计，汶川大地震共造成24条高速公路、161条国省干线、6140座桥梁和156座隧道受损，其中桥梁损毁最为严重。对于近年来在跨海、跨江、跨河通道工程论证过程中出现的"桥隧之争"，作为业内专家，刘济舟发表了个人看法。他认为，我国水底隧道建设与桥梁建设比起来虽起步较晚，但却显示出强大的生命力和前景。他向记者主要介绍了沉管隧道。沉管隧道在技术、经济上有一定的先进性和合理性，特别是在维护航道交通，保护水环境和沿岸生态平衡等方面，更具有明显的优越性。它的优点还表现在：不侵占航道的净空及影响任何海湾和港口的航运；不受恶劣气候变化影响；具有很强的抵抗战争破坏的能力；在建设时能做到不拆迁或少拆迁；具有很大的超载能力；对生态环境干扰影响小等。欧美发达国家和日本均以桥隧并举的方式跨越江河、湖泊和海峡。其实无论是针对这次地震桥梁损毁情况或者是在今后的跨江、跨海通道工程建设中，要注意桥位是一种不可再生资源，不可能无休止地利用。必须慎重考虑，认真设计，必须和国民经济发展相适应。具体来讲，要考虑几个方面的问题：首先是建桥有无必要性和迫切性；其次是要充分考虑桥的建设标准，包括桥的宽度、结构形式等；第三，要立足当前，兼顾长远，同时要兼顾航运能力等方面，走可持续发展之路。

第十章
指导建设唐山港

　　唐山港地处渤海湾东北，背依京津冀地区，包括京唐港和曹妃甸港两大港区。刘济舟自 1989 年担任唐山市港口建设指挥部顾问，从规划、设计、施工等多方面指导了京唐港的建设，对京唐港区的建设和发展做出了重要贡献，见证了京唐港快速发展的全部历程。在刘济舟等同志的指导下，京唐港的建设创造了中国建港史上多个第一：中国第一个在粉沙质海岸建设的港口；中国第一座挖入式港口；世界上第一个采用地下连续墙板桩码头结构建设的港口。在曹妃甸港区建设中，刘济舟作为水运行业专家，全部参与了曹妃甸港区工程建设的各个阶段。在曹妃甸港区选址、1996 年港区初步总体规划、可行性研究到开工建设、投产，以及长远规划等方面为港区发展做出了重要贡献。

京唐港起步时期的艰苦岁月

　　1987 年 10 月 14 日，唐山市政府召开路港建设工作会议，决定成立港口建设指挥部，负责对王滩港（1988 年 11 月 15 日，更名为唐山港①）建设的组织领导，统筹安排港口建设的实施工作。12月1日，唐山市港口建设指挥部正式成立，王运城任港口建设指挥部总指挥，崔抚礼、马玉林任副指挥②。

当时，京唐港的建设面临很大困难。

首先是港口建设人才十分缺乏，指挥部领导也没有港口专业方面人才。"当时只有几个新招来的学生是学港口专业的"③。

其次，京唐港是中国第一个挖入式港口；第一个在粉沙质海岸建设的港口；是第一个采用地下连续墙板桩码头结构建设的港口。当时社会生产力不发达，经济条件不好。挖入式港池可利用有限的天然岸线创造更多的人工深水码头岸线。但水域的泥沙来源、含沙量变化与流态必需科学把握、审慎研究对策、防止出现大量淤积。挖入式港池与地连墙板桩码头结构相结合，具有施工不需大挖大填、施工设备工艺简单、可为吹填造陆提供大量的土资源、建设速度快、造价低的明显优势④。因此，在1987年4月中交一航院编制的《河北省王滩港总体规划报告》中推荐采用"挖入式"平面布置方案。

以往业界把粉沙质岸线视为"建港禁区"。因为粉沙质海岸泥沙的运动，既不同于淤泥质海岸，也不同于砂质海岸，有其特有的规律。对这些规律的研究，国内基本上尚属空白，由此导致的航道淤积机理也不太清楚，因此，对航道减淤措施的有效性把握不大。不把这些问题搞清楚，泥沙回淤问题就很难解决。

地连墙原本是常用做工民建地下工程中的维护结构，港口工程中用在板桩码头结构中，当时没有技术标准，也没有定额，连如何检验评定，都成了棘手的问题。作为第一个"吃螃蟹"的人，唐山市领导感到压力很大。

在此背景下，唐山市委市政府向省交通厅、交通部、一航院等部门请求给予建港人才的支持。1989年，交通部安排刘济舟、顾民权（中交一航

① 唐山市档案局、唐山港口投资有限公司、唐山港集团股份有限公司编：《唐山港京唐港区史》。2009年，第61页。
② 同①，第515页。
③ 董文才访谈，2014年3月28日。唐山。资料存于采集工程数据库。
④ 刘济舟为《唐山港地连墙板桩码头》作的序，2009年6月。

院）、索维垣（河北省港航局）三人担任唐山市港口建设指挥部顾问[1]。

这些"顾问"的作用很特殊。因为当时港口工程技术人才缺乏，"顾问"们除了提供咨询建议外，还发挥着工程建设指导和对重要工程技术问题决策的作用[2]。"有问题，找顾问"是当时工地上众人的共识。

当时，通信、交通很不方便，工作和生活条件特别艰苦，刘济舟对此从无怨言。对于工程上的问题，刘济舟倾其所知、有求必应[3]。就这样，刘济舟逐渐与京唐港建设建立了浓厚的思想感情，并为京唐港以后 20 多年的发展壮大做出了重要贡献。

开创我国粉沙质海岸建港先例

在"建港禁区"建设北方大港

一般认为粉沙质海岸容易发生骤淤，多年来，被视为"建港禁区"。唐山港京唐港区则成功地开创了在粉沙质海岸建港的先例。唐山港这一港址是由孙中山先生早在 1921 年就选定的，称为"北方大港"。此后，由于一系列社会动荡和变革的影响，北方大港迟迟没有被提上建设日程。直至 1984 年才正式启动。1986 年 3 月 18 日，河北省计委以"冀计经工［1986］122 号"文件同意将王滩港口两个万吨级泊位及其配套的坨王铁路，纳入"七五"前期工作项目，建设王滩港的起步工程正式立项。1987 年，中交一航院编制完成王滩港总体规划。1988 年 11 月 15 日，王滩港正式开工前更名为唐山港[4]。

---

① 唐山市港口建设指挥部文件（1992）第 2 号，唐山港 92 年水域工程生产计划调度会会议纪要，1992 年 1 月 18 日。

② 董文才访谈，2014 年 3 月 28 日，唐山。资料存于采集工程数据库。

③ 同②。

④ 唐山市档案局、唐山港口投资有限公司、唐山港集团股份有限公司编：《唐山港京唐港区史》。2009 年，第 61 页。

一般来说，海岸性质是根据航道淤积物的性质确定的。建港前的研究曾认定，京唐港港址附近航道淤积物是来自岸边破碎带的细沙，所以，将京唐港区确定为"沙质海岸"。后通过多次的航道底质取样分析，证明航道淤积物均为粉沙，没有细沙。故将京唐港区改定为"粉沙质岸线"[①]。以往业界之所以把粉沙质岸线视为"建港禁区"，是因为粉沙质海岸的泥沙运动规律，既不同于淤泥质海岸，也不同于砂质海岸。我国虽然有约 1/3 宜建港的岸线为粉沙质海岸[②]，但对这一规律的研究，基本上尚属空白。因而，对在这里建港后，航道的淤积机理不太清楚，对航道减淤整治措施有效性的把握不大。复杂的泥沙问题如果处理不好，港口等于白建。这也是当时困惑指挥部最大的问题。

解决泥沙淤积难题

刘济舟去过毛里塔尼亚，对粉沙质海岸建港有一定经验。他在京唐港建设中的第一大贡献就是解决了粉沙质海岸建港的可行性问题[③]。

最初拟建的航道等级是 1.5 万吨级。挡沙堤只做了数模试验，就开始建航道了。1992 年 9 月 2 号，王滩海域百年不遇[④]的第 16 号热带风暴潮袭击唐山港，航道由 −9.8 米回淤到 −6 米。唐山港该不该建？能不能建？成为当时社会舆论的焦点。给唐山市委、市政府和建港指挥部增加了很大的压力。

从国家层面上说，唐山两翼分别有天津和秦皇岛两个大港，社会舆论认为两港之间没有必要再建设港口，沿海开放港口中也并没有列入唐山港。加上当时城市的恢复建设与改造需要大量的人力物力，唐山港的建设甚至被戴上了"重复建设"的帽子，在这种背景下，航道的严重淤积使得

---

① 刘济舟作序。见董文才等编，《唐山港京唐港区粉沙质海岸泥沙研究与整治》。南京：河海大学出版社，2009 年。

② 王成环：京唐港附近海域粉砂质泥沙运动规律与整治措施。《港工技术》，2000 年第 1 期，第 5—11 页。

③ 董文才访谈，2014 年 3 月 28 日，唐山。资料存于采集工程数据库。

④ 唐山市档案局、唐山港口投资有限公司、唐山港集团股份有限公司编：《唐山港京唐港区史》。2009 年，第 519 页。

在粉沙质海岸建港的争议更为激烈。

以刘济舟为首的建港技术人员面临巨大的压力，果断决定，补充开展大面积测量；通过物理模型试验研究泥沙淤积机理，优化挡沙堤布置，完善工程设计方案。

到 2001 年 6 月，京唐港已建成 3 万吨级泊位一个，3.5 万吨级泊位四个。而当时的航道仅为 2 万吨级。由于大型船舶进出港数量不断增加，但受航道水深限制，不得不减载航行，这严重限制了大型泊位效益的发挥，给船舶和港口造成很大经济损失。加之我国即将加入 WTO，外贸运输量将迅速增加，船舶大型化趋势加快，两万吨级航道显然已经成为京唐港发展的制约因素，扩建 3.5 万吨级航道不仅非常必要，而且变得非常急迫。2001 年 6 月 15 日，河北省计委、河北省交通厅在北京召开了"京唐港扩建 3.5 万吨级航道工程可行性研究"审查会，刘济舟任专家组副组长。会议论证了扩建 3.5 万吨级航道的必要性和迫切性。认为港区自然条件较好，扩建 3.5 万吨级航道仅增加航道长度 1.8 千米，工程量不大，航行条件优越，而且回淤量不大，维护容易，因此扩建航道在技术上是完全可行的[①]。

后来，根据我国经济增长趋势及京唐港运量增长情况，结合港口总体规划，充分考虑了开发区内北焦化等项目需求和港口的发展，在京唐港建设规划中进一步将航道等级提高为 7 万吨级。

2004 年 5 月 16 日，唐山市发改委在北京主持召开了《京唐港 7 万吨级航道工程可行性研究报告》专家审查会，刘济舟作为资深专家参加了审查。会议同意航道建设规模按通航 7 万吨级兼顾 10 万吨级船舶进行设计，导标按 10 万吨级船舶的通航要求一次建成为宜。但对航道泥沙回淤，特别是大风骤淤问题需要进一步研究[②]。

根据现场测量数据和历时一年多物模试验成果，多次优化了挡沙堤的平面布置，减少了航道淤积强度，并通过预留备淤深度（0.5 米）等措施，

① 河北省计委、河北省交通厅《京唐港扩建 3.5 万吨级航道工程可行性研究审查会专家审查意见》，2001 年 6 月 15 日。

② 《京唐港 7 万吨级航道工程可行性研究报告》专家审查会评审意见，2004 年 5 月 16 日。资料存于采集工程数据库。

延长了航道的维护周期，达到平均 3—4 年才清淤一次。从此彻底解决了粉沙质海岸泥沙淤积的难题，为日后唐山港的快速发展扫除了障碍。此后，京唐港区航道逐步从 3.5 万吨级升级发展到 7 万、10 万、20 万吨级，带动了京唐港的快速发展。京唐港成为中国第一座在粉沙质海岸成功建设的港口。

图 10–1　刘济舟在京唐港 7 万吨级航道工程专家审查会会议上发言（2004 年）

地连墙板桩码头结构的不断升级

　　刘济舟为京唐港建设做出的第二项重大贡献是指导解决了地连墙板桩码头建设技术的不断升级问题。目前，京唐港共有五种地连墙结构，堪称"地连墙的博物馆"①。

　　京唐港区的地连墙码头是伴随着港口运营生产的飞速发展而不断升级的。开始起步时，工程规模很小，仅为 5000 吨级泊位。作为对外开放的港口，极不相称。唐山市政府提出新建码头泊位要升级到 1.5 万吨级，码头主体仍采用钢筋混凝土地下连续墙结构。此后的发展实践中，京唐港的泊位等级经过了四次升级，逐步达到 1.5 万吨级、3.5 万吨级、5 万吨级、7 万（10 万）吨级。京唐港成为我国第一个主要采用地连墙板桩结构建成的港口。作为采用地连墙板桩结构建设 5 万吨级以上码头的港口，在世界上也是第一个。

---

　　① 董文才访谈，2014 年 3 月 28 日，唐山。资料存于采集工程数据库。

我国第一个万吨级地连墙板桩码头

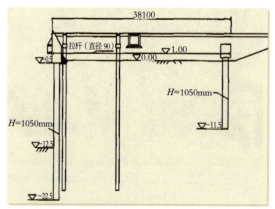

图 10-2　3.5 万吨级地连墙板桩码头

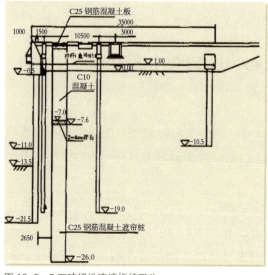

图 10-3　5 万吨级地连墙板桩码头

京唐港 7 号、8 号泊位原设计为 5000 吨级，规模较小。为了既满足国际航运的需要，又能在起步工程中节约资金，唐山市希望能通过对码头部分设施做些必要的设计变更，将码头升级到 1.5 万吨级。当时采用地连墙板桩这种结构型式建设万吨级深水泊位尚没有先例。设计无规范可循，施工缺乏经验，质量控制也缺乏保证[1]。这些问题给设计、施工单位出了很大难题。

以刘济舟为首的京唐港顾问们在 7 号、8 号泊位的结构设计和施工过程中，倾注了大量心血，为泊位的顺利完工发挥了决定性的作用。经过建设单位和设计、施工单位的共同努力，克服了众多困难，采用地连墙板桩结构型式建设万吨级深水码头获得首次成功[2]，两个 1.5 万吨级泊位顺利建成，并于 1992 年 7 月投入使用。

1991 年 8 月 28 日，艳阳高照、晴空万里。唐山港首次通航典礼在新落

---

①　董文才:《遮帘式深水板桩码头建设实践和经验研究》。《港工技术》，2005 年 12 月，第 20—25 页。

②　同①。

成的8号泊位前广场举行。唐山港职工代表向河北海运公司"海龙"号船长李希敏献花后，国务院口岸办公室副主任康文海、河北省副省长王幼辉和中共唐山市委书记郑宝林共同为首航剪彩。在通航典礼上，河北省副省长陈立友

图 10-4　1991 年 8 月 28 日，唐山港首次通航典礼现场

郑重宣布："唐山港的建设和发展，结束了唐山作为沿海城市没有自己港口，没有海上通道的历史，实现了零的突破"。

地连墙板桩码头结构的不断升级

京唐港 1989 年 8 月正式开工建设，1992 年投入运营。经过多年的建设，无论港口建设还是运营都获得了快速的发展。到 2002 年年底，1 号、2 号港池已经全面建成，形成散杂、件杂、多用途、集装箱、煤炭专用、水泥专用、液化石油气专用等功能较为齐全的生产泊位 17 个，形成码头岸线 3580 米，设计吞吐能力 1263 万吨 /6.25 万标准箱[①]。在京唐港区的建设过程中，创造出多项全国第一。其中采用遮帘式板桩结构建设万吨级以上深水泊位，填补了我国港口

图 10-5　1992 年 7 月 18 日，满载 1.1 万吨原盐的"风采"号货轮由京唐港驶往上海港

———————
① 董文才:《遮帘式深水板桩码头建设实践和经验研究》。《港工技术》，2005 年 12 月，第 20-25 页。

建设的一项空白。地连墙码头结构具有陆上施工,不受风浪影响,可以就地成槽,成槽设备制造简单,可用多台、多点全天候施工,不需要预制厂与土方大换填等优点。由于不需要工程船舶和大型施工设备,施工工序简单,速度快,质量易保证,工程造价较低,是其他类型码头结构无法相比的。这一技术支撑了京唐港码头泊位的不断升级和港口的快速发展。

1995 年,在一号港池全面建成投产的基础上开始谋划二号港池的建设。在预可行性研究阶段,二号港池原设计为 0.5 万—1.5 万吨级泊位 8 个。在工程可行性研究阶段,码头业主提出:根据船舶发展特点,再建 1.5 万吨级泊位已经不能适应船舶大型化的需要。如果地连墙结构只定位于 1.5 万吨级,京唐港区发展将受到严重制约。京唐港港务局领导经认真研究,决定按 2 万—3.5 万吨级设计二港池码头结构,并提出研究 5 万吨级泊位的设想。上述意见得到了唐山市政府领导的赞同。

地连墙板桩结构型式的第一次升级是将泊位等级从 5000 吨级提高到 1.5 万吨级,实现了地连墙板桩码头的重要突破。第二次升级,将码头泊位由 1.5 万吨级提升到 3.5 万吨级无疑是一个更大的挑战。对于设计来说,在没有设计规范可循的条件下,确保安全、合理地做出 3.5 万吨级码头设计的跨度太大;何况地连墙结构采用的水下混凝土浇筑质量控制难度也很高。在唐山市委市政府统一思想后,委托设计院开始编制工程可行性研究报告,由刘济舟等专家负责审查。

1996 年 3 月 28 日,刘济舟对京唐港二港池工程可行性研究报告提出了书面预审意见。要点如下:① 10 个泊位不能一起兴建,应分期建设。②历史实践证明地连墙码头岸壁型式适合挖入式港池施工,造价低,但应在技术上加以改进。③港口集疏运应尽量挖掘现有铁路、公路的潜力,赞成铁路扩建另立项目。④杂货泊位设计荷载尽可能稍大一些,以有利于日后发展,货种变更,装卸工艺灵活变通 [①]。

1996 年 7 月 5—6 日,河北省计委、交通厅在京唐港共同主持召开了"京唐港第二港池项目初步设计预审会",刘济舟担任专家委员会主任。会

---

① 刘济舟写给京唐港务局的信,1996 年 3 月 28 日,资料存于采集工程数据库。

议认为码头采用地下连续墙结构型式，在技术上是可行的，也符合京唐港实际。初步设计所做的三个方案对采用地连墙板桩结构建设 3.5 万吨级码头，做了进一步技术研究，是有益的[①]。

对一港池的原型观测中发现：钢筋应力、拉杆应力等远小于设计值，地连墙承载能力仍有富余。这一结论支持了二港池向 2 万吨、3.5 万吨级发展[②]。地连墙板桩码头结构的第三次升级是国家"九五"攻关项目。受天津港老码头改造项目的启发，京唐港决定将地连墙码头由 2 万吨级升级到 5 万吨级。刘济舟拄着拐杖参加了在北京召开的 5 万吨级泊位地连墙码头的设计审查会。在本次审查会上，刘济舟多次发言。针对一航院提出的半遮帘桩的升级方案，刘济舟询问设计负责人刘永绣[③]：

"你到底有没有把握？"

"我拿我的党龄做保证！"刘永绣拍着胸脯说。

"我就等着你这句话了，你敢拍这，我就敢拍这！"刘济舟拍了拍胸脯，又拍着桌子说。于是，同意了半遮帘桩的升级方案。"这实际上是专家在和设计单位一块冒险创新，这很不容易，是要承担责任的[④]"。

第四次升级是在 2003 年，升级到 7 万吨级（结构预留到 10 万吨级）。

随着沿海运输的快速发展，船舶逐渐大型化。当时，我国沿海散货运输的主力船型为 3 万—5 万吨级，京唐港的小型泊位逐渐不能满足需要。建设大吨级泊位，同时对小泊位进行升级改造成为京唐港的迫切需要。

2003 年 9 月 29 日，作为水工结构方面的专家，刘济舟参加了"京唐港 7 号、8 号泊位码头改造工程可行性研究报告"审查会。会议认为，把 7 号、8 号泊位改造成 5 万吨级，码头前沿水深按 −13 米设计是必要的和紧迫的；采用"遮帘桩"方案在技术上是完全可行的[⑤]。

---

① 《京唐港二港池项目初步设计预审会会议纪要》，1996 年 7 月 6 日，资料存于采集工程数据库。

② 董文才访谈，2014 年 3 月 28 日，唐山。资料存于采集工程数据库。

③ 刘永绣（1939– ），山东烟台人。第一航务工程勘察设计院有限公司顾问总工程师，国家级有突出贡献专家，在港口工程结构设计及理论方面做出了重要贡献。

④ 同②。

⑤ 《京唐港 7 号、8 号泊位码头改造工程可行性研究报告》专家评审意见，2003 年 9 月 29 日。资料存于采集工程数据库。

图 10-6　刘济舟（左）与董文才合影（2004 年）

2004 年 1 月 15 日，唐山市发改委在北京市主持召开了《京唐港 7 万吨级通用散货泊位工程可行性研究报告》专家审查会，刘济舟作为资深专家，参加了会议。可研报告对炼焦用煤及出口焦炭进行了补充调查，重点分析了即将在唐山海港开发区内新建的三个大型焦化厂的进出口情况，同时考虑到唐山地区的经济发展和华北地区煤炭运输的发展趋势，认为在京唐港尽快建设大型通用散货泊位是完全必要且非常紧迫的。同意设计船型采用 7 万吨级，码头结构按 10 万吨级预留[①]。由于半遮帘桩方案的成功，10 万吨级的全遮帘桩方案顺利通过。

后来，京唐港又更进一步建成了 20 万吨级的地连墙码头。在此基础上，又发展了分离卸荷式，这种结构的特点是受力更加明确，随后又发展了 T 型结构。

助力京唐港快速发展

指导京唐港科学规划

京唐港的规划工作可划分为四个阶段：1987 年的《河北省王滩港总体规划》、1994 年的《京唐港总体布局规划》、2005 年的《唐山港京唐港区

---

① 《京唐港 7 万吨级通用散货泊位工程可行性研究报告》专家审查会评审意见，2004 年 1 月 15 日。资料存于采集工程数据库。

总体规划》和 2008 年的《唐山港总体规划》。刘济舟主要参与指导了后三个阶段规划的编制工作。

第一阶段。1987 年 4 月，中交一航院编制完成了《河北省王滩港总体规划报告》，对王滩港的发展做了较为详细的规划，向世人展现了一幅近在眼前的美好蓝图。总体规划推荐"挖入式"平面布置方案。总体规划编制完成后，1989 年 8 月 8 日，受河北省建委委托，唐山市政府召开《乐亭开发区（王滩）总体规划》评议会。会议认为，《乐亭开发区（王滩）总体规划》城市布局合理，功能分布明确，突出了统一规划，分期分片建设，环境优美的新型港口工业城市的特色。会议一致同意，乐亭新开发区（王滩）的城市性质为港口工业城市①。

第二阶段。为适应唐山市经济发展和唐山港发展的需要，1994 年京唐港务局、交通部一航院和国家计委综合运输研究所编制了《京唐港总体布局规划》（送审稿）。1994 年 1 月 14—15 日，河北省交通厅主持召开了京唐港总体布局规划审查会，刘济舟担任专家委员会主任。会议认为京唐港总体布局合理，符合交通部编制港口总体规划的内容和深度要求，符合国家的改革、开放精神和社会主义市场经济的要求，适应环渤海经济区的发展需要，港口性质和功能定位基本符合京唐港的实际。特别是工业港区的安排，对京唐港发展成为以工业港为特色的现代化综合性港口具有重要的指导意义。实践证明采用"挖入式"方案，技术可行，经济合理，并已逐步体现出其优越性。因此，原则同意东港区亦应采用"挖入式"方案②。会议对进一步深化完善总体规划提出了实施建议，包括煤炭船型和散装水泥船型的选择、铁矿石运量、集装箱泊位布置要近、远期发展相结合，用地规模和海岸线利用范围要为港口发展留出足够用地等。虽然这一阶段的总体规划还不很完善，但仍然对京唐港整个港区的建设发展起到了科学指导作用。

第三阶段。2005 年 10 月，根据 1994 年《京唐港总体布局规划》（送

---

① 唐山市档案局、唐山港口投资有限公司、唐山港集团股份有限公司编：《唐山港京唐港区史》。2009 年，第 46—52 页。

② 唐山市港务局《京唐港总体布局规划审查会会议纪要》，1994 年 1 月 15 日。

审稿）专家评审意见，完成了《唐山港京唐港区总体规划》。10 月 16 日，唐山市政府在北京主持召开了《唐山港京唐港区总体规划》专家评审会。刘济舟作为专家参与了对总体规划的审查。会议同意总体规划对唐山港京唐港区性质的定位，即：根据港口腹地以能源、冶金、建材为主导产业的产业格局，以及唐山市大力发展以京唐港区为依托的临港工业战略构想，京唐港区宜建设成以能源、冶金、建材、化工、集装箱、件杂货等为主要服务对象，以工业港为特色的综合性港口，从长远看唐山港有可能发展成为一个综合性的国际贸易港口。按京唐港区的功能和港口现状，港区分为集装箱、干散货、液体化工、件杂货和通用泊位五个码头作业区是合理的。基于京唐港区发展的历史条件，现有 1 号、2 号港池泊位吨级偏小，技术装备水平较低，难以适应大宗散货专业化作业，难以适应船舶大型化的要求。因此，总体规划将港口发展中心外移，开发 4 号深水港池，利用后方较大的陆域纵深，布置大型干散货泊位是合适的①。总体规划还提出了可行的分期实施方案，有力指导了京唐港区的快速发展。

图 10-7　刘济舟在会议上审阅京唐港区总体规划图（2005 年）

---

① 《唐山港京唐港区总体规划》专家评审会评审意见，2005 年 10 月 16 日。

第四阶段。2008 年 3 月 12 日，唐山市市委对京唐港区的建设发展定位指出，一是建设一个综合性港口，要发展以集装箱码头为主，矿石、散杂货、液体化工码头等多种功能的综合性港口，这是它背后支撑的产业发展的需要。二是建设一个生态性港口。不能搞得煤炭粉尘满天飞，要考虑三岛旅游线，建设生态港口。三是建设一个国际性港口。现在的集装箱码头都是内贸，还称不上是一个国际性港口，这么大的临港工业，港口一定要有国际航线，不然就做不大。综合起来就是要把京唐港区建成综合性的国际大港。

2008 年 4 月 29 日，唐山市港航局组织召开了唐山港京唐港区总体规划调整咨询会。会议论证了对现行规划调整的必要性，确定了把京唐港区建设成为综合性、生态型、国际性港口的发展定位[①]。

这一年，刘济舟已经 82 岁高龄，医生嘱咐不能外出参加活动，故没有直接参加会场讨论。但他仍然十分关心总体规划的调整。11 月 30 日，董文才探望刘济舟，给他送来总体规划调整方案。刘济舟将调整方案的图纸剪贴整理后附在了《唐山港总体规划》后。

2009 年，根据总体规划调整方案，形成了新的"唐山港京唐港区总体布局方案"。通过以上几个阶段规划方案的调整，达到了岸线资源的充分利用和与环境和谐发展的目的。

指导各类型码头泊位建设

随着唐山市国民经济发展的需要，为开辟冀东水泥出口海运通道，迫切需要建设一个以出口水泥为主的散杂码头泊位。京唐港是个挖入式港口，具有泊稳条件好，陆域开阔，工程地质良好，-10 米水深距岸仅 4.8 千米等优点，具有建设该项目的条件。

1991 年 2 月，河北省工程咨询公司组织召开了《唐山港扩建 1 号散杂泊位可行性研究报告》评审会。刘济舟作为专家参加了可行性研究报告的

---

① 唐山市档案局、唐山港口投资有限公司、唐山港集团股份有限公司编：《唐山港京唐港区史》。2009 年，第 468-472 页。

评审。会议认为，唐山港1号散杂泊位的建设，不仅将对唐山市经济的发展和对外开放起到促进作用，而且为加快冀东水泥出口基地的建设创造了良好条件，该项目的建设是必要的。唐山港1号泊位拟建成以出口水泥为主、规模为2万吨级的散杂泊位。设计船型选用2万载重吨专用水泥船，码头结构预留停靠3.5万吨散杂货船的条件，年吞吐量90万吨，在技术上是可行的。码头结构采用重力式结构，地质条件是允许的[①]。

1991年9月26日，唐山市港口建设指挥部在交通部—航院就1号泊位施工图设计有关问题组织了深入细致的研讨，刘济舟参加了讨论。会议对众多具体问题确定了处理原则，有力地推进了1号泊位的建设进程[②]。

1992年4月，国内第一个以出口散装水泥为主的万吨级码头唐山港1号泊位开工建设。1998年10月9日，满载7600吨冀东水泥集团散装水泥的"凤凰"快运轮驶离京唐港，它标志着全国最大的散装水泥码头京唐港1号泊位正式投入运营[③]。成为我国第一个3.5万吨级散装水泥码头。京唐港第一港池1号泊位的兴建，增加了京唐港的功能，推动了唐山乃至冀东地区水泥散装化的进程和外贸出口率的提高，而为唐山水泥工业以及唐山市经济的发展创造了有利条件。

2005年9月22日，刘济舟参加了"京唐港区液体化工泊位工程可行性研究报告审查会"。会议同意码头按靠泊3万吨级船型设计，前沿水深为 −12.0 米。根据对目前不同化学品船型保有量的分析，在下一阶段设计中，建议与对停靠4万吨级液体化工船型方案作进一步比较，将水深增加至 −13.0 米[④]。

2006年5月30日，刘济舟参加了"唐山港京唐港区30号泊位工程可行性研究报告"审查会。京唐港30号泊位位于第4港池，设计为5万吨

---

① 河北省工程咨询公司文件《关于报送〈唐山港扩建1号散杂泊位可行性研究报告评估意见〉的报告》冀咨壹字（1991）第5号，1991年2月7日。资料存于采集工程数据库。

② 唐山市港口建设指挥部工程科《关于1号泊位施工图设计有关问题的函》，1991年10月9日。存地同上。

③ 唐山市档案局、唐山港口投资有限公司、唐山港集团股份有限公司编：《唐山港京唐港区史》。2009年，第151页。存地同上。

④ 《京唐港区液体化工泊位工程可行性研究报告》专家审查意见，2005年9月22日。存地同上。

级通用散货泊位。由于 30 号泊位位于地连墙结构的 31 号泊位和沉箱结构的 1 号泊位之间，不同结构之间的连接方案成为该工程设计中需妥善解决的技术关键之一。会议认为设计提出的由沉箱结构过渡到遮帘式地连墙结构的方案

图 10-8　刘济舟在京唐港区 30 号泊位工程可行性研究报告审查会会议上（2006 年）

是适宜的，建议对不同结构段的长度与相互衔接措施作进一步的优化[①]。

京唐港区 16 号—19 号泊位位于京唐港区第 2 港池西侧，规划第 3 港池的北岸线。设计单位提出位于第 2、第 3 港池连接部位的 16 号、17 号泊位的码头结构按照靠泊 3 万吨级汽车滚装船的要求设计，18 号、19 号泊位码头结构按照可满足远期停靠 7 万吨级船舶的要求设计。

2006 年 5 月 31 日，刘济舟作为水工结构方面的专家参加了"唐山港京唐港区 16 号—19 号泊位工程初步设计"审查。审查会议认为，在 16 号、17 号泊位提前实施汽车滚装作业是适当的；同意 18 号、19 号泊位的建设规模为 4 万吨级杂货泊位，码头结构按停靠 7 万吨级全集装箱船设计[②]。

晚年关心京唐港

晚年，刘济舟患无痛性心肌梗死，卧病在床，上级领导要求大家不要

---

① 《唐山港京唐港区 30 号泊位工程可行性研究报告》专家审查会评审意见，2006 年 5 月 30 日。资料存于采集工程数据库。

② 唐山市工程咨询中心文件——《关于呈报〈唐山港京唐港区 16 号 -19 号泊位工程初步设计审查意见〉的报告》，唐咨评审字［2006］第 6 号，2006 年 11 月 17 日。存地同上。

再向他请教工程上的问题。但大家每次看望他时，他都要询问一些工程上的事，有时候还要求进一步提供技术资料。

例如，拉杆是地连墙板桩码头建设中的主要构件，由于埋置于地下，非常容易腐蚀，成为地连墙板桩码头的安全隐患。刘济舟对京唐港的拉杆腐蚀问题一直十分关心，早在1996京唐港2港池项目初步设计预审会会议上，刘济舟就提醒设计单位应进一步考虑拉杆的防腐措施[①]。2007年，即京唐港建港18年后，刘济舟已经81岁高龄，仍敦促董文才现场挖出拉杆，实地观察其腐蚀情况。直至了解到已使用多年的拉杆没有发生任何腐蚀，仍同新的一样，他才放心[②]。

再如，2009年12月31日至2010年1月4日，华北突降大雪，北方很多港口都封港了，刘济舟专门打电话向董文才询问京唐港的情况：

"你那怎么样？"

"我这儿没事。"

"为什么会没事？"

"建矿石码头后，又修了7000米的挡沙堤，冰都被挡沙堤挡住了[③]。"

刘济舟的这种工作热情使亲闻亲见的所有人无不肃然起敬。

2009年为总结京唐港的建设经验，董文才组织主编了《唐山港京唐港区粉沙质海岸泥沙研究与整治》[④]和《唐山港地连墙板桩码头》[⑤]两本著作。刘济舟欣然为两本书做了序，全文如下。

《唐山港京唐港区粉沙质海岸泥沙研究与整治》序：

唐山港京唐港区，是我国第一个在粉沙质海岸建设的港口。历经20年，它从起步工程2个1.5万吨级泊位，即将发展成包括10多个

---

① 《京唐港二港池项目初步设计预审会会议纪要》，1996年7月6日。资料存于采集工程数据库。

② 董文才访谈，2014年3月28日，唐山。存地同上。

③ 同②。

④ 董文才，等:《唐山港京唐港区粉沙质海岸泥沙研究与整治》。南京：河海大学出版社，2009年。

⑤ 董文才，等:《唐山港地连墙板桩码头》。南京：河海大学出版社，2009年。

10万吨级泊位与深水航道的港口。

一般来说，海岸性质是根据航道淤积物的底质性质确定的。建港前的研究曾认定，航道淤积物的底质是来自岸边破碎带的细沙，所以，将京唐港区确定为"沙质海岸"。后通过多次的航道集中淤积（或骤淤）底质取样分析，证明航道淤积物均为粉沙质沙，没有细沙。故将京唐港区改定为"粉沙质岸线"是正确的。

以往业界之所以把粉沙质岸线视为"建港禁区"，是因为对粉沙质泥沙运动规律的研究不多，对航道淤积机理不太清楚，对航道减淤整治措施把握性不大。只有海岸性质定性准确了，泥沙运动规律及航道淤积机理才能搞清楚，整治措施才有效。

在京唐港区粉沙质泥沙运动规律与整治措施的研究方面，建设、设计与科研单位紧密合作，探索规律，摸索对策。譬如，发现筑防沙堤会产生沿堤流，沿堤流是造成防沙堤外侧冲刷与外航道集中淤积的主要动力条件。于是提出潜堤先行，加挑流堤削弱沿堤流强度，防止堤外侧冲刷，减少引航道淤积。发现挡沙堤堤顶用四脚空心方块，不能随推进随封顶，风损严重。于是就改用无脚空心方块封顶。经常进行大范围水深图测量对比，淤沙测试，确定"粉沙质"，分析泥沙来源、动力条件、淤积机理，适时调整挡沙堤布置。3.5万吨级航道2003年9月完成竣工测量图，10月10—14日天文大潮期间，就遇到了50年一遇的特大风暴潮，造成航道严重骤淤。挡沙堤二、三期以及之前的几次布置调整，都是在整体物理模型试验验证的：先经定床对流态的复演，再经动床对航道淤积形态的复演，现场实测资料相吻合后，再进行挡沙堤布置多方案、多组次的试验，不断优化，最终提出推荐方案。经慎重评审后付诸实施。此外，对挡沙堤不同堤顶高程的断面与护面块体，都是经稳定性试验后确定的，还摸索改进挡沙堤施工工艺。这些努力已被实践效果所证实。

建设、设计、科研、施工与管理，在科学发展观的指导下，齐心协力，通过对京唐港区粉沙质泥沙运动规律的探索，积累了丰富的经验，现总结汇集成书，望对我国在粉沙质岸线上建港技术的发展，有所贡献并提供借鉴。

刘济舟

2009 年 6 月

《唐山港地连墙板桩码头》序：

多少年来，一般认为粉沙质海岸容易骤淤，为建港所忌。1989 年 8 月 10 日，唐山港京唐港区正式动工建设，成功开创了粉沙质海岸建港的先例。在国内首次采用了挖入式港池布置，并以钢筋混凝土地下连续墙作为深水码头结构。唐山港近 20 年来采用地连墙板桩结构型式已相继建成 1.5 万—10 万吨级深水泊位 25 个（其中，10 万吨级 7 个），岸线总长达 5333 米，成为我国港口码头工程建设中多、快、好、省的范例。

深水岸线资源是宝贵的，挖入式港池可利用有限的天然岸线创造更多的人工深水码头岸线。但水域的泥沙来源、含沙量变化与流态必须慎重妥善处置。挖入式港池与地连墙板桩码头结构相结合，有施工不需大挖大填、施工设备工艺简单、建设速度快、造价低的明显优势，又可通过吹填造陆的方式，为地势低洼地区建港提供大量土资源。

短短 20 年间，唐山港从无到有，2008 年唐山港累计吞吐量已超过亿吨，对腹地经济的拉动作用日益显著。

唐山港地连墙结构泊位等级从最初的 1.5 万吨级提升到 10 万吨级，码头结构型式也在最初的单锚板桩结构基础上，不断改进创新，开发出了半遮帘、全遮帘和分离卸荷等多种结构型式，促进了泊位等级的大幅度提升。

本书重点介绍了 5 万吨级半遮帘式、10 万吨级全遮帘式与分离卸荷式码头结构的设计计算模型、设计理论和计算方法。这些模型、理论与方法经大型离心模型试验与原型观测的印证，已日臻完善。介绍了施工工艺与降低工程造价的管理经验；介绍了对地连墙码头结构的耐久性所做的大量检验和研究分析。此外，由于地连墙施工绝大部分在地下，属地下隐蔽工程，各方面必须密切合作，因此也介绍了加强监理和质量控制的经验做法。总之，这是一部对地连墙板桩码头结构设计、科研、施工、监理和管理有一定参考价值的书，值得国内外同行参考借鉴。

刘济舟

2009 年 6 月

2009 年，京唐港建港运营 20 周年之际，港口货物吞吐量达到 10541 万吨，同比增长 38%，一举跨入亿吨大港行列。2010 年 7 月，京唐港在上海证券交易所成功上市。2013 年吞吐量又突破 2 亿吨，比上年增长 18.2%，高出全国港口平均增幅近 10 个百分点。

指导曹妃甸港区建设

曹妃甸又名"沙垒甸"，位于河北省滦南县南部海域中，距大陆岸线 20 千米，平潮时为一条带状沙岛，约形成于 5500 年前，原是古代渔家避风的一个小海岛。"甸"即"沙坨"之意，岛上原有一座曹妃庙，故而得名。

刘济舟作为水运行业专家，全程参与了曹妃甸港区工程建设的各个阶段。在曹妃甸港区选址、1996 年港区初步总体规划、可行性研究到开工建设、投产，以及长远规划等各个阶段为港区发展做出了重要贡献。

随着我国铁矿石、原油等原燃料进口数量的不断增长，海洋运输船的吨位越来越大，需要深水大港来承接。开发建设曹妃甸深水港，是适应世界船舶运输大型化和港口深水化的需要，也是推动环渤海地区重化工业改造、迁移和持续发展的需要。曹妃甸港口的建设，有利于提高我国承接能源矿石进口的能力，有利于缓解煤炭船港能力不足和北煤南运的矛盾。

曹妃甸港址位于滦河三角洲平原海岸，双重岸线特征明显。其中内侧大陆岸线为沿滦河古三角洲前沿发育的冲积海积平原，属粉沙质海岸；外侧为岛屿岸线，与大陆岸线走向基本一致，由曹妃甸、蛤坨、腰坨等岛链构成沙岛群，位居渤海湾北岸岸线转折处。沙岛自然高程在 3 米左右，长有少量沙生植物。内外岸线间为宽阔的浅水泻湖，低潮时大片出露，沙岛间还有潮汐通道深槽发育[①]。

本区泥沙来源主要有两个方面：一是滦河的入海泥沙；二是沿岸岸滩及水下岸坡侵蚀泥沙的再搬运。由于滦河口来沙量锐减，多数岸段供沙不足，外侧沙岛受到侵蚀。经上千年的演变后，海岸地貌格局与海洋动力逐步达到平衡。供沙不足和就地运移的特点使海岸总体处于一种微冲微淤、外围沙岛缓慢侵蚀的动态平衡状态。

本海区泥沙运移以潮流作用为主，波浪作用不强，床沙沙质较粗，外围泥沙来源少，沿岸输移量小，因而堆积地貌不发育，冲刷地貌不明显。曹妃甸南侧 20—30 米深的深槽，是渤海中央深槽的一部分，位于伸入渤海湾的主潮流通道上，属潮流型深槽，潮流动力强，因而其滩、槽能够长期保持稳定。

紧贴甸头前沿发育有渤海湾最深的巨型潮汐深槽。该深槽的发育有着一定的水动力条件和地质构造基础，曹妃甸沙岛形成的岬角地貌构成了深槽的边界条件，由此引起的局部潮流增大成为深槽形成与维持的主要动力条件。

长期以来曹妃甸深槽及周边滩槽边界条件与动力条件已基本适应，海床以轻微冲刷态势为主。

曹妃甸优越的地理位置、优良的建港条件和天然的航道水深，是北方地区其他港址无法比拟的[②]。"面向大海有深槽，背靠陆地有滩涂"，这是曹妃甸最明显的特征和优势。水道和深槽的天然结合，形成了建设大型深水港口无与伦比的优势，使曹妃甸成为"钻石级"港址。曹妃甸毗邻京津冀城市群，距韩国仁川 400 海里，日本长崎 680 海里、神户 935 海里，与矿石出口国澳大利亚、巴西、秘鲁、南非、印度等国海运航线十分顺畅。曹妃甸水深条件和地理位置，适合开发铁矿石、原油等大宗散货专用码头以及与中小吨级中转疏运和散杂码头，规模优势突出。

刘济舟对曹妃甸的关注早在半个世纪前就开始了，可以一直追溯到抗

---

① 吴澎，姜俊杰：曹妃甸港区选址研究。《水运工程》，2011 年 9 月第 9 期，第 68–74 页。

② 张素娟：建设曹妃甸深水大港促进北方经济发展。《经济地理》，2000 年第 20 卷第 2 期，第 115–118 页。

日战争期间。早在抗日战争时期，日本人就已经注意到这个渤海湾内的深水区域，解放战争时期，国民党军队也曾经在岛上修建过碉堡。曹妃甸是很难得的深水岸线。但是它离岸远，建设码头需要填海造地，工程难度和投资都比较大 [1]。

早在 20 世纪 70 年代初期，有关部门就对港址进行了一系列调研，90 年代以来，为加快我国深水港口建设步伐，国家有关部门和地方政府对开发建设曹妃甸深水港进行了大量的前期工作。

1996 年 7 月 7 日，河北省计委、交通厅在京唐港主持召开了"京唐港曹妃甸港区前期工作大纲"审查会。刘济舟作为交通部技术顾问参加了审查。交通部水规院向会议汇报了前期工作。

前期研究表明，从我国钢铁企业的布局来看，特别是从降低钢铁企业成本出发，在北方地区建设"20 万吨级以上大型矿石接卸码头"为首钢、唐钢、宣钢、包钢、太钢以及其他钢铁企业提供进口矿石中转是十分必要的，也符合产业布局规划。京唐港曹妃甸港区具有建设大型"矿石码头"的水深条件。

曹妃甸距岸约 20 千米，引堤的布置较为困难，且施工周期较长，特别是后方依托条件较差；工程涉及冶金、铁路、交通等各行业，而且投资较大。为适应我国北方钢铁企业进口矿石的要求，建议建设单位、设计单位充分考虑分期建设方案。建议"首钢"和唐山市按照市场经济的思路来谋划此港口建设。

刘济舟和与会专家们提出，曹妃甸港区虽具有建设大型"矿石码头"的水深条件，但外部铁路通道是本项目的关键组成，建议建设单位会同铁路部门及早着手进行铁路通道的研究与设计，并与港口建设同步进行 [2]。

1997 年 2 月 21 日，刘济舟作为特邀专家参加了"华北进口原油接转工程重点问题专题研讨会——曹妃甸岸滩与深槽稳定性及建设 25 万吨级深水

---

[1] 张菁：以质量和创新支撑推动水运工程发展——中国工程院院士刘济舟先生访谈录。《综合运输》，2008 年 10 月。资料存于采集工程数据库。

[2] 河北省计委－河北省交通厅文件冀交计字［1996］533 号，关于印发《京唐港曹妃甸港区前期工作大纲审查会会议纪要》的通知，1996 年 10 月 17 日。存地同上。

码头的可行性专题"研讨会。深入讨论了曹妃甸岸滩与深槽稳定性及建设25万吨级深水码头的可行性等问题。会议认为在曹妃甸港区建设25万吨级深水码头在技术上是可行的,分析了工程建设对港区自然环境的影响,并提出了下一步需要开展的工作[①]。为曹妃甸港区工程建设前期工作的顺利进行奠定了基础。

1998年1月21日,刘济舟作为副主任委员参加"京唐港曹妃甸港区矿石专用码头预可行性研究报告"审查会。会议认为,深水矿石码头的建设,对开发曹妃甸地区、带动地方经济发展将会产生积极的推动作用。从长远看,对京津冀地区、华北乃至三北地区的经济发展也将产生重要的影响。深槽与渤海海峡之间的水深均在 −20 米以下,是渤海西岸难得的深水港址,历史资料表明,甸前的深槽是稳定的。该处风浪、冰情、潮流等自然条件对20万吨级以上船舶的停泊和作业不会产生很大影响。会议认为在曹妃甸建设20万吨级以上矿石专用泊位在技术上是完全可行的。

建设前,曹妃甸是一个孤立沙岛,与周围没有运输路线。码头建设的首要任务就是通路。2002年9月4日,秦皇岛港务集团有限公司、首钢总公司、唐山钢铁集团有限责任公司、河北省建设投资公司、唐山港口投资有限公司共同投资组建唐山曹妃甸实业开发有限责任公司。曹妃甸矿石码头建设迈出了实质性的一步。公司成立后,码头通路工程建设首先启动。

2003年2月,刘济舟审查了通路工程施工图设计。对曹妃甸港区通路工程的平面布置、主要工程技术参数进行了分析,提出了意见[②]。2003年3月23日,曹妃甸港区的第一项工程——18.447千米通岛公路工程的机械作业声打破了曹妃甸千年的沉寂,拉开了深水大港建设的序幕。

到2003年10月9日,通路工程完成的一、二级袋装砂棱体吹填、堤芯砂吹填工程量已分别达到总工程量的78%、47%和54%。然而,10月10日,50年一遇的风浪使通路工程遭到巨大损失,一、二级袋装砂棱体吹填工程量损失约50%,堤芯砂损失64%。刘济舟收到唐山曹妃甸通路路基工

---

① 《华北进口原油接转工程重点问题专题研讨会——曹妃甸岸滩与深槽稳定性及建设25万吨级深水码头的可行性专题研讨会会议记录》,1997年2月22日。资料存于采集工程数据库。

② 经刘济舟审查过的《曹妃甸港区通路工程》施工图设计图纸,2003年2月。存地同上。

程建设指挥部的汇报信件后，提出"以首钢名义，抓住石化，勘探论证大堤液化可能性，铁路抓紧，堵口先平后立"的建议①。该实施建议保证了通路工程的顺利进行。

2005年2月27日，刘济舟在接受河北日报社专访时，畅谈了对曹妃甸港未来建设的设想和建议：

> 曹妃甸港址是渤海湾中弥足珍贵的资源。对未来港区的规划建设一定注意把握对方向。别把它当作一块蛋糕，你切一块，我切一块，争抢眼前利益。市场经济下，大家要服从最高利益，我这里说的最高利益就是未来港区内的企业发展和这个地区以及相关方面的长远利益。行政性经营行为尽可能减少。曹妃甸港的建设需要借鉴一切好的经验，一切可供参照的世界名港建设思路，然后结合实际，创造一个全新的构思模式，在此指导下建设好曹妃甸港。

> 规划好坏决定着港口在经济发展中的位置。根据我参与国内众多港口建设的经验，有的港口规划建设得很好，走在了经济发展的前头；有的则不尽如人意，总追在经济发展的屁股后头，很被动。我希望曹妃甸港能走在经济发展的前头。尤其是港区在各产业间的格局摆布，不仅要在经济运行上做到合理、科学，还要兼顾安全。我担心的是如果规划不好，会造成一些浪费和返工。这虽在整个港口建设中属于微不足道的部分，但也应该尽量避免。针对曹妃甸港建设需要大量填海物料，我建议及早建设开通从迁安到曹妃甸的铁路，及早把唐山市各地堆积的煤矸石、废渣运送到曹妃甸，用废物填海。在这方面政府的作用不可或缺。

因为身体原因，刘济舟自2004年以后就没再亲自到曹妃甸考察，但他对工程进展情况却了如指掌。刘济舟说："从新中国成立前我就开始参与了曹妃甸港口的考察、论证，多少年来没有撂下过，我和曹妃甸有感

---

① 唐山曹妃甸通路路基工程建设指挥部写给刘济舟的信，2004年4月17日。资料存于采集工程数据库。

情啊[①]！"

2008 年 10 月，刘济舟在接受《综合运输》记者采访时，提出了对曹妃甸港未来建设的希望：

> 对于曹妃甸港未来发展的目标，在我看来，这里不宜发展劳动密集型产业。在未来新的钢铁企业要想赢得竞争，必须拥有高素质的人才、世界一流的技术和最尖端的设备。而这并不需要规划建成几十万或者上百万人口的城市。我希望这里能建设成为中国现代化的工业城市。[②]

2012 年，曹妃甸港区完成货物吞吐量 1.95 亿吨。在曹妃甸港区的有力带动下，唐山港以 3.64 亿吨的货物吞吐量排名全球港口第十位，增幅 16.8%，增幅位居全球十大港口之首。

---

① 张许峰：专访中国工程院院士刘济舟规划决定曹妃甸未来。《河北日报》，2005 年 3 月 16 日。资料存于采集工程数据库。

② 张菁：以质量和创新支撑推动水运工程发展——中国工程院院士刘济舟先生访谈录。《综合运输》，2008 年 10 月。资料存于采集工程数据库。

第十一章
情系长江口

早在 20 世纪初，孙中山先生就在《建国方略》中提出了治理长江口入海航道的构想，这也成为了我国几代科技工作者近百年孜孜不倦的追求和夙愿。长江口拦门沙治理作为人类探索大自然的一个"力作"，被《中国国家地理》杂志编入了中国百年地理大发现[①]。

1992 年，党的"十四"大提出了"以上海浦东开发开放为龙头，进一步开放长江沿岸城市，尽快把上海建设成国际经济、金融、贸易中心，带动长江三角洲和整个长江流域地区经济新飞跃"重大战略。举世瞩目的长江口深水航道治理工程，是新中国成立以来投资规模最大的水运建设工程，奠定了建设上海国际航运中心的基础，是实施党中央决策的一项跨世纪宏伟工程。2008 年 1 月 8 日，在庄严的人民大会堂里，《长江口深水航道治理工程成套技术》被授予国家科技进步奖一等奖[②]。

长江口深水航道治理工程历时 13 年，刘济舟作为长江口深水航道治

---

① 曾进：长江口拦门沙治理孙中山的未竟心愿。《中国国家地理》，2009 年第 10 期，第 346 页。

② 谢宗惠：我国河口治理工程的伟大创举——长汀深水航道治理工程的社会效益观。《中国水运报》，2008 年 1 月 21 日。

理工程专家顾问组副组长①，在治理方案论证、工程实施、新型结构及大型水上专用作业设备研发等各方面进行了全面指导把关。尤其在长江口二期工程施工中，针对北导堤遇到地基土在波浪作用下发生"软化"的重大难题，对工程结构形式的选择及确定、新结构的现场试验等提出了关键性的指导意见。在刘济舟的指导下，交通部颁布了七项专项标准作为长江口治理工程的基本技术法规。工程实施期间，刘济舟已经70多岁，但仍亲临现场检查指导，甚至置个人安危于不顾。刘济舟在长江口整治方案论证、一期工程、二期工程和三期工程建设中做出了重要贡献。

几代中国人的夙愿

长江发源于青藏高原的唐古拉山脉格拉丹冬峰西南侧，流域面积达180万平方千米，约占中国陆地总面积的1/5。总通航程7万千米，占全国70%以上。长江口三级分汊，四口（北支、北港、北槽和南槽）入海，由于河口特有的水沙运动特点，在长江口形成了长达数十千米的"拦门沙"区段，滩顶自然水深仅5.5—6.0米（理论最低潮面）。治理工程前，长江口北支已逐渐淤浅，只能通航小船；北港和南槽为6.0米水深的自然航道；北槽依靠疏浚，航道水深也只能维持在7.0米，吃水9.5米（相当于1.5万吨级）的船舶平均一天只能乘潮通过15艘左右。大型船舶需要在口外减载后才能乘潮进入长江口，而外贸集装箱则需要在香港和神户中转②。这已远远不能满足当时上海港及南京以下110多个万吨级以上泊位船舶的进出需求，众多巨型航运船只在此徘徊不前，望洋兴叹。严重阻碍了长江黄金水道效益的发挥和长三角乃至整个长江中下游流域经济的发展。

---

① 长江口深水航道治理工程建设领导小组文件，《关于变更调整长江口深水航道整治工程建设领导小组和专家顾问组人员的通知》（交计发［1997］381号），1997年7月2日。资料存于采集工程数据库。

② 范期锦：《长江口深水航道治理工程成套技术》报告，全国水运工程技术创新会，2007年7月7日。

"治理长江口，打通拦门沙"是几代中国人的夙愿。早在 20 世纪初，孙中山先生就在《建国方略》中提出了"扬子江筑堤、浚水路，起汉口迄于海，以便航洋船直达该港，无间冬夏。"这一治理长江口入海航道的构想，也成为了我国几代科技工作者近百年孜孜不倦的追求和夙愿。然而，长江口的治理难度极大[①]。

　　一是治理可行性的研究难。长江口丰水多沙、潮量巨大、潮流与径流交互作用、多级分汊、滩槽交错、河势易变。在上游河势尚未得到稳定控制的情况下，如何认识河口整体河势及分析各入海汊道的稳定性，论证先期整治拦门沙河段的可行性，是治理工程首先需要解决的关键技术难题。与世界著名的美国密西西比河河口航道治理工程相比，长江口拦门沙段的长度是其 4 倍，潮差是其 5 倍，且密西西比河口泥沙以流域来沙为主，而长江口是径潮流双向输沙。可见长江口深水航道治理工程的难度和规模均超过了密西西比河口。

　　二是制定总体治理方案难。在无国内外可借鉴经验的条件下，如何根据长江口的水文、泥沙条件及运动规律、河床冲淤变化规律，特别是拦门沙的形成及演变规律等，科学地确定拦门沙河段的治理原则，提出科学合理的总体治理方案，也是必须创造性研究解决的重大技术难题。

　　三是试验研究技术难。长江口受径流、潮流、波浪和盐水等多种因素共同作用，水体含沙量分布和变化规律复杂，航槽淤积与流场、悬沙和底沙的复杂运动密切相关。工程治理方案研究和航道回淤量预测要求必须开发领先于世界水平的物理模型和数学模型试验技术，理论创新和技术创新的难度极大。因此，工程实践的效果很难通过前期研究做出准确预测。

　　四是工程设计施工难。长江口江面开阔，施工区域远离陆域，常年受风、浪、流的影响，年水上可作业天数仅 140—180 天；整治建筑物的地基条件复杂，在二期工程浪更大、地基更软的组合条件下，还出现了地基土"软化"这一世界级的技术难题，水运工程中传统的堤坝类结构型式和

---

　　① 长江口深水航道治理工程概况。交通运输部长江口航道管理局网站：http://www.cjkhd. com/index.php？id=175。

施工工艺均不能全面适应长江口的自然条件。航槽回淤强度变化规律极其复杂，且高强度的疏浚工程必须全过程在按不断提高的水深标准保证船舶通航的条件下施工。由此可见，工程设计施工的难度在我国水运工程中堪称前所未有。

五是工程管理难。受上述困难因素的影响，对长江口深水航道治理工程实施管理的难度也是空前巨大的，特别是在对长江口水文泥沙及河势变化规律的认识尚不够充分的条件下，在长江口深水航道治理工程的建设全过程中，必须对河势和建筑物周边地形的变化及水文、泥沙进行严密、科学、实时的检测，并把现场监测、试验研究、设计和施工方案的及时优化和调整有机地结合起来，实施科学的动态管理。

这些难题对治理长江口提出了严峻挑战。新中国成立后，在交通部的组织下，从1958年起开始对长江口进行大规模的系统监测和研究。经过一大批科技工作者30多年不懈的探索研究，在长江口的历史演变、发育模式，汊道特性，水沙运动，特别是河口拦门沙的成因及变化规律等方面取得了一大批宝贵的科研成果。为了尽早建成上海国际航运中心，充分发挥长江黄金水道的作用，完善沿海港口布局，也为了以上海为龙头的长三角地区经济的迅猛发展创造良好的基础设施条件，打通拦门沙，建设长江口深水航道势在必行。

1992年，《长江口拦门沙航道演变规律和整治技术研究》列入国家"八五"科技攻关项目后，迅速取得了可供项目决策的重要研究成果。1993年年底，历经18个月的"八五"攻关终于大功告成，彻底打破了"长江口不可认识论"，突破千百年河道治理"从上而下"的惯例，得出了"可选择下游北槽先期治理"的重大论断；制定了整治工程与疏浚工程相结合的治理原则；提出了宽间距双导堤加长丁坝群的整治建筑物总平面布置方案；做出了一次规划、分期实施的工程安排[1]。

1997年1月，李鹏总理主持召开长江口深水航道治理工程专家座谈会，明确了"一次规划，分期建设，分期见效，先治理至8.5米"的工作部

---

[1] 范期锦：《长江口深水航道治理工程成套技术》报告，全国水运工程技术创新会，2007年7月7日。

238

署。同年 7 月，国家计委批复原则同意了《长江口深水航道治理工程项目建议书》。同年 9 月，国务院在北京召开了长江口深水航道治理工程汇报会，会议由邹家华、吴邦国两位副总理主持，会议确定了南港北槽的治理方案和实施计划。刘济舟在会上发言汇报。他说："长江口整治工程的功能是起到导流、束水和拦沙的作用，整治工程主要有四大主体工程，有北导堤 16.5 千米，有南导堤 20 千米，分流口工程，包括南线堤 1.6 千米，潜堤 3.2 千米，南北导堤间丁坝 19 座……"

图 11-1　刘济舟在国务院召开的长江口深水航道治理工程汇报会上发言（1997 年）

图 11-2　1997 年，长江口航道现场考察时，刘济舟（右一）与设计研究人员亲切交谈

　　1998 年 1 月 27 日，长江口深水航道治理一期工程开工典礼暨长江口航道建设有限公司成立揭牌仪式在上海举行。国务院吴邦国副总理，国务院副秘书长石秀诗，交通部部长黄镇东等有关领导出席仪式。李鹏总理、邹家华副总理、全国政协副主席钱正英为工程开工题词。吴邦国副总理、上海市市长徐匡迪为工程开工奠基及公司揭牌。自此，长江口深水航道"治理战"全面打响，几代中国人"治理长江口，打通拦门沙"的夙愿开始逐步实现。

　　1997 年 7 月 2 日，为了加强长江口深水航道治理工程的组织领导，长江口深水航道治理工程建设领导小组下发了《关于变更调整长江口深水航

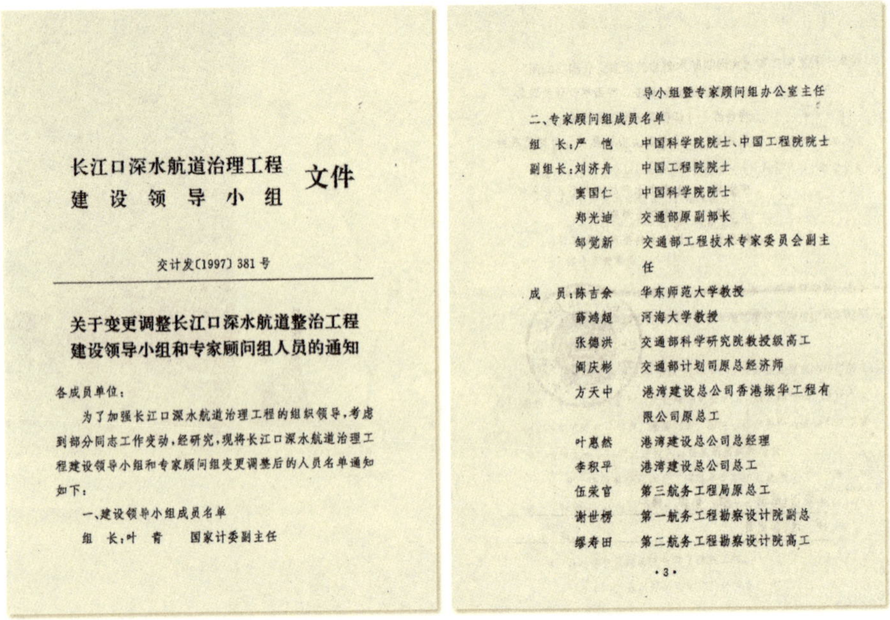

长江口深水航道治理工程
建设领导小组 文件

交计发〔1997〕381号

关于变更调整长江口深水航道整治工程建设领导小组和专家顾问组人员的通知

各成员单位：

为了加强长江口深水航道治理工程的组织领导，考虑到部分同志工作变动，经研究，现将长江口深水航道治理工程建设领导小组和专家顾问组变更调整后的人员名单通知如下：

一、建设领导小组成员名单

组 长：叶 青 国家计委副主任

导小组暨专家顾问组办公室主任

二、专家顾问组成员名单

组 长：严 恺 中国科学院院士、中国工程院院士

副组长：刘济舟 中国工程院院士

窦国仁 中国科学院院士

郑光迪 交通部原副部长

邹觉新 交通部工程技术专家委员会副主任

成 员：陈吉余 华东师范大学教授

薛鸿超 河海大学教授

张德洪 交通部科学研究院教授级高工

阎庆彬 交通部计划司原总经济师

方天中 港湾建设总公司香港振华工程有限公司原总工

叶惠然 港湾建设总公司总经理

李积平 港湾建设总公司总工

伍荣官 第三航务工程局原总工

谢世楞 第一航务工程勘察设计院副总

缪寿田 第二航务工程勘察设计院高工

·3·

图 11-3 长江口深水航道整治工程建设领导小组文件（1997 年）

道整治工程建设领导小组和专家顾问组人员的通知》（交计发［1997］381号）。聘请严恺为专家顾问组组长，刘济舟为专家顾问组副组长。

研究与论证长江口整治方案

开发长江口深水航道是实现党的十四大提出的战略决策，保证上海、长江三角洲乃至整个长江流域快速发展的重要条件，其意义十分重大而深远。对这样重要而复杂的工程，必须慎重对待，广泛听取各方面专家意见，以使这项重大工程建立在技术上充分可靠、切实可行的基础上。

河床演变规律的探索

河口治理须从河床演变规律研究着手，一方面研究河口在长时期内的

发育特点及演变总趋势，为河口综合治理确定方向；另一方面需根据河口每一河段不同的水流、泥沙要素及边界条件，研究其变化规律及与河床演变的相互影响，为规划全面综合治理方案及制订局部河段的整治方案提供依据。

1994—1995 年，上海航道局、南京水利科学研究院等单位完成了"八五"国家重点科技项目（攻关）第一子专题《长江口拦门沙航道演变规律研究》《长江口深水航道物理模型试验研究》《长江口深水航道全沙数学模型》和《适航水深测量系统》等研究报告，刘济舟对这些研究报告做了认真审查。

图 11-4 1995 年，"八五"国家科技攻关《适航水深测量系统》成果鉴定会（前排右三为刘济舟）

后来，随着认识的深入，交通部科学研究院河口海岸科学研究中心又对拦门沙下移问题进行了深入研究。进一步认识到，河口拦门沙是普遍存在的自然现象，它的位置、尺度是由径流和潮流的相互作用、来沙条件及河口物理、生物、化学、地质过程长期综合作用的结果。长江口有丰富的流域来水来沙及宽阔平缓的东海陆架，它所堆积的拦门沙甚大，在南汇嘴与启东间横向距离达 90 千米，纵向若以不足 10 米水深的滩长计，北港、北槽和南槽均在 40 千米以上。

长江口地区由于地形、径流、潮流、盐水及泥沙扩散、沉降等众多因素的影响，在纵剖面上形成河槽拦门沙浅段，而河槽两侧发育成宽阔的心滩和边滩，它们之间实际上是不可分割的统一淤积体。由近百年来河口拦门沙地区的演变过程可以看出，若河槽中水文泥沙条件发生改变，两侧浅滩的冲淤变化也会有所反映；反之，两侧浅滩的冲淤变化也会对河槽产生一定的影响。

总之，长江口拦门沙的形成和变化是一个长时间大范围由众多因素综合影响的宏观自然过程。在长江口北槽实施的深水航道治理工程不会在总体上改变水流、泥沙、盐水和波浪等因素的影响，长江口的河床地貌仍将按照其自然演变规律缓慢向外海延伸[①]。

整治建筑物的研究

长江口深水航道治理工程整治建筑物的功能是"导流、挡沙、减淤"。整治建筑物主要包括四大主体工程：北导堤、南导堤、分流口工程（由潜堤和南线堤组成）以及南北导堤间的丁坝群。

整治建筑物设计水文要素主要有：校核高水位为 5.32 米，校核低水位为 −0.59 米。鉴于工程区实测涨、落急潮流垂线平均流速约为 1.0 米／秒，表层最大流速达 2.96 米／秒，因此在工程设计与施工中必须重视水流对建筑物的影响。

对堤头、分流口等重要堤段，设计波浪重现期取为 50 年，其他一般部位的重现期为 25 年。导堤沿程设计波要素略有变化，但差别不大，设计高水位下 $H_{5\%}$ 基本在 3.0 米左右，周期约为 7 秒，波长在 60—70 米之间。针对长江口自然条件与工程技术要求的特点，在"预可行性研究"阶段，对整治建筑物结构型式进行多方案比选后，推荐导堤、丁坝、分流口工程

---

① 交通部科学研究院河口海岸科学研究中心：《有关拦门沙下移问题的补充说明》，2001 年 3 月，内部资料。资料存于采集工程数据库。

均采用抛石斜坡堤；护底结构采用软体排抛石与砂被；护面结构采用块石与扭王字块；压顶采用削角王字块。在"工程可行性研究"中又对诸多结构型式进行了模型试验比较和筛选。由于一期工程所在范围的滩地水深较浅及地基条件较好，因此斜坡堤更具优越性，所以将斜坡堤作为一期工程的主体结构型式。

虽然抛石斜坡堤是得到普遍应用的一种传统结构型式，但在长江口工程中应用存在下列问题：由于长江口地区缺乏石料，大量石料均需由外地水运至施工现场，需要大量的民船，其抗风浪能力差，运距远，受海象条件的影响大；如使用大型运输船舶，抛石单价将有所提高，又受到低潮期水深小的制约。削角王字块重量大，需要大型起重船，垫层块石在施工期受波、流共同作用易流失，埋坡困难，预制构件安放质量难以保证。综合考虑上述情况后，提出了袋装砂堤芯斜坡堤的结构型式。

袋装砂堤芯斜坡堤是在长江口地区圈围造地工程中得到广泛应用的一种新型结构型式。这种结构型式，因地制宜，利用现场砂性土料充填复合土工织物袋形成堤芯，外设反滤层，再以块石或人工块体形成护面层，使堤身成为永久性结构。这种结构型式的应用不仅可以解决石料缺乏的问题，而且与传统的抛石斜坡堤相比，具有造价省、施工简便以及工期短等显著优点。

对此，上海航道勘察设计研究院对袋装砂结构斜坡堤进行了工程调查[①]。1997年10月，刘济舟审查了由上海航道勘察设计研究院完成的《袋装砂结构斜坡堤工程调查研究报告》。

根据工程调查结果，结合国内最近几年的工程实践，在刘济舟的指导下，得出针对长江口的特点（需重视抗浪稳定性）进一步改进后，在一期工程中采用袋装砂作堤芯是可行的结论。一期工程根据各堤段的特点，结合水深条件，堤芯结构考虑了抛石和袋装砂两种型式，护面和压顶结构则分段合理选用。护面结构考虑了大块石、扭王字块和模袋混凝土整体护面3种型式。

---

① 上海航道勘察设计研究院:《袋装砂结构斜坡堤工程调查研究报告》。1997年10月，内部资料。

图 11-5 1998 年，"长江口工可研"施工工艺专题成果审议会（后排左四为刘济舟）

1997 年，中交一航院受日本宫崎港试验过的一种新型防波堤结构的启发，在天津港南疆东围堰设计采用了一种新型半圆体结构，由一航局一公司负责施工。由于深知刘济舟一贯关心和支持水运工程的技术创新，7 月，范期锦邀请刘济舟在从大连益远船坞工地回来后去天津新港南疆现场考察这种新型结构。那一年刘济舟已经 71 岁，身体发胖，去现场考察并不太方便。刘济舟与范期锦一行从大连乘船，早上到达天津新港。到达工地现场时，正好是低潮位。他们一块在堤上走，走到半圆体前正好赶上大低潮，半圆体全部露出水面，在外面可以看到整体。刘济舟坚持要到半圆体结构顶部观察全部细节。半圆体有 4—5 米高，是圆弧状，没有梯子，很危险。但大家拧不过他，最后想法将刘济舟送到半圆体顶部。他掏出"小本"边记录，边向陪同考察的一航局一公司总工祝业浩详细了解构件的尺度、配筋率等设计参数和预制、安装工艺，工程造价等。大家都被刘济舟这种敬业精神深深感动，那一幕给范期锦留下了深刻印象。

刘济舟回到交通部后，经他推荐，时任水运局副局长的李悟洲[①] 也专

---

① 李悟洲（1940-），原交通部水运司副司长，巡视员。交通部专家组成员。

程去看了半圆体工程现场，对这种新型结构的技术优点有了深入的了解。1997年9月，在长江口深水航道治理工程初步设计工作中，李悟洲要求应将半圆体结构纳入初步设计，与斜坡堤等方案进行比选。

一期工程整治建筑物工程招标时，允许各设计施工联营体以更加优化的替代方案投标。结果，参加投标的六家联营体中有四家的优化替代方案都是半圆体结构。且其中两家均以替代方案中标。

半圆型堤身结构由垂直断面呈半圆环形的钢筋混凝土拱圈和底板组成。这种结构具有以下特点：

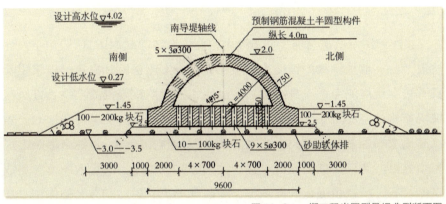

图 11-6　一期工程半圆型导堤典型断面图

（1）由于波压力在堤身高度方向的相位差，作用在半圆堤上的波压力较传统直立堤小，抗滑稳定性能好，堤身断面较经济。

（2）堤面波压力的作用方向均通过圆心，对堤身不产生倾覆力矩，因此地基应力基本为均布状况，适合于软基的条件。

（3）圆拱结构的构件受力性能好。

（4）半圆型构件全部在陆上预制，安放于整平好的抛石基床上后，即可抵御大浪的袭击，且无现浇混凝土等后续工序，水上作业工序少，施工期稳定性好，因此特别适用于自然条件较差的外海地区。

（5）半圆型构件为自身稳定结构，堤身内无需填石，施工简便，石料用量省。

（6）对已建好的堤段，可较方便地把半圆型构件吊起并重新安放就位。

（7）景观效果好。

（8）相对等高的直立堤，堤顶越浪量较大。但本工程整治建筑物的功能是"导流、挡沙、减淤"，毋须强调导堤、丁坝的防浪掩护功能。

因此，半圆型堤身结构是一种非常适合长江口工程的优异的新型结构。

二期工程中，又进一步研发了充沙半圆体结构和半圆形沉箱结构。半圆型新结构在长江口深水航道治理一项工程中采用的堤段即超过 51 千米。刘济舟为这种新型结构用于长江口做了开创性的推介工作。

1998 年 6 月，长江口深水航道治理工程完成了护底结构和堤身结构两个试验段工程的施工及外高桥、横沙东、西滩共三个基地的建设。7 月 1 日主体工程进入全面施工阶段[①]。

长江口深水航道治理二期工程中，北导堤端部的 NIIC 区段由于设计波浪大，且地基承载力极低，经多轮设计方案比选后，决定导堤采用既具有较高抗浪能力，自身重量又较轻的新型抛填钢筋混凝土空心方块斜坡堤结构。空心方块为边长 2.5 米的中空正方体。由于堤身结构的孔隙率高达 78% 左右，刘济舟担心其导流、挡沙作用较弱，可能会影响工程整治效果。建议根据工程后对整治效果的监测成果，向堤内抛填一定数量的块石，以减少堤体的孔隙率，增强其导流、拦沙和减淤的作用。建设单位认真听取了刘济舟的建议后，安排中交天津港湾工程研究所进行了水工模型试验。拟通过试验对波浪作用下抛填块石的稳定状态及堤身的反射和透射特性进行测试，并为块石抛填施工提供合理的实施方案。2004 年 8 月，刘济舟审查了中交天津港湾工程研究所完成的《长江口深水航道治理工程空心方块斜坡堤填充块石断面物理模型试验报告》。报告主要描述了采用五种不同块石级配和五种填充方案工况条件下，在使用期波浪作用下的最终填充状态，并在块石达到稳定状态后，进行了空心方块斜坡堤的反射系数和透射系数的测试。在不同填充方案下，对每层空心方块内块石的存留量和位移到堤外的堆积量进行了统计分析，计算出了单延米堤身内块石的填充量和堆积量，给出了不同填充方案对应的

[①] 《长江口深水航道治理工程一期工程实施情况》报告。1998 年 11 月，内部资料。

空心方块斜坡堤的孔隙率①。这一试验成果支持了ＮⅡＣ堤段采用空心方块斜坡堤结构的可行性，促进了二期工程中历经坎坷的北导堤堤头软基大浪条件下堤身结构选型这一难题的圆满解决。

总结长江口一期工程的经验

万事开头难

一期工程是在长江口恶劣工况条件下对工程施工可行性的一次探索。需要建造的导堤、丁坝总长度达到五十多千米，工程量十分巨大，工程遇到的困难也超出了想象。

首先是工程远离陆域，工况恶劣。整治建筑物平均距外高桥江岸约50千米，全部水上作业无陆基依托，常年受风、浪、流的影响。其次，在试验段的施工过程中，大家就发现当时开进长江口的常规施工船舶，根本无法适应这项工程恶劣的自然条件。建设单位响应刘济舟的积极建议，组织各施工单位充分发挥自身技术优势，研制和开发了适合长江口工况条件的多套专用施工设备，如创新的铺排船、整平船和吊装船等。

除了大量施工船舶需要改造外，如何保障河床的稳定是决定整治建筑物工程成败的关键，护底的问题解决了，整治建筑物才能够顺利的建设。可是，要在松软的河床上，建起一百多千米的稳固堤坝，最大的难题就是怎么把起护底作用的软体排铺设到海床上。传统的河工工程中，都是采用柴排护底。然而，这种传统方式在长江口整治工程中却显得很不现实，不仅柴排施工速度慢、易发生浪损，一百多千米的堤坝还需要消耗大量宝贵的植物梢料，从生态保护的角度也不允许采用这种方案。为了解决这个问题，建设者们创造性地想出了利用土工

---

① 中交天津港湾工程研究所:《长江口深水航道治理工程空心方块斜坡堤填充块石断面物理模型试验报告》，2004年8月，内部资料。

织物的透水、保沙性能，加上用长管沙袋或混凝土连锁块作压载材料，制成软体排，再用铺排船将软体排沉设到江底，从而高效地形成可靠的护底结构。这一创新的工法从诞生至成熟的全过程始终得到刘济舟的支持和指导。

总结试验段经验

在长江口施工，就如同在海面上施工，自然条件极其恶劣。在工程全面开工前，要先期进行试验段施工，它对整个工程是否能够顺利实施相当关键。刘济舟多次强调了长江口先做试验段工程的必要性，试验段工程的主要内容包括堤身结构试验段和护底结构试验段两部分。

实施试验段工程的主要目的是：优化整治建筑物护底和堤身的结构型式；优化施工工艺；掌握长江口水域的工况条件；利用当时的良好河势先期实施分流口鱼嘴处护底工程，及早稳定河势，阻止江亚南沙的继续下移；为编制本工程质量检验标准和定额积累资料、提供依据。堤身结构试验段布置在北导堤根部横沙东滩已建 3000 米抛石堤以东 800 米范围，自西向东设计了四种断面结构形式；护底结构试验段布置在南导堤分流口区段，由鱼嘴分别向潜堤和南导堤延伸，长度为 2500 米，共设计了三种结构形式①。

1998 年 2 月 27 日，刘济舟绘制了长江口试验段工程中采用的整治建筑物的结构型式，包括抛石堤芯斜坡堤、袋装砂堤芯斜坡堤和半圆体结构。

1998 年 4 月 22 日，刘济舟对试验段工程初步经验进行了五个方面的总结，包括舟山小黄龙采石场、江苏内河来石料、现长江口维护挖泥、长江口 1 号铺排船和改进与经验。在改进与经验方面，总结提出了 12 条建议②。

---

① 《长江口深水航道治理工程一期工程实施情况》报告，1998 年 11 月，内部资料。

② 刘济舟工作日志，1998 年。资料存于采集工程数据库。

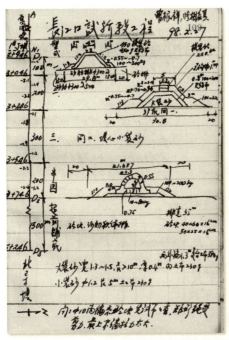

图 11-7　刘济舟绘制的试验段结构草图
（1998 年）

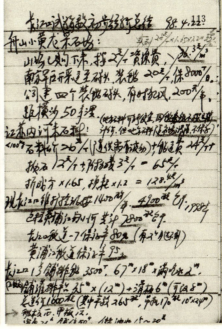

图 11-8　刘济舟总结试验段经验手稿
（1998 年）

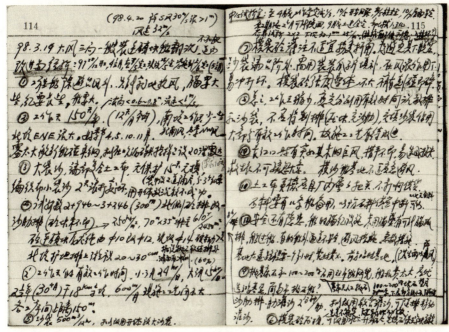

图 11-9　刘济舟在工作日志中提出的"改进与经验"（1998 年）

攻克长江口二期工程中的重重难题

2002 年 4 月，长江口治理二期工程正式开工。二期工程的主要内容是整治建筑物施工。由于施工现场不断向外海扩展，风浪流的影响更大，施工难度也更大。这种条件下，如何将导堤安全建成成为工程施工的关键问题。导堤是由袋装砂堤芯斜坡堤、充沙半圆体和半圆形沉箱等新型结构构成。二期导堤施工条件最差的当属北导堤，主要表现为波浪大且地基软弱。条件最差的是堤头，该处表层 3 米都是淤泥，以下 8 米地基也只有很低的强度；而最大设计波高达 8 米，有效波高为 5 米。在这种环境条件下，采用什么结构一度成为困扰工程技术人员的最大难题[①]。

支持大圆筒结构方案

1998 年 7 月，长江口深水航道治理工程一期工程进入全面施工阶段。同时，长江航道建设有限公司即着手组织有关设计单位开展了二、三期工程可行性研究及报告编制工作，于 1999 年 1 月中旬报交通部内审。为了积极做好二、三期工程的前期工作，在一期工程成功经验的基础上，选择适合二期工程特点的整治建筑物工程的结构方案，1999 年初决定举办"长江口深水航道治理工程二期工程整治建筑物工程结构设计方案竞赛"。8 月中旬，共有五家设计单位报来 21 份参赛设计文件。他们所提交的参赛设计文件涵盖了二期工程全部导堤堤段和丁坝。9 月，在交通部水运司的组织下，公司组织国内 20 余位资深专家对参赛设计方案进行了认真的评选，并于 9 月 14 日向各参赛设计单位通报了评选结果。但"北导堤深水区堤段和堤头结构设计方案优秀奖"空缺。在参赛的北导堤深水区堤段和堤头结构五个设计方案中，被筛选掉两个方案，对其余三个方案，专家们认为虽

---

① 范期锦访谈，2014 年 4 月 17 日，上海。资料存于采集工程数据库。

然可取，但也都存在若干不足之处。通过这次设计方案竞赛，集思广益，对二期工程整治建筑物工程结构设计的难度和重点有了进一步的认识。因此，专家们建议请各设计院继续完善各自参赛方案，以备日后初步设计时选用。

2000年4月中旬，长江航道建设有限公司组织专家会，对中交一航院、三航院和四航院提交的经优化后的北导堤深水区堤段和堤头结构设计方案进行了评审。通过评审，初步确定北导堤深水区段和堤头结构可以通过对中交一航院的半圆体沉箱混合堤方案、三航院的半圆顶直立式混合堤方案以及四航院的插入式钢筋混凝土大圆筒结构方案的比选确定①。鉴于大圆筒结构集堤身与基础于一体，无需对软基作加固处理，具有施工速度快、造价低的明显优势，刘济舟支持采用大圆筒方案②。

长江口深水航道治理工程二期工程整治建筑物工程结构初步设计方案论证期间，刘济舟收集了采用陆上推进法施工的英国布莱顿港削角圆筒（有基床）防波堤的有关资料。

刘济舟还从《赴日考察钢圆筒下沉考察报告》中摘选了部分关于钢圆筒结构的技术资料。该报告对日本应用钢圆筒的几个主要工程实例、结构主要尺寸及设计要素以及圆筒下沉的施工条件等均作了介绍③。

日本对钢圆筒结构的研究始于1977年。至目

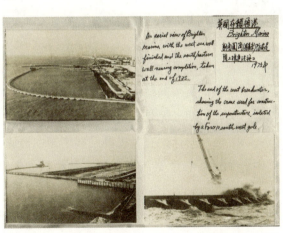

图11-10 刘济舟收集的英国布莱顿港削角圆筒（有基床）防波堤资料

---

① 长江航道建设有限公司：《长江口深水航道治理工程二期工程整治建筑物工程结构初步设计方案的简要介绍》，2001年7月，内部资料。

② 王汝凯访谈，2014年4月25日，广州。资料存于采集工程数据库。

③ 刘济舟摘选自《赴日考察钢圆筒下沉考察报告》的部分内容，2002年12月。资料存于采集工程数据库。

前为止，已应用于 10 个工程。和歌山下津港北港区南防波堤正在施工第 11 个工程。第一个是 1980—1983 年建设的和歌山住友金属构件厂的护岸工程。此后，分别于 1985 年和 1987 年在名古屋港人工岛和德岛市小松岛港应用。关西机场一期工程是钢圆筒应用的第 4 个工程。圆筒下沉的工作条件为，有效波高 $H_{1/3}$ 不大于 0.6 米，周期 T 不大于 6 秒，风速不大于 10 米 / 秒。圆筒顶部水平偏位允许值取决于连接圆弧钢板对锁口位置的精度要求。

四航院为长江口二期工程设计的大圆筒是插入式钢筋混凝土结构，王汝凯[①] 提出可以采用大型液压振动锤震动下沉的工艺方法。早期施工经验表明，下沉质量很难控制；在混凝土抗裂、多锤工作的同步性控制、圆筒稳定性计算方法等方面仍存在疑虑。经核算，按照当时的结构设计，震沉直径 12 米、重 470 吨的薄壁钢筋混凝土圆筒需要四台激振力 3200 千牛的大型液压震动锤，能否实现同步震沉，国际上尚无成熟经验。在刘济舟等的建议下，交通部决定实施大圆筒结构试验段工程，刘济舟参与了详细的试验方案研究与制定[②]。

实施试验段工程的目的为：[③]

（1）验证在长江口北导堤深水区软基段采用"振动下沉大圆筒结构"基本施工工艺的可行性，配套、完善和优化全套工序的施工工艺。

（2）验证大圆筒结构设计计算理论和方法（包括计算参数取值）的合理性，优化二期工程北导堤堤头结构设计。

（3）检验设计中有关提高结构耐振性措施（包括施加预应力、在混凝土中掺加钢纤维或聚丙烯纤维以及在振动锤夹点处的筒壁内外预埋钢板等）的有效性和提出改进意见，对预应力钢筋混凝土和普通钢筋混凝土两种结构进行比较，以便更加经济合理地确定正式工程采用的结构方案。

2001 年 7 月，刘济舟对长江口航道建设有限公司编制的《长江口深水航道治理工程二期工程整治建筑物工程结构初步设计方案》提出了审查意

---

① 王汝凯（1938-），中国工程设计大师，曾任中交第四航务工程勘察设计院总工，现任中交第四航务工程勘察设计院顾问。全国交通系统劳动模范，美国 TexasA&M 大学访问学者。

② 范期锦访谈，2014 年 4 月 17 日，上海。资料存于采集工程数据库。

③ 中交第四航务工程勘察设计院有限公司：《长江口深水航道治理工程大圆筒结构试验段工程施工图设计说明》，2001 年 4 月，内部资料。

见，并绘制了大圆筒结构图。

试验段工程实施前，刘济舟对直接在长江口距岸 50 千米外的地方实施四个大圆筒下沉施工深感不放心，紧急打电话给范期锦。建议他先在长江口内选一地质条件与试验段现场相似的地点实施一个大圆筒的震沉试验，以对整套震沉工艺做一次检验。此建议得到长江口公司领导们的一致赞同。后来，试验地点选在横沙岛东南水域。实践表明，这一次试验段工程前的试验非常必要，取得了宝贵的教训和经验。

在横沙水域试沉第一个大圆筒时，非常困难。震动锤起震后，很长时间"震而不沉"，好不容易打入土中几米后，又拔不出来。见此现状，刘济舟深为这套工艺是否能成功感到忧虑。范期锦和一航局施工人员连夜开会分析，直到后半夜才找到问题的原因。原来是由于下沉过程中大圆筒实时入土深度的信息传递滞后，造成软体排被带入筒底产生阻力所致。第二天，针对震沉试验中出现的问题，刘济舟提出了对试验段施工

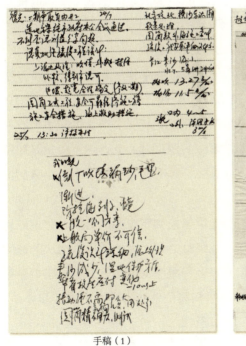

手稿（1）

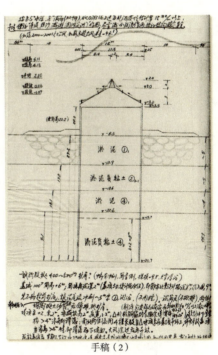

手稿（2）

图 11-11　2001 年，刘济舟审查《长江口深水航道治理工程二期工程整治建筑物工程结构初步设计方案》的手稿

的严格要求：先让潜水员在水下将大圆筒下沉位置处的软体排割除，消除软体排可能带入筒底产生阻力的风险。并要求将割除的软体排拿出水面，"死要见尸"。试验段工程四个大圆筒下沉全部按刘济舟的要求操作，均顺利成功。[①]

与死神擦肩而过

大圆筒结构试验段工程采用了"青平1号"抛石整平船座底导向定位和"铺排2号"船定位，1500吨起重船吊四台大型液压振动锤夹持大圆筒，同步联动振沉大圆筒的基本工艺。按设计要求，需完成铺设护底软体排、大圆筒预制及现场沉放、筒周边砂袋护底、抛护底块石、安装栅栏板、筒内充砂、安装筒顶块、2号筒顶部填充混凝土等工序。计划于四个圆筒组成的试验段全部工序完成后，于7月1日进行2号大圆筒水平拉力稳定性试验[②]。

试验段的施工现场是在长江口陆岸外50千米的茫茫大海上，时间是2002年3月，天气很冷。

至今范期锦对刘济舟去现场的情景仍历历在目。

当时刘济舟已经76岁。外海风大浪高，条件非常恶劣，但刘济舟坚持要到现场。范期锦只好将刘济舟安排在座底式定位船的一个船舱里休息。谁知后半夜突然起了大风，1500吨起重船走锚了，高大的起重船直冲着定位船快速地压了过来，场面非常紧张。范期锦心想，这下肯定是船毁人亡！想到刘院士还在下面船舱里休息呢，顿时又心生愧疚之感，直后悔把他带上了船。

就在大家感到绝望之时，没想到起重船撞到定位船的时候，定位船只轻轻晃了一晃。众人感到十分诧异。凭经验，那么大的船以那么快的速度撞过来，撞击力应是很大的，怎么会轻轻一晃呢？但不管怎么，起重船停止了漂移。大家跑到船边一看，在两船相撞位置正好停有一艘测量小艇，

---

① 范期锦访谈，2014年4月17日，上海。资料存于采集工程数据库。

② 大圆筒试验段工程专家研讨会汇报材料之二——《大圆筒结构试验段水上施工和质量控制水下地形测量和探摸情况报告》，中交第一航务工程局，2002年8月8日，内部资料。

已被挤压得严重变形。测量船成了两船相撞的缓冲垫，起到了保护定位船的作用。因此，这条测量船也救了大家的性命。

刘济舟在 76 岁高龄时，还不顾个人安危亲临施工现场的敬业精神，至今还深深印在范期锦的脑海中。

病床上的思考

试验段四个大圆筒的沉放时间是 2002 年 3 月 17 日—4 月 2 日，沉放顺序是：2 号 –1 号 –4 号 –3 号。

（a）大圆筒的预制

（b）大圆筒的出运吊装

图 11–12　大圆筒的施工场景

2002 年 7 月 5 日，台风"威马逊"来袭。台风过后，项目部有关人员乘船去大圆筒试验段现场，拟进行 2 号大圆筒稳定性试验的准备工作。但低潮时也未发现大圆筒的筒顶块露出水面，初步估计可能已倾倒或沉入水下。后经水下探摸发现，台风"威马逊"过境后，四个大圆筒均发生严重倾覆①。

---

① 大圆筒试验段工程专家研讨会汇报材料之二——《大圆筒结构试验段水上施工和质量控制水下地形测量和探摸情况报告》，中交一航局，2002 年 8 月 8 日，内部资料。

受“威马逊”台风影响，大圆筒结构发生失稳，大圆筒及筒顶块体在台风过境后淹没在海中。

2002 年 8 月，为查明大圆筒结构破坏的原因，长江口航道建设有限公司组织开展了大圆筒结构试验段工程受“威马逊”台风破坏情况的调查。主要任务是：查明大圆筒倾覆后的位置及形态，筒顶块体的状态及与圆筒嵌接状况，查明软体排、袋装砂、抛石、栅栏板等护底结构的破坏情况、调查试验段工程区域及周边水下地形变化情况。调查结束后，长江口航道建设有限公司编制了《长江口深水航道治理工程大圆筒结构试验段工程受“威马逊”台风破坏情况调查报告》，中交一航局编写了《大圆筒结构试验段水上施工和质量控制水下地形测量和探摸情况报告》。上海航道勘察设计研究院编写了《长江口深水航道治理二期工程大圆筒结构试验段调查勘察报告》。中交四航院编制完成了《长江口深水航道治理工程大圆筒结构试验段工程“威马逊”台风后失稳调查分析报告》。

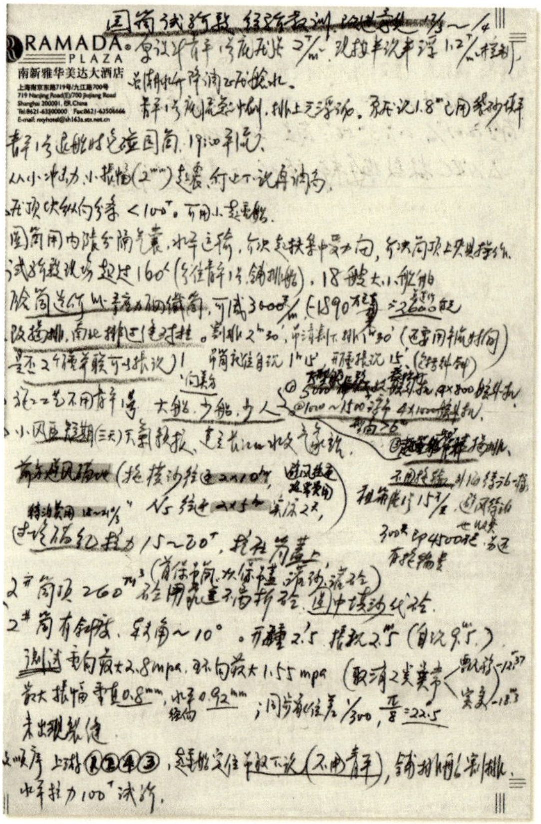
RAMADA PLAZA
南新雅华美达大酒店

图 11–13　刘济舟关于大圆筒结构试验段工程失稳总结分析手稿（2002 年）

刘济舟审查了大圆筒试验段工程调查资料，并对结构试验段工程作了失稳总结分析。

2002 年 11 月 7 日，在大圆筒试验段工程发生结构倾覆破坏后，范期锦将新一轮长江口二期工程堤头段结构型式研究中对“空心方块斜坡堤方案”和“大型钢圆筒基础上面安放半圆形沉箱方案”的比选情况通过电话告诉了刘济舟。

第二天，刘济舟在中日友好医院病床上给范期锦写信，提出了对这两种结构方案的建议。信中提到："这也正是两个月来我在病床上反复思考的问题，你谈的情况很有启发，现提出我的粗浅建议如下。"

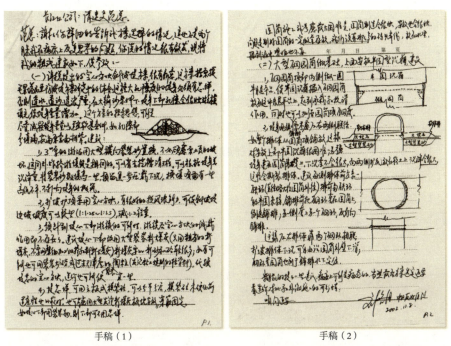

手稿（1）　　　　　　　　　　　　手稿（2）

图 11-14　2002 年，刘济舟在病床上写的对长江口二期工程北导堤堤头结构型式的建议信

攻克世界级难题

2002 年 12 月，二期工程北导堤第一批总长 320 米的 16 个半圆形沉箱安装完毕。不料，一场寒潮大风过后（浪高 3.5 米），这些重达 1200 吨的沉箱全被冲散开来。有的半圆形沉箱位移数十米，下沉超过 2 米。刘济舟在 12 月 23 日的工作日志中提到："同一院研究脉冲振动基土软化"[1]。2002 年 12 月 24 日，二期工程 N II B 标段被迫全面停工。

通过对已安装半圆形沉箱在较大风浪作用下剧烈沉陷的现场调查和模

---

[1] 刘济舟工作日志，2002 年 12 月 13 日。资料存于采集工程数据库。

拟波浪动荷载作用的原状地基土动／静三轴试验，明确揭示了波浪重复荷载作用下，近表层软黏土发生了严重的强度降低是现场地基稳定性破坏、结构骤沉的主要原因；通过对地基土动／静应力水平的计算，结合现场调查资料分析和室内三轴试验成果，初步掌握了地基土在波浪动荷载作用下的软化规律和特点。提出了对局部易软化黏土层实施预压排水加固、在沉箱底部增设橡胶阻滑板，通过减轻结构自重以减小地基应力等一整套抗地基土软化的工程措施。通过现场典型施工及试验监测、加固土的室内试验和台风浪的实地检验，验证了所采用的抗地基土软化工程措施的有效性。通过离心模型试验，验证了结构设计中地基稳定性及地基土变形分析的正确性；做出了二期整治建筑物工程地基土可能发生软化全部堤段的抗软化结构设计，经交通部审批后实施。研制了海上塑料排水板打设大型专用作业船及塑料排水板打设和砂被铺设施工工艺。全部抗地基土软化结构施工已于 2004 年年底完成，并成功经历了多次台风考验①。

2003 年 11 月 18 日，二期工程恢复施工，2004 年 12 月 8 日和 10 日，最后两个标段全部竣工。2005 年 3 月底，长江口深水航道二期工程提前完成建设任务，航道水深由 8.5 米增加到 10 米，航道长度 74.471 千米，航道底宽 350—400 米。

2005 年 5 月，长江口航道建设有限公司、中交第一航务工程勘察设计院等单位完成了"长江口深水航道治理工程中波浪对地基土的软化作用及工程措施的研究成果报告"。报告指出："在规模宏大、条件恶劣、工期紧迫、技术复杂的长江口深水航道治理二期工程开工之年，我们遇到了软黏土地基在波浪重复荷载作用下软化这一世界级技术难题。项目组采用现场调研、资料分析、科学实验等综合手段，科学地查明了地基承载力破坏的主要原因；探索出经济合理的工程措施；开发了相应的施工工艺和装备；并经现场监测、室内试验等多方验证，使这一系统、综合的研究成果直接成功地应用于二期工程，并有力地保证了二期工程质量优良、概算不超、工期不延②。"

① 长江口航道建设有限公司：《长江口深水航道治理工程中波浪对地基土的软化作用及工程措施的研究》（总报告），2005 年 5 月，内部资料。

② 同①。

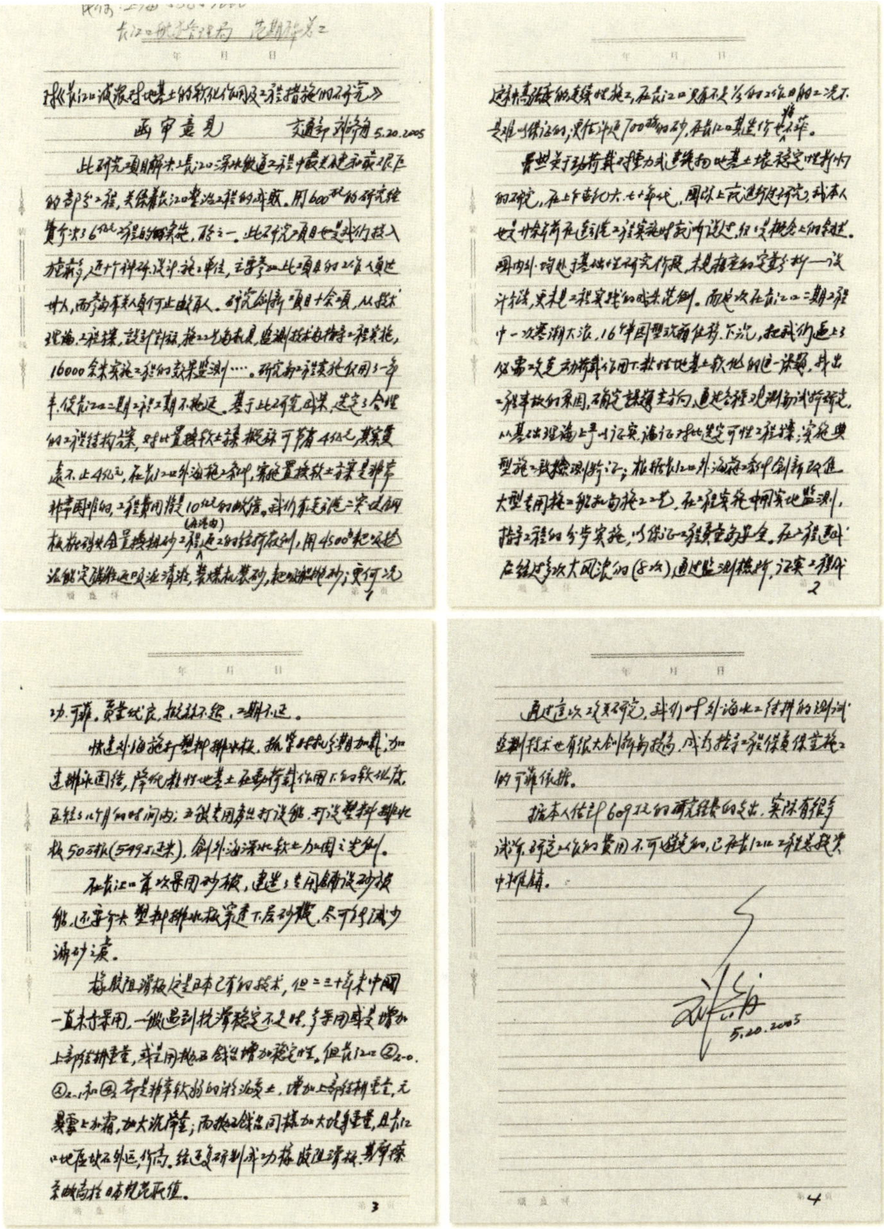

图 11-15　刘济舟函审意见手稿（2005年）

对于这项成果，刘济舟提出了函审意见。刘济舟在函审意见中写道：

通过各种观测与实验研究，从基础理论上予以证实、论证，对比选定可行工程方案；实施典型施工段检测验证；根据长江口外海施工条件创新改进大型专用施工船机与施工工艺；在工程实施中用实地监测指导工程的分步实施，以保证工程质量与安全。在工程建成后，经过多次大风浪（8次）的检测检验，证明工程成功可靠，质量优良，概算不超，工期不延。

最终的成果报告按照刘济舟的意见做了修改和完善。

2005年6月23—24日，交通部科教司在上海主持召开了《长江口深水航道治理工程中波浪对地基土的软化作用及工程措施的研究》项目成果鉴定会。会议认为，该项目研究成果在总体上处于国际领先水平。

我们的心愿

二期工程建成后，进出上海港的集装箱每年可增加装载400万TEU，宝钢进口铁矿石船每艘次可少减载1万吨左右。原7.0米水深时完全不能进出长江口的5万吨级以上大型船舶，猛增至4500艘次/年，较10.0米航道开通前也增加了37.6%。一、二期工程对上海成为世界第一货物吞吐量大港、集装箱吞吐量跃升并稳居世界第3发挥了重要的支撑作用[①]。

2005年1月9日，在2005年农历新年来临之际，刘济舟心怀长江口深水航道治理的决心和信心，写下了《我们的心愿》[②]。文中写道：

> 长江口一、二期工程的实施，推动了进江海轮大型化的进程，5
> 万吨级以上船舶已由2000年的574艘次，增长到2004年的1064艘次；
> 10万吨级船舶（减载后）已达128艘次。三期工程将对全长92.2千米
> 航道加深至-12.5米进行疏浚，总计土方约1.5亿立方米（部分吹填造

---

① 范期锦：《长江口深水航道治理工程成套技术》报告，全国水运工程技术创新会，2007年7月7日。

② 刘济舟：《我们的心愿》，2005年1月9日。资料存于采集工程数据库。

陆）。三期工程实施后，长江口航道将可极大地满足第三、第四代集装箱船和5万吨级船舶全天候双向通航；第五、第六代大型远洋集装箱船舶和10万吨级满载散货船及20万吨级减载散货船乘潮通过长江口的需要。届时，结合按"深下游、畅中游、延上游"的长江航道整治规划的实施，实现10万吨级船舶进出长江口，5万吨级海轮到达南京，高等级航道延伸至云南水富，打通西部地区出海大通道，长江口"黄金水道"功能将充分发挥数十亿的运能，江海通畅，那将是我们美好心愿实现的那一天。

对长江口三期工程的建议

三期工程的可行性论证

三期工程原定主要任务是疏浚。2005年10月8—10日，受国家发改委委托，中资公司召开了《长江口深水航道治理三期工程可行性研究报告》评估会。潘家铮任组长，刘济舟参加了会议。专家组认为二期工程实施效果和问题是评估三期工程可行性的基础，因此，首先对二期工程的实施效果进行了评估。专家组认为，二期工程的设计思想和实施方案合理，解决了设计、施工中的关键问题，取得了多项重大技术创新成果；整治工程进展顺利、效益显著。具体说可归纳为以下四点：[1]

（1）整治效果显著。航道水深增加到10米，保障了长江口货物和集装箱运输量的高速增长，上海港的货物和集装箱吞吐量跃居世界第二及第三，不仅带来了巨大经济效益，而且对保障和促进上海市、江苏省和长江流域的社会和经济发展具有特别重大的意义。

（2）工程设计思想和技术方案合理。二期工程解决了许多设计、施工

---

[1] 《长江口深水航道治理三期工程可行性研究报告评估会专家组意见》，2005年10月9日，内部资料。

中的关键问题，取得了多项重大技术创新成果。整治建筑物经过多次台风和风暴潮考验，结构可靠，基本完好，发挥了导流、挡沙、减淤作用，长江口北槽河势稳定，形成一条微弯深泓，且与主航道轴线基本吻合，为深水航道的稳定提供了保证。

（3）回淤量得到有效控制。每年的维护疏浚量在预测范围之内，通航保证率始终达到100%。

（4）科学组织、合理分工，工程进展顺利。二期工程工期较设计工期缩短一个月，造价有所节约。在工程实施期间，对有关水域进行了系统的环境、生态监测，推动和参与长江口生态修复工程，做出重要贡献。

专家组认为实施三期工程是必要的，抓紧当前时机，尽早启动是有利的。三期工程主要是疏浚工程，因此，较可靠地预测施工期的回淤量以及工程建成后的维护疏浚量（包括明确其沿程分布及季节性变化）至为重要。

对疏浚设备的建议

三期工程疏浚工程量巨大。根据三期工程可行性论证，疏浚强度与二期工程相比增加有限，因此依靠国内现有疏浚力量基本可满足要求，必要时可调整工期或通过国际招标实施。采用大型耙吸式挖泥船疏浚、外抛和吹泥上滩相结合的施工工艺是可行的。

2005年6月23日，刘济舟审查了由上海船舶运输科学研究所编制的《构建长江口专用大型耙吸式挖泥船可行性研究报告》及其补充说明，并提出了审查意见：

> 我全面审阅了可行性报告、补充说明与设计任务书，我理解这是针对长江口年维护疏浚3000万方（立方米）的需要有关构建挖泥船的研究。按我部要求三期工程需要紧接二期工程连续施工，也就是说这两艘挖泥船必然是包括参与三期工程可研论证的十艘大型耙吸式挖泥船队，它至少要承担起三期工程16960万方总量中的41%的回淤工

程量 6900 万方疏浚任务，起着关键骨干的主力作用。关系着三期工程的成败，必须慎重对待。为此，可行性报告有以下两点应进一步搞清楚。一是挖泥船疏浚施工时间利用率统计分析表中，生产性与非生产性停歇时间按附注中解释似乎不包括与运输船舶避让停歇待航的时间损失。二是为什么在三期工可和这次工可中对挖泥船选型始终不超过 12000 方。看了 P25 就明白了，就是这一句话（参照荷兰 IHC 公司对各种船型在长江口挖泥成本进行分析，从单方成本看，12000—13000 方挖泥船成本最低，大于 13000 方船，成本又有所上升）。我们要深入研究 IHC 的分析报告，它是依据什么施工背景条件，作此结论？[1]

2006 年 9 月 25 日，三期疏浚工程正式开工。

三期工程原计划工期 3 年，计划 2009 年 9 月完工。后因工程实施过程中遇到了回淤量大幅超过预期、回淤分布高度集中的情况，加上施工船机力量不足、回淤集中段船机作业面局促等原因，航道一度出现增深困难的局面。直至 2008 年 11 月，仍未能实现航道的有效增深。对此，长江口航道管理局于 2006 年年底即开始组织有关单位开展回淤原因分析和减淤工程方案研究。

至 2008 年年中，在基本明晰航道严重回淤主要原因的基础上，通过大量资料分析、数学模型和物理模型试验研究，提出了增加 11 座丁坝的长度、缩窄北槽上中段河宽，以改善水动力沿程分布，加大水流输沙能力的减淤工程 YH101 方案。

经多方努力，攻坚克难的战斗终于告捷：2010 年 3 月，全长约 92.2 千米，底宽 350—400 米的三期航道实现了 12.5 米水深的全线贯通，三期工程取得圆满成功[2]。

---

① 刘济舟给《构建长江口专用大型耙吸式挖泥船可行性研究报告》评审会的书面评审意见，2005 年 6 月 23 日。资料存于采集工程数据库。

② 矫阳、陈彬：开黄金水道，展经济宏图——长江口深水航道治理工程报告。《中国工程咨询》，2011 年第 10 期，第 4—9 页。

圆　　梦

我国河口治理工程的伟大创举

　　长江口深水航道治理工程是我国河口治理工程的伟大创举。工程实施过程中，先后遇到的重大工程技术难题有：一期工程中下游段出现局部严重淤浅；二期工程中出现地基土在波浪作用下软化；三期工程初期航道回淤规律改变，淤积严重且分布集中，致使实现 12.5 米航道水深的目标遇到严峻挑战等。在刘济舟的技术指导和密切参与下，科研、设计和施工单位开展技术攻关，通过科学研究，及时对设计方案做了重大调整，最终成功地解决了这些重大技术难题，经受住了长江口一次次台风巨浪的考验，实现了航道治理目标，并确保了工程质量优良。

　　2006 年 5 月 9 日，针对长江口一、二期工程的成功建设，《长江口深水航道治理工程成套技术》科技成果鉴定会在北京举行。鉴定意见认为：长江口深水航道治理工程决策正确，实现了理论、技术和工程管理的全面创新，效益巨大。该工程已经并将继续为长江黄金水道建设、沿江港口发展、长江口综合治理开发以及长江三角洲和长江流域经济社会的发展发挥显著的推动作用。长江口深水航道治理工程的成套技术，是一、二期工程成功建设的重要保障，是我国河口治理和水运事业的伟大创举，是世界上巨型复杂河口航道治理的成功范例。该项科技成果总体上居于国际领先水平[①]。

　　会议认为，工程的首要关键技术是科学论证深水航道的航槽定线和治理工程的总体布置方案。通过长期的勘测资料分析和物理模型、数学模型等深入的试验研究，在基本掌握水沙运动特点和河床演变规律的基础上，提出了"在长江口总体河势基本稳定的条件下，可以选择北槽先期进行工程治理"的科学论断，制定了"中水位整治、稳定分流口、采用宽间距双

---

　　① 《长江口深水航道治理工程成套技术科技成果鉴定会鉴定意见》，2006 年 5 月 9 日，内部资料。

导堤加长丁坝群，结合疏浚工程"的总体治理方案。一、二期工程建设和运行实践表明，对于长江口这样的巨型复杂河口来说，上述总体治理方案是国内外河口治理和深水航道建设前所未有的成功范例和重大创新，其中取得了一系列的重要科研成果和技术创新成果，形成了完整的深水航道治理工程的成套技术。其中，重大的关键技术有：

（1）全沙模型相似理论和旋转流场模拟等物理模型试验技术，考虑径流、潮流、波浪和盐水等多因素共同作用的全沙数学模型，航道回淤预测数学模型，软黏土地基在波浪重复荷载作用下软化的加固处理技术等，均属国内外首创的科技成果。

（2）护底软体排结构及材料，充沙半圆体、半圆形沉箱、空心方块等导堤结构，大型软体排铺设专用船，座底式基床抛石整平船，连锁块成片预制船上成型工艺等，均属原始创新或集成创新的新结构、新工艺和新设备。

（3）无验潮水下地形测量、长江口高程异常网等新技术的研发和应用，大批专用工程船舶的开发，不但克服了远离陆域、水上作业的困难，保证了工程质量和生产安全，加快了施工进度，而且带动了水运工程全行业的技术进步。

2004—2008 年，长江口深水航道治理一、二期工程相继获得詹天佑大奖和国家优质工程金质奖。2008 年 1 月 8 日，在庄严的人民大会堂里，党和国家领导人向荣获 2007 年度国家科技奖的专家、学者及单位颁发了奖状，《长江口深水航道治理工程成套技术》被评为"2007 年度国家科技进步奖一等奖"。同日，人民网刊登文章《筑起长江黄金水道上的坚固长城——长江口深水航道治理工程成套技术》，对长江口深水航道治理工程的难度、意义以及取得的巨大成果进行了系统介绍。

圆梦

2009 年 7 月，刘济舟在《交通建设与管理》发表了一篇文章——《圆梦》。系统讲述了长江口深水航道治理工程的整个过程、所克服的巨大困难、所取得的巨大成果以及工程的重大经济和社会价值。称整个工程"将是献给我们伟大祖国一个完整美好的'梦'"。文章全文如下 [①]。

半个世纪以来广大水运工程建设者渴望奉献给我们伟大的祖国一个美好的梦，那就是有一天巨轮能驶过水深不足 6 米的拦门沙，进入横亘我国的经济大动脉——长江，正像世界上若干大江大河河口（密西西比河、莱茵河、塞纳河、泰晤士河、圣劳伦斯河、哥伦比亚河等）已经实现的深水航道那样，使它与全国和全世界港口畅通无阻。

记得 30 年前长江水利工程权威专家林一山曾告诫："长江每年输沙五亿多吨，它想放到哪就放到哪，人们是很难左右的"。我们有没有这个能力，这也一直困惑着我们。事实上几十年来长江口确实是北槽冲刷深一些了，船就走北槽；过两年南槽又冲刷深了，再走南槽；每年维护疏浚一千多万方。但如果想比 7 米再挖深 10 厘米都很难。

1980 年，为适应宝钢建设的需要，我们曾研究过将长江口的水深加深到 9 米的疏浚方案，测算需投入 19 艘大型耙吸式挖泥船。当时，全国拥有的大型耙吸式挖泥船还不足其 1/3，这要支付多大的工程费用；更何况在 50 多千米长的航道上，19 艘挖泥船来来往往，运输船舶还能安全通航吗！大家默然，那只能暂时还是一个梦。

我们的信念坚定不移。历经近半个世纪三代专家学者孜孜不倦地对长江口河床演变规律及整治方案进行试验研究，终于证明采取整治与疏浚相结合的方案是可行的。对于整治工程采用什么结构型式，专家们也进行过多次试验工程探索，投入近 2000 万元，但不久这些工程都被浩浩江水吞没了，失去踪迹，但也得到了宝贵的经验教训。通过国家"八五"科技攻关项目"长江口深水航道整治方案的研究"，根据长江口三级分汊、四口入海的分汊格局，选定北槽为深水航道；明确总体设计思想："采用分流鱼嘴工程稳定北槽的有利河势，控制分流分沙比；双导堤与丁坝工程起到导流、挡沙、减淤的作用，减少滩槽

---

① 刘济舟：圆梦。《交通建设与管理》，2009 年 7 月。资料存于采集工程数据库。

泥沙交换，增加航道输沙入海能力，为深水航道开挖与维护提供适宜的水沙环境"。该项目于 1997 年获国家批准开工，计划用十余年时间，估算动态总投资 154 亿元，分三期使长江口深水航道增深至 8.5 米，再增深至 10.0 米，最终达到 12.5 米。工程规模之宏伟是新中国成立以来水运工程之首。导堤、丁堤、鱼嘴等整治建筑物总长超过 130 千米。工程现场在 50 千米外海滩上，常年受风、浪、流的严酷影响，年可作业天仅有 140—180 天。江床表层 3—10 米厚的松散粉砂层或稀软的淤泥层非常不稳定，冲淤变化和压缩沉降都很大。真像钱正英同志描述的"茫茫无边的江面，冲淤不定的沙洲，动荡变化的河势"。我们组织了我国一流的水工工程科研、设计、施工和监理队伍，试验探索，技术创新 74 项，建造多艘大型专用船机，实施严格的科学动态管理，终于 2000 年 3 月实现了一期工程 8.5 米目标水深。该工程总投资 30.85 亿元，比原概算节约 1.7 亿元。

停工两年观察，2002 年 5 月二期工程开工，2004 年年底二期工程全部完成，2005 年 5 月 10 米水深全线开通，实际总投资低于国家批准的 63.37 亿元概算。吃水大于 9 米的大型船舶日均通过量（艘次／天）从原来的 12.4 提高到 53.4；吃水 10 米的大型船舶从原来的 0.4 提高到 25.7；已产生的直接经济效益（仅算油和集装箱运输）达 204 亿元。

三期工程已于 2006 年 9 月 30 日开工，将疏浚航道 90.8 千米，底宽 350—400 米，水深 12.5 米的双向航道正在建设中。建成后，可满足第四代集装箱船和 5 万吨级船舶全潮双向通航的要求，并兼顾 10 万吨级减载散货船及 20 万吨级减载散货船乘潮通航的需要。这将是献给我们伟大祖国一个完整美好的"梦"。

长江口深水航道治理工程势在必行。

党的"十四大"做出了"以上海浦东开发开放为龙头，进一步开放长江沿岸城市，尽快把上海建成国际经济、金融、贸易中心之一，带动长江三角洲和整个长江流域地区经济的新飞跃"的重大战略决策，极大地推动了这个地区的改革开放和经济发展。但从交通运输和发展对外贸易来看，长江口拦门沙严重地影响着这一地区水运优势的发挥，成为制约上海和长江流域经济发展的突出矛盾。只有打通长江口深水航道，才能加速上海与国际接轨的步伐，尽快把上海建成远东地区重要的国际航运中心，为上海成为国际经济、金融、贸易中心创造更为有利的条件，并通过长江黄金水道形成向长江三角洲及中上游地区强大的辐射能力，充分发挥上海浦东的"龙头"作用，带动长江沿线经济的新飞跃。

长江口深水航道治理工程成套技术的创新成果多达74项，其中原始创新49项；获省部级以上科技成果奖励15项；获发明专利1项、实用新型专利12项。长江口深水航道治理工程成套技术获2006年度中国航海学会科学技术奖特等奖。一期工程获第11届全国优秀工程设计金质奖、第四届詹天佑土木工程大奖和2005年度国家优质工程金质奖。

长江口深水航道治理工程是一项具有世界级技术难度的重大工程。面对工程方案论证艰难、工程规模巨大、施工条件恶劣、工程管理复杂等诸多困难，科研人员将技术创新贯穿于科研、设计、施工和管理全过程，集总体方案制定、工程结构研究、施工工艺创新、施工装备研发、基础技术研究及管理模式创新于一体，形成了我国独创、世界领先的一整套大型河口航道治理的先进技术。

2010年3月14日，长江口深水航道治理三期工程在上海顺利通过交通运输部组织的交工验收。2011年5月，长江口深水航道治理三期工程在上海顺利通过国家竣工验收，标志着迄今为止我国最大的水运工程——长江口深水航道治理工程全面竣工。2011年5月19日，交通运输部在上海召开长江口深水航道治理工程建设总结表彰大会，刘济舟被授予"长江口深水航道治理工程建设杰出人物"称号。[1]

---

[1] 刘兴增：交通运输部全面总结长江口深水航道建设成果。《中国交通报》，2011年5月20日。

第十二章
工程与人生

幸福美满的家庭、广泛的社会活动、坚定的人生信仰和对工程的执着、热爱，也是刘济舟取得成就不可缺少的因素。

美 满 家 庭

相濡以沫

夏迺华母亲早逝，父亲对她关心也不多，造成夏迺华自幼自主性很强。1943 年，夏迺华由东北来到天津读书，1944 年 2 月 16 日刘济舟与夏迺华订婚，1950 年 2 月 16 日结婚。同年 9 月，夏迺华考入北大医学院药学系①。大学毕业后在卫生部药品校验所工作至退休。

刘济舟爱工程如爱家，他的大部分时间都是在工地上度过的。夏迺华经常半戏谑、半埋怨地说："他的老伴儿应该是个港口。"直至刘济舟退休，

---

① 刘济舟入党自述。存于交通部人教司。

图 12-1 2001 年，刘济舟（左二）与夏迺华（右一）在参观唐山港的轮船上

图 12-2 2006 年 2 月 14 日情人节，刘济舟与夏迺华的合影

结婚 50 多年在一起的时间加起来不过五年，他甚至搞不清楚自己的 3 个孩子怎么一下子都长大了！

由于聚少离多，加上夏迺华担心刘济舟的身体，为了照顾刘济舟，后来刘济舟出差时，夏迺华干脆陪同一起去。

刘济舟十分感谢在工作上一直支持着他的妻子，他将两人不同人生时期的合影专门作了剪辑，并在集子中题写道："每一个成功男人的背后都有一个女人。"

爷孙情

1983 年 9 月 2 日，孙女刘菁出生。刘济舟渊博、严谨的学者风范对刘菁产生了深刻的影响。自刘菁中学阶段，刘济舟就经常与她谈论爱好、理想和生活追求方面的话题。2001 年 8 月，刘菁被首都经贸大学信息系统与信息管理专业录取。面对不错的学校和专业，刘菁还是选择了去英国深造，就读于英国曼彻斯特大学数学系数学与经济专业，2005 年 7 月毕业后入伦敦大学商学院攻读工商管理硕士学位，2006 年 7 月毕业后留英工作。

远在英国的孙女经常通过信件与家中联系。2002 年 2 月 20 日，刘菁自伦敦大英博物馆寄回信卡："希望有朝一日，我们将属于自己的珍贵遗产请回我国。"2月23日，刘济舟在给刘菁的复信中谈了自己对爱国主义和学习方法的一些看法。

孙女自懂事开始，就很关心刘济舟的身体健康。刘济舟在外面出差多，每每出差前，孙女就与其约定不能喝酒。到吃饭时间，再打电话叮嘱一遍。2004年2月29日，刘济舟看到一篇关于英国人经研究认为喝啤酒可降低得心脏病、糖尿病概率的报道。刘菁听后说："别听英国人瞎掰！"这也是刘济舟最后一次喝啤酒。

刘济舟与孙女之间建立了一种深厚的爷孙情，刘菁走上工作岗位后，刘济舟时常叮嘱孙女在紧张的工作、学习之余锻炼身体，并掌握好在工作中学习的方法。以下便是刘菁在获得英国特许注册会计师前，刘济舟写给孙女的信，表达了刘济舟对孙女的牵挂与疼爱。

我们从你妈、爸了解到，你的工作，学习已经开始了，你很忙，学习很紧张，十月底还要考试。在工作单位的学习和学校中的学习是不同的，要大量的结合实际，内容非常丰富繁杂，收获会很大的，很实用的。

为此，我们很关心你的身体，你比较单薄，经不起太沉重的工作和学习的负担。你能获得安永的工作机会是很不容易的（据参考消息上刊在英国全金融界目前裁减人员11万人）。为了保证你能抓住这难得的机遇，顺利成长，首要的就是要保证你的身体健康，你在英国已待过七年了，比较熟

图 12-3　2004 年 8 月 29 日，刘济舟与孙女刘菁的合影

悉情况，适应了。不能只注意工作学习，更要关心生活安排，目前你的经济方面不是那么紧了，一定要保证吃好，营养全面；要劳逸结合，抓住一切间余休息好，特别是精神方面的休息。据说事务所发给你们健身卡了，这说明很重视你们的健康，这是好好工作的保证，你要利用好这条件，最好的选择就是游泳（你本来就游的顶好），游泳是全身的保健锻炼，又不增加腿膝关节的负荷压力，又不会使人肥胖，游泳时会消耗大量的脂肪，你最好坚持每周最少有两次游泳锻炼，当然能更多一些更好。当年我在厦门海堤两年，坚持每天在大海中游泳，风雨无阻，能游2212米，因为我理解这比什么都更重要。

学习要讲究方法，你已是硕士了，不能念死书，要会抓重点，要会查找资料，学习要事半功倍。你饭量不大，所以饮食一定要保证质量，定时吃饭，不要打乱生活规律，否则就会像我得了胃溃疡。

业余爱好

与枯燥的工程图纸打了一辈子交道的刘济舟是一个很懂得增加生活情趣的人。"现在老了，年轻时的许多爱好都放弃了，那时可真是能说会唱哦，摄影、集邮算得上精通，帆船也能使上两手呢[1]！"

10岁时，父亲送给刘济舟的小提琴，他一直保留着。自那时起，刘济舟就开始练琴，先是跟一位白俄罗斯的老师，后来跟一位中国老师，一直学到21岁大学毕业。

家中保存的两大本相册，其中好多时间久远的工程照片都是刘济舟自己洗印的。

刘济舟对集邮的热爱，也不仅仅是出于个人爱好，从他为柴长清《华夏港口》和《1949年以前的天津港》两部邮集所做的序言中便可看出："看了这专辑，进一步体会到集邮不应仅仅局限于玩物消遣，甚或积累资

---

[1] 胡士祥：毕生惟愿筑工程。2002年。资料存于采集工程数据库。

金。能借助集邮进行各种专题、专业的研究探索，是更有意义和价值的一番事业。"

刘济舟还是一个地图爱好者，喜欢地理，尤其喜欢历史地理。他认为"这里面有很多道理。"沿海各个港口的地图，他更是保存得很齐全。

年轻人与刘济舟谈话时总会感到轻松惬意，认为他是个开朗乐观、和蔼可亲的长者。当有人问起他的性格时，他的老伴儿曾半戏谑地指着壁橱里摆放的一个小毛驴水晶饰品形容他："那是我们孙女送给疼爱她的爷爷的礼物，这脾气倔起来，呵呵。"

优秀家风

刘济舟极有涵养，在家中基本没有发过脾气，但对孩子们的要求很严格。刘济舟做了长时间的交通部领导干部，又当选了中国工程院院士，但家中依旧简朴。妻子夏洒华和周围同事朋友间的关系都相处得很好。刘济舟的孩子也都朴素、热情、谦逊、对人彬彬有礼，这与刘济舟平时的要求和表率不无关系。

刘济舟平时工作忙，与家人聚少离多。1982 年 8 月，儿子刘军与儿媳刘樱结婚。当时，刘济舟正在石臼港现场指挥港口建设。所以自刘樱进入家门，就很少见到刘济舟回家，每次回家后听到最多的就是关于石臼港建设的话题。

刘济舟艰苦奋斗的作风影响着家中的每一位成员。儿媳刘樱一直从事与水运工程有关的工作，在工作岗位上勤勤恳恳、平易近人，与同事们相处十分融洽，多次获得单位优秀员工称号。

孙女刘菁秉承了刘济舟不断学习进取的精神。2005 年圣诞前夕，刘青给刘济舟和家人寄来贺卡，表达了自己对家人的殷切期盼：

> 四位老人：写贺卡总是件很"头痛"的事情，就像爸爸每次写，总要草稿、铅笔、钢笔写很多遍。这是可以理解的，尤其是给最亲的人们写祝福的话，好像有很多心愿，但又不知从何说起。

我在家的时间越来越短，自然，就有越来越多的话没法在第一时间说，想来想去最后唯一觉得要嘱咐的也就一句：祝大家都身体健康！

从几十年前，爷爷奔波于港口；到十几年前爸爸辛苦于沿海；到可能近十年内就要轮到我奋斗啦！之前你们都把自己照顾得很好，现在我也会健健康康的学习、工作！最主要是你们，要好好保持哦！

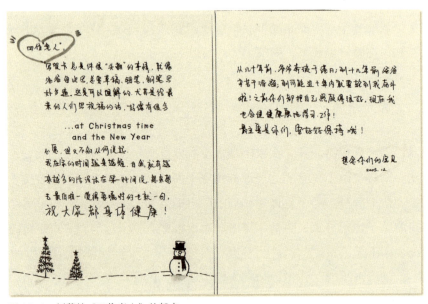

图 12-4　刘菁给"四位老人"的贺卡

2005 年 12 月 24 日刘济舟的复信，也体现了这个家庭的和谐氛围：

我们最亲爱的孙女菁菁：

接到你给"四位老人"的贺卡，非常欣慰，特别是最后的一段，使我们激动地念叨了好几天。它体现了我们唯一的孙女（接班人）长大了，她真实地体会到这四位老人为了咱们家的美好、幸福，奉献了终身的辛苦；更使我们感动的，这句"就要轮到我奋斗啦！"这象征你要开始接班了，这是出于高度的责任心；"我也会健健康康的学习工作！"高度的自觉、自律精神。这是咱家的未来和希望。你要记住在你 22 岁生日那天，爷爷和你说的话"我们尽可能的不给你带来包袱负担，我们永远支持你，是你的坚强后盾。"正像最后一句叮嘱我们"最主要是你们要好好保持哦！"你没指明保持什么？我们猜想一定是"身体健康"与"和谐、幸福、快乐的家庭"，我们会共同努力做到你的期望，你可以放心的奋斗吧！我们都在为自己的健康在奋斗！我们给你的节日礼物和贺卡，不能算是迟到的，我们中国人是过春节的，希望你会喜欢。

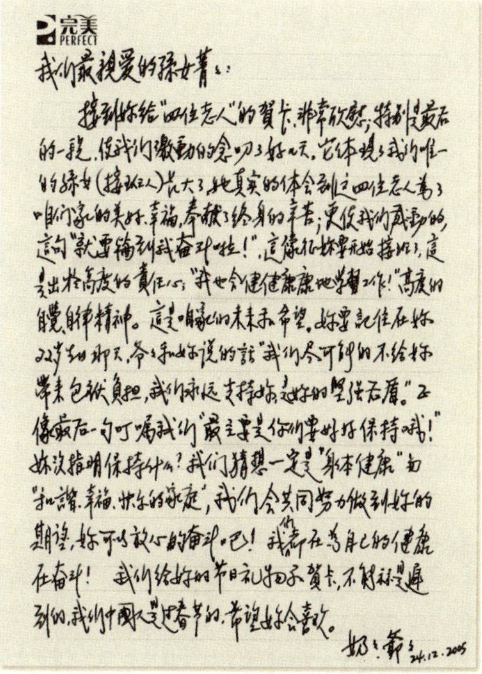

图 12-5　刘济舟给刘蒨的回信

社 会 活 动

刘济舟早在 1947 年就加入了詹天佑创立的中国工程师学会，也就是今天的中国土木工程学会[①]。

在水运界取得一定成就后，各种社会性的职务也接踵而来。1984 年 12 月，他被聘为中国土木工程学会理事；1988 年 11 月，被聘为中国土木工程学会第五届常务理事、港口工程分会理事长；1990 年 3 月，被聘为土木工程学会港口工程学会第四届理事长；1993 年 5 月，被聘为中国土木工程学会第六届理事会常务理事；2001 年 9 月，被中国土木工程学会聘为第二届"詹天佑土木工程大奖"评委会委员。这些职务都与技术工作密切相

---

① 　中国土木工程学会编著：《中国土木工程学会史》。上海：上海交通大学出版社，2013，第 12-13 页。

关，刘济舟在繁忙的工作之余以极大的热情参与其中。对他来说，这也是了解行业先进技术的很好的一个途径。

刘济舟先后于 1980 年、1987 年和 1988 年被聘为交通部工程技术干部技术职称评定委员会委员、交通部航务航道工程技术职务评委会主任和交通部机关高级专业技术职务评委会副主任。多次担任中国勘察设计大师水运行业评审组组长。

作为技术专家，刘济舟先后被聘为中国国际工程咨询公司专家委员会委员、大连理工大学海岸和近海工程国家重点实验室学术委员会委员、交通部工程技术专家委员会委员、长江口深水航道治理工程建设领导小组的专家顾问组成员等。

图 12-6 刘济舟部分团体聘书和获奖证书

在交通部任职期间，除多次赴国外工程现场外，刘济舟经常代表国家对世界上港口建设技术先进的国家进行访问，交流港口建设政策和先进技术。这也为借鉴国外先进经验，推动我国水运技术的发展起到了重要作用。

图 12-7　1978 年，刘济舟（前排左四）赴荷兰考察时与贝娅特丽克丝公主合影

信仰、信念和信心

刘济舟 1952 年加入中国共产党，随着阅历的增长，他对共产主义的信念愈加坚定。1989 年，刘济舟荣获交通部机关优秀共产党员和先进工作者称号，1990 年荣获中共中央国家机关优秀共产党员称号。

1990 年，刘济舟在党员登记表[①]中写道：

> 共和国 40 年的成长，政治、经济各方面都取得了辉煌的成就，雄辩地证明我们为之奋斗的革命事业是正确的，光明的。历史上多次的大风大浪，都没有能够扭转或阻止我们前进，革命的实践更加坚定

---

① 刘济舟党员登记表，存于交通运输部人教司。

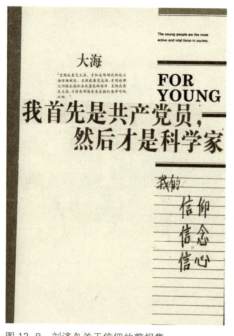

图 12-8　刘济舟关于信仰的剪报集

了我的共产主义信念，使我对党中央提出的坚持四项基本原则毫无动摇。听了对周恩来总理伟大形象的介绍，给我很大触动与启示，一个共产党员的党性修养是一辈子的事，活到老改造到老，绝不是退休了，也就不再需要学习改造进步了。时代在前进，要刻苦学习跟上时代的发展，这应该是我今后的努力方向。

刘济舟对马克思的教导确信不疑，1998 年 1 月 23 日，刘济舟接受河北大学吕志毅教授采访时说："在我心中深深铭记着马克思的一段话：'如果我们选择了最能为人类服务的职业，我们就不会为任何沉重担负所压倒……我们的事业虽然并不显赫一时，但将永远发挥作用，当我们离开人世后，高尚的人们将在我们的骨灰上洒下热泪'"。

2002 年 9 月 26 日，刘济舟因身体不适到中日友好医院住院，9 月 30 日被确诊为冠心病、心肌梗死、心力衰竭。11 月 11 日做了心脏支架手术。术后第 3 天是他加入中国共产党 50 周年纪念日。这一天，他在日记本上剪贴了"我自豪，我是共产党员"的标语，并在医院照相留念，纪念这一令他自豪的日子。

图 12-9　2002 年，入党 50 周年照片

毕生惟愿筑工程

刘济舟的一生绝大部分时间都是在工地上度过的。他干过钢筋工、电焊工、木工、起重工，为了工作的需要，1953 年刘济舟还练习潜水，经常潜入水下 20 米左右检查海底工程实体质量情况。时间长了，与港口码头产生了难以割舍的情绪。哪座码头兴建于何时，经过了哪些改造，有何运输价值，他都烂熟于心；哪座海堤属何地质，有何功能，有何特征，他也了如指掌。

刘济舟爱工程胜于一切。他到杭州几十次，却没去过西湖；到青岛 200 多次，却没去过崂山；九江去了几十次，没登过庐山。他常对同事们说，你们叫我刘总（总工程师）我答应，可工地上的工人叫我刘老，我就要发火了。我和他们不分彼此，一起吃、一起住，厦门海堤水下的石头我都一块块摸过。几十年了，他们都叫我刘济舟呀！

家庭相册中的照片记录了他青年时的意气风发、中年时的成熟稳健、老年时的老当益壮。丰富的援外工作经验，长期的国内建设攻关，造就了他今天的成就。厦门海堤工程、日照港一期工程、秦皇岛港煤码头三期工程、长江口深水航道治理工程——这些宏伟的工程无不留下了他辛劳的足迹。

图 12-10　王健给刘济舟 80 寿辰的贺诗

在刘济舟 80 寿辰前夕，王健赋诗祝寿：

历史七十古来稀，而今八十小弟弟。
来日方长健康在，将来百二不足奇。
毕生惟愿筑工程，念兹在兹以为继。
创新发展常谋划，港口建设日千里。

"毕生惟愿筑工程"是刘济舟一直实践的原则。

在刘济舟负责和参与的工程中，有多项获得了重要奖项，也使得刘济舟成为水运界闻名遐迩的人物，但刘济舟对这些名利和奖项看得十分淡薄。1998年，华源水利水电工程咨询公司张天存副主任去函世界文化艺术研究中心和中国国际交流出版社，提名刘济舟选编入大型权威辞书《世界名人录》（中文版）中，刘济舟回复"其实难符，谢绝！"1999年6月21日，当中交第一航务工程局电话告知"大连中远船坞工程申报科技进步奖"时，考虑到他作为建设单位的技术顾问，为工程解决了多个技术难题，起了关键作用，拟将他排在获奖名单上的第一位，刘济舟依然建议在名单中取消自己的名字。

2002年11月21日，刘济舟接受心脏支架手术出院后，遵照医生的嘱托，此后再未离京外出。但这期间，他依然不遗余力地关心着我国的水运工程建设，为解决诸多工程技术难题提出了重要建议。

2004年1月14日，刘济舟住院接受全面检查。期间，刘济舟一边输着液还一边写对"曹妃甸港区总体规划"的审查意见。14日晚6点半出院后，又接着与到访的薛渤谈唐山港企业自主发展问题。2005年，在中日友好医院住院期间，刘济舟仍带病坚持审阅《水运工程混凝土结构设计规范》与《水运工程抗震设计规范》修订工作大纲，并提出了具体修改意见。

2005年2月，在儿子刘军的帮助下，刘济舟制作了老新港人纪念卡。他写道："做此像页，以纪念50余年前曾参与筑港创业的同志们。照片年代不同，英俊者青壮，龙钟者老矣；照片稍斜者示已仙逝。尚有10余位同志的照片一时未能收集到（谭真、嵇储彬、陈伯起、罗文绍、郭云炳、索维垣、高国藩、田履基、杭世青、范良知、陈世才、鲁秉策、杨德胜、徐连玉、沈国贤……）。我们共同的心愿正像王禹同志临终前嘱：'我很想念你们'。"

2007年1月，在刘军夫妇的帮助下，通过Google earth（谷歌地球）查找了他曾参与建设的各港口鸟瞰图，并制成了精美的图册。刘济舟说：这是我的儿子和儿媳送给我的一份意义深远的礼物，从这里可以看到我这一生走过的足迹（当然不包括我国内河和台湾的港口）。在这些点滴地方我都曾以不同的方式奉献过我微薄的力量，有些甚至险些献出生命。它可以让我从更高远的视野鸟瞰它们雄伟多姿的风采。这些精心雕琢在地球表面上的遗迹，相信会常年累月远远超过我的生命。

图 12-11　刘济舟制作完成的老新港人纪念卡［人物照片排序（从上至下、先左后右）：周伦、王禹、子刚、秦万清、石衡、孙一冰、刘德豫、李澈、马宗德、柴长清、刘魁绅、鲁世修、李鹏翔、梁其荀、李念尧、杨学堃、刘济舟、韩乐陶、梁应辰、徐圣仪、魏汝龙、吴家铸］

2010 年是农历虎年，也是刘济舟的本命年。这一年，第 41 届世界博览会将在上海召开。新年第一天，刘济舟在日记本中写下对未来的信心："2010 年对我是有特殊意义的一年。庚寅年是我的本命年，我 84 岁（俗称"坎"），当然我不信。恰好中央保健委送我这本日

图 12-12　刘济舟在儿子刘军帮助下上网搜索港口鸟瞰图

记本，小樱送我一支红笔。我要用它记录下来 2010 年我是如何走过来的，真实地表达我的自信与毅力，迎接未来。"好友徐圣仪贺信：一年又一年，舟逢本命年，虎跃迎世博，家和万事安。

2010 年 1 月 6 日，感动于邓稼先的事迹，刘济舟写下了对自己的人生总结：1947 年毕业，即投入港口建设。1952 年入党，现党龄 58 年。1994 年 6 月 1 日退休，1995 年当选中国工程院院士，2006 年 11 月 2 日彻底脱离工作。在职工作 47 年，退离工作 59 年。在国内 24 个省市港口航道现场工作；出国 15 次，到过 30 个国家，在国外停留工作 2849 天（7 年 294 天）；全国大中型港口 34 个，长江、珠江几十个河港，先后都留下我的足迹与汗水。这些将是留在地球上永远的痕迹，这也是我留给祖国的点点奉献。从 70 余岁就犯心力衰竭，十几年来与疾病衰老做斗争。

2011 年 8 月，刘济舟因病在北京逝世。《水运工程》期刊在这年第 9 期以"浩气永存、业绩流芳""技术精湛、精益求精、鞠躬尽瘁、良师益友"表达了对刘济舟的缅怀。

刘济舟院士是我国水运工程领域的老专家，水运工程行业公认的技术权威。他以渊博的专业知识，前瞻的视野，为我国交通水运建设事业做出了突出贡献。刘济舟院士是《水运工程》杂志的创立者和卓越的领导人，在他的关心和指导下，为我国水运工程建设理论、工程实践提炼、研究与生产结合，以及一批批行业人才的培养，同样做出了不可磨灭的巨大贡献。

结 语

一门学科的形成与建立，既有来自国家、经济需求等外部力量的推动，也有自学科内部自身知识的积累以及不断创新的学术动力。同样，一名科学家要想有所成就，既需要其所处的社会和时代提供的良好环境与机遇，更需要具备个人的资质天赋与不懈努力。

研究刘济舟的学术成长，需要把他一生的经历放在中国水运事业的科技发展史这一背景下来考察，刘济舟的工作经历从一个侧面反映了我国水运事业的兴起、发展、振兴的历史，有较高的研究价值和意义。通过一年多的采集工作，总结刘济舟院士的学术成长特点如下。

外 部 环 境

刘济舟自幼家教十分严格。母亲王哲希创办私立培育小学，任该校校长。13 岁时父亲去世，起初较殷实的家庭条件逐渐变得拮据起来。自那时起，家庭生活完全靠母亲养活。母亲是个好强的人，一直不依靠别人，受母亲影响，刘济舟时常自勉，立志于工程以求自立，逐步形成了一种吃苦坚忍的精神。

1937 年 9 月，刘济舟考入天津工商附中，开始了中学阶段的学习。这虽然是一所法国天主教会主办的学校，但管理制度严格，教学风格独特，教学水平颇高。教师们也是"群贤毕至"，大多为中国老师。由于兴趣所致，历史、地理、美术和书法课成绩优秀，尤其美术和书法接近满分。毕业时，体育老师德辅世赠言："可爱的青年朋友们：当我看到你们将与母校离别时我心里产生了一种希望，那就是希望你们带着一个高尚的理想走出校门，那理想会把你们引到幸福的光明的坦途，也把你们一生的全部生活献给你们的祖国，并为你们的同胞而牺牲。"从刘济舟后来的学术成长经历来看，天津工商附中对他的影响是深刻的，中学时期是刘济舟增长知识，开始树立人生观的黄金时期。也正如德辅世所希望的，刘济舟将自己的一生都献给了中国的水运建设事业。

在大学的选择上，因正值日本侵略时期，母亲不主张刘济舟远离天津，刘济舟选择了天津工商学院。因自幼立志于工程以求自立，所以刘济舟选择了土木系。天津工商学院土木系在当时是十分出名的，教授阵容强大，如高镜莹、徐世大、林镜瀛等教授，均为工程界耆宿。土木系的专业课程丰富，"同学多足不出户，精研究理，工作紧张，日以继夜，每完成一设计，不知消费烛光几许也。"四年的工商学院土木系的学习生涯为刘济舟一生从事水运工程奠定了坚实的专业基础，他在这里接受了先进的土木学科教育，树立了正确的工程创新理念，培养了良好的学习作风。

从进入水运工程领域开始，刘济舟的工作内容就与国家水运基本建设密不可分。我国水运基础设施建设经历了新中国成立初期的恢复阶段、20世纪70年代"三年改变港口面貌"、改革开放初期建设和近二十年的跨越式发展，交通运输面貌发生了历史性变化。从刘济舟毕业开始参加天津新港建设、南京浦口抢险工程、厦门海堤，到参加援外工程，再到"六五"期间的石臼港10万吨级煤码头建设，近期的京唐港、长江口深水航道治理工程，刘济舟的学术成长以及做出的贡献都是与国家的经济发展要求分不开的。国家的经济发展要求促进了水运工程建设的发展，在水运工程建设中又催生了各种新技术的出现。刘济舟的工作经历从一个侧面反映了我国水运事业的兴起、发展、振兴的历史。

坚定的信念

刘济舟大学毕业后，正逢乱世，社会动荡，刘济舟谢绝了哥哥、系主任同去台湾的盛邀，留在内地，不久迎来了新中国的解放。1950 年年初，刘济舟成为新港工程局第一批中国新民主主义青年团团员。随着一个接一个的锻炼成长，他更深刻地认识和接受了共产主义思想，决心争取入党，为共产主义事业奋斗终生。在入党时他比别人多写了两份专题材料，一份是对资产阶级的认识，一份是对唯心主义的批判，1952 年刘济舟加入了中国共产党。工作中多次被选为交通部优秀党员、国家机关先进工作者。

在日照港（当时叫石臼港），刘济舟同一位农民坐在地瓜地里唠嗑，他问刘济舟："大指挥呀！你说咱家什么时候也能有像指挥部里的那玩意（指的是电视机）？"他的小孙女也在旁边说："我能穿高跟鞋吗！多好玩呀！"刘济舟告诉他们："快了，港建成了，就都会有的。"这短短的对话始终埋在刘济舟的心里，他深深感到共产党领导全国人民进行社会主义建设的伟大意义。

这一生，他始终用共产主义信念武装自己，直到退休也没有放松对这方面的学习，他在 1990 年的个人总结中写道"一个共产党员的党性修养是一辈子的事，活到老改造到老，绝不是退休了，也就不再需要学习改造进步了。时代在前进，要刻苦学习跟上时代的发展，这应该是我今后的努力方向。"2004 年 7 月 1 日，刘济舟接受河北大学吕志毅教授采访时说，他对苏联奥斯特洛夫斯基所著《钢铁是怎样炼成的》中的一段话颇感兴趣："人的一生应当这样度过：当回忆往事的时候，他不会因为虚度年华而痛悔，也不会因为碌碌无为而羞愧。在临死的时候，他能够说：'我的整个生命和全部精力都已经献给世界上最壮丽的事业——为人类的解放而斗争'。"这是他一生都遵奉的信念。

勤 奋 敬 业

勤奋是每位成功者的必经之路，刘济舟的学术成长同样也离不开勤奋这一关键因素。刘济舟进入水运工程领域时，水运工程这门学科在中国还没有建立。新中国第一个港口工程专业是 1952 年由钱令希在大连工学院创办，设置了"海岸工程""近海工程"和"港口及航道工程"三个学科。刘济舟在大学学的是土木工程，虽接触过港口知识，但没有进行系统深入的学习。大学毕业后也再没有继续在高校深造，而是通过不断的工作实践逐步完善自己的知识体系。起初是通过《波与防波堤》《海中构造物与施工》《港湾特论》三本书被引进了门。第一次正规学习港口工程技术理论是新中国成立后参加苏联首席专家沙士可夫举办的"港工学习班"，全面学习了苏联港工技术。从此，刘济舟逐渐迷恋上了港口，并在个人总结志愿处写道：终身从事筑港工程。60 余年的水运工程生涯，是一个"从不了解到热爱，整个是一个工作中不断学习的过程"。

刘济舟在参加任何工程现场调研的过程中，都会时刻拿着笔记本和笔，随时记录下有效信息，他很注意总结积累资料。家中写字台对面的墙上，挂了一排牛皮纸的记录本，里面记录了所有的工程经验，以及与此有关的国内外情况和自己的看法。刘济舟即使过了古稀之年仍是这样勤奋地学习，不管看电视也好，看报纸也好，有用的东西都摘出来，通过电话和书信询问生产一线单位最新的技术动态。

在水运界，刘济舟勤奋敬业的精神是有口皆碑的，凡是请他审阅的技术文件，他都认真审阅，并提出自己的书面意见。在医院边输液边写项目审查意见是常有之事。2010 年病重住院时，他还打电话询问京唐港的建设情况，要求把施工图纸拿来给他看。正是这种勤奋敬业的精神才能使他始终站在学科技术的前沿。

注重实践，善于总结

在水运工程这门学科领域取得突出的成就，除了扎实的学术功底外，还需要丰富的实践工作经验。刘济舟是从施工基层干起的，一生的大多时间都是在工地上度过的。年轻时，水手、起重工、潜水工、混凝土工、钢筋工、木工都学了，也都干过。这些经历都为他日后在工作中能解决实际工程问题打下了良好的基础。为了检查海底工程质量，他学会了潜水，潜入水下 20 米检查海底工程质量；为了搞清高桩梁板码头耐久性问题，年逾 7 旬的他乘小船亲自到码头下方查看码头使用情况。重实践，这是刘济舟学术成长过程中一个比较突出的特点。

水运工程这个领域包括港口工程、航道工程和通航建筑物工程等学科。每一个学科又分为若干专业。如何推动水运工程建设理论向系统化、综合化的方向发展，还需要广阔的视野。刘济舟作为国家水运行业的最高技术主管，全国的水运工程建设基本上都参加了，哪座码头兴建于何时，经过了哪些改造，有何运输价值，刘济舟都烂熟于心；哪座海堤属何地质，有何功能，有何特征，他也了如指掌。因此，这使刘济舟具备了这种综合型大师的特质。

作为一位主持、参与多项水运工程建设的科学技术人员，难免会遇到失败，有时总结失败的教训比成功的经验更重要。在越南，中国的工人帮越南建工程，曾因不了解当地情况而发生桩架摔倒的事故。在后来的工程建设中，刘济舟经常拿这个事情给技术人员讲，在任何地方，都要踏踏实实，注意施工安全，稍不认真就容易出问题。1990 年开始，他发起并组织编写《水运工程技术四十年》，将港口、过船建筑物、修造船建筑物以及涉外工程的水工建筑物的设计、施工与科研的技术总结与实践经验进行系统汇编，为今后工程建设提供了重要参考。

热衷新技术

要想成为一名优秀的科学家，还需要有强烈的好奇心和不断进取的工作精神。刘济舟一方面在不断工作、学习的过程中综合、升华了水运工程建设技术新理论，另一方面也积极推动新思想、新技术的研究与应用。

在 20 世纪 50 年代，国内外预应力混凝土技术开始兴起，刘济舟第一次组织预应力混凝土构件的试制，解决了普通混凝土桩打桩过程中的裂缝问题，并积极推广在港口工程中的应用。真空预压地基处理技术、预应力大管桩技术以及爆炸法施工等技术都是在刘济舟的提议、支持和亲自参与下开发的，目前已经在水运工程中应用广泛，取得了重大的经济效益和社会效益。

既能严格遵循科学规律办事，又能敢于突破常规，在科学分析的基础上做前人没有做过的事情，只有这样才能创新。日照港煤码头一期工程采用了我国第一个开敞式的码头型式。在不建防波堤的情况下，船能不能稳定？在波浪作用下，船舶能不能把码头撞坏？刘济舟在波浪方面进行了很多次研究，每次都详细地校核观测数据，在科学分析的前提下，最后决定采用开敞式码头方案。现在用了近 30 年，使用情况依然良好。

刘济舟一生从来没有因为年龄的原因而停止在新技术上的进取。刘济舟 71 岁时考察半圆体结构的情形给大家留下了深刻印象。半圆体是一种新结构，到半圆体前，刘济舟并不满足于仅在下面看到这种新结构的整体情况，坚持要上到半圆体顶部看全部细节。半圆体有 4—5 米高，是圆弧状，没有梯子，很危险。他坚持到顶部仔细查看，在半圆体顶上，他掏出"小本"边记录，边向陪同考察的一航局一公司总工祝业浩详细了解构件的尺度、配筋率等设计参数和预制、安装工艺，工程造价等。大家被他这种精神深深感动。在他的推动下，这种结构型式在我国长江口深水航道治理工程中得到了大规模应用。任交通部基建局局长和总工程师期间，作为水运行业的技术最高领导者，刘济舟为水运行业新技术的发展起到了关键作用。

领 导 艺 术

科学决策

刘济舟走上交通部领导岗位以后，成为水运建设方面决策人之一，他的支持与否是很重要的。正因为他具有了深厚的学术基础和丰富的实践经验，才能对水运建设中的重要问题做出科学判断，为国家最终做出决策提供正确导向。长江口深水航道治理工程就是一个典型事例，刘济舟在方案论证、工程实施、新型结构及大型水上专用作业设备研发等各方面进行了全面指导把关。最终建成了这项具有世界级技术难度的重大工程，并形成了我国独创、世界领先的一整套大型河口航道治理的先进技术。

科技创新，标准先行。一个行业的技术标准先进情况反映了这个行业的技术发展水平。我国的标准体系从 87 年版的规范到 1998 年规范的修订过程中，结构设计方法要初步实现可靠度设计方法的转轨，刘济舟十分支持采用这一先进设计理念。因为这一转变不仅涉及设计理念的转变，还需要进行大量的实地调研，参数统计、理论分析，如果没有刘济舟的支持是很难做起来的。交通部港口工程结构的转轨比较早，也比较顺利，现在我国的港工规范基本能够与国际接轨，在国际上也逐步得到了认可，这与刘济舟的正确决策密不可分。

在技术以外的重要事情中，刘济舟也做到权衡利弊，做出正确决策。日照港煤码头建设期间，由于工程采用日元贷款，日本派了个港湾技术研究院叫青木的博士，想参与日照港泥沙问题的研究。设计单位向刘济舟汇报了情况，泥沙问题我国做了很多研究，不需要日方来支持，把日本要参与中国重点港口工程建设的事情拒绝了。在这件事情上，支持了中国设计人员的想法，这也意味着要与设计人员一起承担风险，万一做不好，他作为拍板者是要承担首要责任的。因为港口是作为国家的一种重要资源，有些技术资料是需要保护的。作为领导，刘济舟的决策能从国家利益考虑，而不是从责任风险来考虑，是同行们一致赞同的。

组织协调

出色的组织协调是刘济舟学术成长过程中所具备的特质之一。

"六五"期间，作为交通部的局级领导，刘济舟亲自到石臼港建设工地任总指挥，面对这么大规模的重点工程，施工队伍构成又复杂，国家要求工期又紧。如何在保证质量的同时加快进度？刘济舟带领指挥部引入了统筹法进行管理，现场蹲点，从进度、质量和费用等方面对工程进行全面管控，建成这座现代化的开敞式煤炭码头，也以点带面地推动了全国港口工程建设的发展。

1988年，秦皇岛煤三期工程建设过程中，面对德商破产设备无法安装的困境，已经年逾花甲的刘济舟，担任交通部协调领导小组组长，奔赴工地，常驻现场协调解决有关技术难题。若非出众的组织协调能力，怎能实现这一工程的按期建成？

1990年，刘济舟发起《水运工程技术四十年》的编写工作，执笔作者504人，有55个单位、300余位工程技术人员、专家、教授参与组稿、审稿和联系工作，历时四年半，征集稿件586篇，他以自己丰富的实践经验，负责总结纲要，编制全部稿件的审查、修改、补充和编辑，编写部分篇章的综述文章，使这部 160 万字的著作呈现出 40 年水运交通建设蓬勃发展的面貌。若非他个人出众的领导组织能力，恐怕也很难开展好这项工作。

集思广益

水运工程学科涉及范围广，技术难题多，单靠刘济舟一人的智慧是无法解决所有问题的。在刘济舟一生所经历的技术难题中，集思广益，充分利用外脑，从整体上提升我国水运工程建设水平是他又一特质。

在具有国防和经济双重用途的厦门海堤建设期间，指挥部下令，限期把海堤修通临时通道，完不成任务党员开除党籍。刘济舟同几个老工人坐在海边的石崖上，望着黄昏中断断续续地露出海面的石堤，心中想着"三个臭皮匠顶一个诸葛亮"，最后对拉两侧用大杉木插立起来的挡墙填起了坡道，通了车，完成了任务。

在成为交通部基建局总工程师以后，刘济舟更注重听取他人的意见。在关键学术和技术问题的讨论过程中，刘济舟虽然有自己的想法，但大家在提出问题、讨论问题方面都很平等，他作为团队的一份子参与讨论，在充分听取大家的意见后，再针对问题进行分析，最后下定论，而不是主观地把自己的观点强加给其他人。

在交通部科技攻关计划实施过程中，刘济舟充分利用"外脑"，一直遵循产学研用相结合的路线，充分发挥各单位的长处，使前沿学术问题得以解决，并最终在工程中得以推广应用，以发挥研究成果的经济效益和社会效益。今天广泛应用的真空预压法、爆炸法施工技术都是典型的例子。

人才培养

在同行们的眼中，刘济舟堪称水运工程建设队伍的"楷模"。无论是在学术、技术方面，还是做人方面，大家对他都十分敬佩。这首先与刘济舟以身作则的工作作风分不开。任石臼港建设总指挥期间，早上 7 点半上班，7 点钟刘济舟就骑车到了前线。用实际行动给其他几位副指挥甚至是全工地的建设工人带了好头，石臼港后来的领导班子也秉承了他这种作风。

刘济舟对技术人员的培养不是给定目标，而是鼓励他们，设法为他们做补充。如果下属说"对不起，刘总，这个问题我已经想到了。""好，当我没说。"刘济舟很坦率。从工程职责上，下属会感觉到背后有他的支持，这种支持绝对不是口头上的。刘济舟一是从具体细节技术问题上给予支持，二是从基本的原则上给予关爱和鼓励。一旦出了问题，或遇到挫折，刘济舟都是替他们承担责任，而不是指责和批评。这样使很多技术难题迎刃而解，也极大地提高了技术人员的积极性和能动性。

刘济舟对行业内业务能力比较突出的年轻人非常关注，一旦年轻人有所进步，他会由衷地感到高兴。刘济舟关心和帮助过的工程师，大多都成了行业设计大师和权威专家。通过国家大规模的港口建设，刘济舟与同时代的子刚、王禹等人带出了一支过硬的人才队伍，这支队伍干事，一定是高标准地完成，而且作风特别清廉。

我们在报告中梳理了刘济舟的主要技术贡献和关键节点以反映其学术成长路线。由于资料的缺乏，刘济舟的贡献远远不止这些，他把自己的青春和全部精力奉献给了国家水运建设服务的科技事业。个人天赋和学术资质，吃苦好学的性格，为水运工程服务的热情，多年积累的丰富工程经验，这些都是促使刘济舟克服一个又一个技术难题，终成一代宗师的条件。梳理总结刘济舟一生的事迹，不难看出在他身上体现出来的思想品德——爱国奉献、严于律己、勤奋敬业、平易近人。这些高贵的品德是支撑他取得成功的基础，也是我们后辈应该好好学习，进一步发扬光大的精神。

刘济舟的论文著作虽然不多，但更重要的是，刘济舟通过工程实践推动了中国水运事业整体水平的提升。他曾在国内 24 个省市港口航道现场工作；出国 15 次，到过 30 个国家，在国外工作近八年；全国大中型港口34 个，长江、珠江几十个河港，先后都留下他的足迹与汗水。他主持建设和参与决策的国家重点工程，采用先进的技术方案，为国家和人民节省了大量资金。刘济舟指导着水运工程领域的技术进步，制造了水运行业的文化和气氛，起着巨大的引领作用。

数十年的奋斗，几代人的努力，如今水运工程建设取得了重大成就，这些都离不开像刘济舟一样的水运工作者们的辛勤劳动和无私奉献。到2010 年我国港口年货物吞吐量达到 80.2 亿吨，集装箱吞吐量达到 1.45 亿标准箱，拥有 22 个亿吨大港，沿海港口万吨级以上深水泊位达 1774 个。

港口货物和集装箱吞吐量连续 8 年位居世界第一，在世界排位前 20 名的亿吨大港和集装箱大港中，中国大陆分别占了 12 个和 9 个。内河通航里程已达 12.4 万千米，其中三级及以上航道里程 9085 千米，初步形成了国家高等级航道网络。长江干线、京杭运河成为世界上运量最大、最繁忙的通航河流和人工运河。

透过刘济舟的经历，我们同时看到了以刘济舟为代表的同时代的水运工作者们孜孜不倦地探索，在工作岗位上燃烧着激情，为祖国水运事业的发展无私奉献的光辉形象。我们也同样看到了，水运工程建设者前赴后继，薪火相传，力争将我国建设成为水运强国仍在奋斗不息。

附录一　刘济舟年表

1926 年

7 月 20 日（农历六月十一日），出生于北京，原籍河北省滦县。

父亲刘深恩（1888—1939 年），1920—1925 年在美国伊利诺伊州埃文斯顿西北大学神学院学习，1924 年获硕士学位。归国后曾任北京哈德门（今崇文门）教堂牧师主持，结婚后移居天津任德商美最时洋行华帐房经理，滦县汇文中学董事长。

母亲王哲希，（1900—1988 年），1936 年创办天津市私立培育小学（今天津市和平区新华南路小学），并任校长。

1931 年

9 月，就读天津市培植小学。

1935 年

3 月，转学至天津市树德小学。

9 月，转学至天津市私立培才小学。

1937 年

9 月，考入天津市工商学院附属中学。

1942 年

8 月，参加天津工商学院附属中学组织的暑期学生军训。

1943 年

9 月，保送至天津工商学院土木系。

1944 年

2 月 16 日，与夏洒华订婚。

1945 年

与苏立仁等同学共同创办天津工商学院义务夜校，任一年级教师，负责地理、自然教学。

1947 年

5 月，积极组织学生会，参加"反内战、反饥饿、反迫害"学生运动。

9 月，天津工商学院土木系毕业，获学士学位。

9 月 18 日，到天津新港工程局防波堤工区实习，从事混凝土方块制造、港湾工程防波堤抛石施工。

是年，参加中国工程师学会。

1948 年

1 月，从事天津塘沽新港木制栈桥设计与施工。

6 月，参加国民党组织的天津塘沽新港工程局民训两周。

11 月，实习期满，任天津新港工程局防波堤工区工务员，从事工程结算工作。

1 月 25 日，任天津新港工程局一区工务员，从事防波堤抛石施工、混成堤与砌坡堤施工测量，测验研究波力与防波堤施工问题，获得了新港比较可靠的波力与波向资料。

8 月 1 日，参加中国海员工会。

秋，调至北京南口从事采石工作，在工作中受农村干部和青年团员的影响，逐渐认识到中国共产党的先进性，接受共产主义思想。

年初，当选为天津塘沽新港第一工区工会宣传委员。

1 月 19 日，加入中国新民主主义青年团。

2 月 16 日，与夏迺华在天津结婚。

8 月，任天津新港中国新民主主义青年团团小组长。

12 月，主持天津新港中国新民主主义青年团抗美援朝团训班、船员、测工三期训练班，担任"抗美援朝思想教育"讲课老师。

2 月，调入南京港整治工程局护岸工程总队，参加浦口码头抢险，从事沉箱施工与采石工作，对施工方法进行了改进，施工效率由每天 10 个提高至 40 个。

5 月，在南京捉逃亡地主，受团内表扬，被评为新港工程局小组治安模范。

7 月，返回天津新港工程局，任一工区工务员。负责防波堤沉圈打捞、混成堤施工工作。在混成堤施工中提出两潮连续施工方法，工作效率由每天 10 个提高至 20 个。

8 月，调至天津新港工程局企划室计划科，负责编制基建年度计划工作。

9 月，任天津新港工程局工会办公厅分会宣传委员。

是年，被评为天津新港工程局三等劳模。

1952 年

9 月，任天津新港工程局党积极分子学习班副小组长。

11 月，任天津新港工程局计划科工务员。

11 月 14 日，加入中国共产党。

11 月 17 日—1953 年 1 月 15 日，参加塘沽新港党总支党课学习，主要内容是党员的八项标准条件。

12 月，任天津新港党总支一分队一小队宣传员小组长。

1953 年

被评为筑港工程公司三等劳模。

1 月 26 日，任筑港工程公司计划科副科长。

2 月 8 日—3 月 20 日，第二次参加塘沽新港党总支党课学习，任小组长，主要内容是党章、党员的权利与义务，入党手续和候补期的意义。

4 月 1 日—10 月 15 日，赴北京参加苏联专家沙士可夫主办的港口技术研究班，学习苏联的港湾建筑物先进经验，开始研究混凝土结构设计与施工、基础工程、防波堤与码头设计与施工。

10 月 26 日，交通部航务工程总局和筑港工程局等单位组成中央技术小组，赴厦门参加厦门海堤建设工程，刘济舟任队政治指导员。期间参加海堤设计，完成了波浪资料的计算与分析，堤身断面与堤顶布置的设计。

11 月 14 日，由厦门市委批准，转为中国共产党正式党员。

12 月，任厦门市海堤工程指挥部第三机关团支部书记。

1954 年

1 月 16 日，任厦门海堤第一工区沉箱工程队主管工程师，主管厦门海堤两个 510 吨沉箱（新中国第一座沉箱）的建造、施工与海堤堤身施工。

2 月 15 日，任厦门海堤共青团团委委员，参加在福州召开的福建省团代会。

7 月 1 日，任厦门海堤一工区党小组长。

8 月 15 日，任厦门海堤工程指挥部技术委员会委员。

9 月 2 日，"九三炮击金门"前夜，为中国人民解放军带路过厦门海堤。

9 月 18 日，任厦门海堤工程指挥部一工区副主任。

1955 年

9 月，主持福建省同安县至金门县大嶝岛海堤 1800 米勘测设计工作。

11 月 26 日，自厦门返北京，任交通部航务工程总局工程科工程师。

12 月，任交通部航务工程总局共青团团小组长。

1956 年

被评为 1956 年度交通部共青团积极分子。

6—8 月，参加 431 厂外堤压浆试验。

8 月 27 日—9 月 4 日，参加交通部第三届机关党代表大会。

10 月 1 日，任交通部航务工程局技术科副科长。

10 月 10 日，任交通部航务工程局党支部青年委员、团支书。

11 月，介绍张秉友入党。

1957 年

5—8 月，组织我国第一次码头工程预应力混凝土桩试制。试制成功 45 厘米 ×45 厘米 ×（19.2—24.7）米先张法预应力钢筋混凝土预制桩，解决了打桩过程中的桩裂现象，并在港口工程中大规模推广应用。

1958 年

8 月，任海河总局规划设计院设计室副主任。

9 月，海河总局规划设计院改称交通部水运规划设计院，任党支部宣传委员、设计室副主任。

1959 年

3 月 1—12 日，赴三门峡工地现场勘查。

4月11日，任援越南海防造船厂中国专家组成员、水工专业组工程师、党支部组织委员，赴越南参加援越南海防造船厂建设，为期五年六个月。

1960 年

任援越南海防造船厂中国专家组副组长、水工专业组组长。具体负责海防造船厂水工工程的施工技术指导和水工专业小组的组织领导工作，施工 1000 吨船排一座，1000 吨造船台一座，200 吨停船台两座，5000 吨码头一座。

1964 年

获越南二级劳动勋章、中国援外特等奖。

9 月 30 日，到交通部基建司工作，任主任工程师。

10 月 7 日，任交通部设计革命化办公室主任，基建司党支部候补支委。

1965 年

5 月，任交通部基建司副处长、副总工程师。

1966 年

6 月 19 日—7 月 19 日，驻交通部规划研究院工作队，任副书记。

12 月 25 日，赴缅甸雪当纸厂修改设计。在工程中采用了沙滩预制沉箱、水下灌浆沉箱基床锚碇、气压沉放混凝土方块、水下钻孔灌注桩等国内先进方法。

1967 年

2 月 21 日—3 月 13 日，回国参加"批斗资产阶级反动路线"运动。

1968 年

10 月 5 日，赴几内亚、马里港进行技术考查，任考查组组长。

2 月，调至交通部军事管制委员会生产指挥部计划基建组工作。

11 月，任交通部军事管制委员会生产指挥部计划基建组港工副小组长，计划基建组整党领导小组组员。

12 月，组织编写港口设计标准和技术规范。

8 月 13 日，参加马耳他 30 万吨干船坞工程项目综合考察组，对马耳他地质、地形、水文、风浪等进行了考察，为期 89 天，中间回国一个月向周恩来总理汇报。

2 月，任交通部水运基建司副局长。

2 月 27 日，周恩来总理发出"三年改变港口面貌"的号召，并成立了以粟裕同志为组长、以谷牧同志为副组长的国务院港口建设领导小组，国内港口建设进入快速发展时期。

是年，主持了连云港老码头改造，提出了钢板桩改造方案，建成了我国第一个采用国产钢板桩码头，为在淤泥质港口建设万吨级板桩码头开创了一条新路。

9 月 30 日，应周恩来总理邀请，在人民大会堂参加建国 25 周年招待会。

4 月 20 日，任越南中国舰远小组组长，对岘港、西贡、头顿三地进行考察，为期 30 天。

1976 年

4 月，赴马耳他船坞工地检查工作，现场研究围埝稳定性、石方开挖、基岩堵漏灌浆、大体积混凝土防裂，审定施工组织设计，为期 71 天。

7 月，唐山大地震后，参加塘沽地区抗震抢修工作。

1977 年

1 月，参加部长工作组，调查了解长江上中游港口、船厂与航道，踏勘兰叙段航道情况。

9 月，现场审查八所港扩建方案，调查了解海南岛沿海港口情况。

1978 年

1 月，参加北仑港矿石码头现场方案设计，主持进口装卸机械设备的谈判工作。这是我国第一座现代化 10 万吨级矿石中转码头，也是全国港口工程第一次从国外成套引进的装卸设备，是当时规模最大、效率最高、自动化程度较高的矿石中转专用码头。

7 月，负责荷兰承包连云港与长江口工程的谈判工作，掌握了荷兰的技术经验与对外承包业务。

11 月 15 日，赴荷兰、比利时、西德、香港考察港工建设和航道整治情况。根据考察结果，从港口总平面规划、港口工艺、港口工程技术、航道工程和船厂工程五个方面进行了总结，提出了我国港口建设重点和目标。

1979 年

4 月 6—20 日，参加交通部会同国家七部委召开的石臼港、连云港 10 万吨级煤码头选址论证会，做工程技术总结，在总结发言中指出石臼港是我国难得的深水港址。

9 月 25 日，赴毛里塔尼亚"友谊港"，任技术工作组副组长。现场研究试桩问题、石料开挖、海岸输沙与码头防波堤设计问题，为期 51 天。

1980 年

2 月 6 日，任交通部工程技术干部技术职称评定委员会委员。

2 月 7 日，与山东省副省长宋一民陪同谷牧副总理视察石臼港址，晚上 8—11 点，向谷牧汇报石臼港口选址的技术问题。

6 月 10 日，被交通部和山东省任命为石臼港建设指挥部总指挥，主持石臼港煤码头工程建设工作。

1981 年

2 月 18 日，被授予高级工程师。

5 月 5—8 日，参加交通部组织召开的石臼港波浪技术讨论会，探讨开敞式码头作业的波浪标准和建筑物设计的波浪要素，研究在石臼港建设开敞式码头的可能性。

5 月 13—16 日，在交通部组织召开的石臼港开敞式码头设计方案审查会上，被推选为石臼港开敞式码头技术小组组长，负责加强对石臼港开敞式码头技术工作的研究，解决有关技术难题。

10 月 23 日—11 月 7 日，赴澳大利亚考察开敞式码头建设技术，任考察组组长。

11 月 10 日，任石臼港建设指挥部党委书记。

1982 年

2 月 17 日，在石臼港施工现场誓师动员大会上，宣布石臼港建设作战方案，标志着石臼港主体工程正式开工。

9 月 27 日，任交通部基本建设局局长。

12 月 27 日，石臼港第一个沉箱上坞、出运、下水安放成功，为国内首次采用座底浮坞载运下水工艺。

1983 年

4 月 20—21 日，参加交通部、山东省石臼港建设领导小组在石臼港建设指挥部召开的现场办公会议。检查了石臼港 1982 年以来的建设工作；

研究了 1983 年的工作和当前存在的问题。

10 月 24 日，参加石臼港建设指挥部现场办公会仪，谈了工程进度控制、预算控制问题。强调工程一定要对国家、对人民负责，力争将石臼港建成全优工程。

1984 年

12 月，被聘为中国土木工程学会理事。

1985 年

1 月 10 日，在 1985 年一季度基建、技措座谈会上，谈交通部 1984 年的基建工作、直属交通基建体制改革的形势和 1985 年的工作任务。

2 月 18—28 日，作为中日互访官员，访问日本东京、横滨、大阪、神户、鹿岛。

3 月，被聘为《水运工程》杂志编委会主任。

4 月 20 日，免去交通部基建局局长，任交通部基建局总工程师（正局级）。

4 月 23 日，陪同李鹏副总理视察石臼港，主持石臼港建设指挥部汇报会议。李鹏看到石臼海滩沧海桑田的巨变，提笔写下"黄海滩头千年睡，日照东岸巨港出"的词句。

9 月 12 日—10 月 1 日，任赴马耳他代表团特别技术顾问，解决大坞漏水问题，为期 19 天。

12 月 7 日，任专家鉴定组组长，对国家科技攻关项目"真空预压加固软土地基"课题成果进行了鉴定。

1986 年

1 月，因在石臼港煤码头工程建设中的卓越表现，获中共石臼港委员会建设一等功。

2 月，被国家计划委员会任命为国家重点建设项目联络员。

5 月 7—9 日，主持建设的石臼港煤码头工程通过国家正式验收，工程质量总评为优良。工程在设计中首次采用开敞式码头方案，施工中首次采用座底浮坞沉箱载运工艺。工程先后荣获国家优质工程、鲁班奖、国家优秀设计金奖、国家科技进步奖三等奖和联合国发明创新科技之星奖，并入选为改革开放以来全国十大水运工程。

6月15日—7月10日，任赴毛里塔尼亚友谊港验收组副组长，为期25天。

9月10日，被聘为中国国际工程咨询公司专家委员会委员。

1987 年

7月12日—8月8日，赴毛里塔尼亚解决南岸冲刷问题；赴贝宁科托努港考查，任考查组组长。

8月，中国首次职称改革，任交通部航务航道工程技术职务评委主任。

是年，组织编写的《港口工程技术规范》（1987）出版，这是我国第一套完整的港口建设技术规范。

1988 年

2月26日，任交通部机关高级专业技术职务评审委员会副主任。

4月，获全国水运工程标准技术委员会颁发的水运工程标准规范工作突出贡献荣誉奖。

5月，与司元政、郭大惠共同发表《谈粉煤灰在港口工程中的应用》一文，介绍了粉煤灰在港口工程中的试验研究及应用现状和应用前景。

5月23日，在德商破产、工程面临困境的条件下，任秦皇岛港煤三期工程协调组组长，常驻施工现场近两年，现场协调解决工程建设中的重大问题和关键技术问题。

11月，被聘为中国土木工程学会第五届常务理事、港口工程学会理事长。

1989 年

6月19日，参加唐山市人民政府市长办公会议，被聘为唐山港技术顾问，筹划京唐港建设。

9月14日，被评为交通部成绩优异的高级工程师。

10月，被评为交通部机关优秀共产党员。

11月3日，被交通部秦皇岛建港指挥部赠秦皇岛港煤三期工程荣誉殊功证书：工程面临困境、肩负协调重任、煤三胜利建成、不忘刘总殊功。

1990 年

3月，被聘为土木工程学会港口工程学会第四届理事长。

4月，被评为1989年度交通部机关先进工作者。

6月，被评为中共中央国家机关优秀共产党员。

7月，被聘为烟台港务局顾问。

10月，享受国务院特殊津贴。

被聘为大连理工大学海岸和近海工程国家重点实验室学术委员会首届委员。

11月，被聘为中国国际工程咨询公司专家委员会委员，聘期三年。

12月2日，任专家鉴定组组长，对连云港吹填土加固技术进行鉴定，并提出了"进一步研究吹填土粉砂夹层抽负压的密封防漏措施，以提高加固效果"的建议。

是年，组织实施了爆炸法处理水下软基新技术的推广工作，使该技术在连云港西大堤实施，节约了投资，加快了工程进度。

主持了沿海软黏土工程黏性研究、系列薄壁取土器开发、连云港吹填土加固、复合地基加固特性研究等技术鉴定。

主持召开了北方、华东、华南、华中四片区《水运工程技术四十年》编写座谈会。

主持审查了《内河航道整治及水运工程爆破规范》。

制定了"水运工程标准规范工作10年目标"。

1991 年

3月27—31日，主持交通部《港口工程结构设计统一标准》审查会，任评审委员会主任委员，开启了港口工程结构设计由单一安全系数法向以概率论为基础、以分项系数表达的极限状态设计法的序幕。

4月20日，任交通部科学技术奖励评审委员会委员。

参加"海工钢筋混凝土上部结构外加电流阴极保护技术"鉴定会，任鉴定技术负责人。

5月，被评为1990年度交通部机关先进工作者。

6月，获山东省重点建设项目领导小组荣誉证书。

7月1日，参加中央领导人在人民大会堂接见先进党员。

8月，根据自然条件和实测资料对马耳他自由港防波堤沉箱沉降与位移情况进行了分析。

9月，与郭大惠、武可贵共同发表《港口工程地基爆破处理技术》，总结了国内外有关港口工程地基爆破处理新技术及工程应用案例，讨论如何在港口工程中推广应用此项技术，以获得更大的经济、社会效益。

10月，任专家组组长，对当时中国最大的集装箱码头——蛇口集装箱码头工程进行了总验收。

1992 年

2月12日—3月6日，赴俄罗斯、乌克兰考察冬煤解冻破冻问题。

11月6—8日，参加台山市广海港第二期工程研讨会，对港区规划和码头结构方案提出了建议，并被聘为广东台山市港口建设技术顾问。

11月14日，参加滨州港一期工程预可行性研究报告评审会，对发展规划、自然条件和投资等方面提出了建议，被聘为山东滨州地区行政公署经济顾问。

11月25—28日，参加东莞市虎门工业开发区沙田港总体布局规划审查会，对码头位置选择、航道建设等方面提出了建议。

1993 年

2月，被聘为中远大连益远港口船坞公司技术顾问，对工程中的关键技术进行把关。

4月，被聘为《水运工程》第十届编委会名誉主任委员。

5 月，被聘为中国土木工程学会第六届理事会常务理事。

1994 年

1 月，任专家委员会主任，审查京唐港总体布局规划。对规划中有关船型的选择、货物流向、集装箱泊位的发展、港口和开发区的关系、环境评价等内容提出了意见。

1995 年

1 月，被评为全国交通系统优秀科技人员。

任交通部工程技术专家委员会港航组成员。

6 月 2 日，当选中国工程院院士（土木水利与建筑工程学部）。

7 月 12 日，被聘为交通部终身技术顾问。

8 月，参加江阴大桥 A 标段技术研讨会，对沉井制作和施工工艺提出了建议。

9 月 2—5 日，参加广东番禺南沙联合码头大圆筒岸壁技术研讨会，对大圆筒结构施工方案提出建议。

9 月 6 日，参加宝山钢铁公司马迹山港工程可行性研究预评估会议，任评审专家组组长，考虑外海涌浪对船舶安全靠泊和缆绳系带影响较大，波浪要素取值对工程造价至关重要，提出对波浪作进一步观测和计算的建议。

10 月 10 日，参加防城港 9 号、10 号码头工可、初步设计咨询会，对纳潮量影响因素、码头面标高等问题提出建议。

10 月 18 日，参加烟台港三期工可咨询会，对防波堤建设方案、降低造价等方面提出建议。

11 月，获交通部技术进步突出贡献优秀科技人员荣誉。

1996 年

7 月，论文《港口工程地基爆破处理技术》获《水运工程》期刊 1991 年度特等奖。

7月8日，被聘为《水运工程》第11届编委会名誉主任委员。

9月，参加交通部第四航务工程局局庆，从水工建筑物耐久性、薄壁圆筒结构、大型水工预制构件安装等方面提出对四航局科技发展的建议。

12月1日，参加长江口深水航道治理工程专家顾问组第一次会议，并被聘为交通部长江口深水航道治理工程专家顾问组副组长。

是年，组织编写的《水运工程技术四十年》出版，介绍了水运工程新技术、新工艺、新结构和新材料的发展。结合工程实例，突出各个时期有代表性的、有特色的和关键性的技术内容，重点汇编了港口、过船建筑物、修造船建筑物以及涉外工程的水工建筑物的设计、施工与科研的技术总结与经验教训。

1997 年

2月21日，作为特邀专家参加"华北进口原油接转工程重点问题专题研讨会——曹妃甸岸滩与深槽稳定性及建设25万吨级深水码头的可行性专题研讨会"。

9月13—20日，参加《长江三峡工程库区航运规划报告》和《长江三峡工程库区水运设施淹没复建规划报告》审查会议，任综合组组长。对航运规划的思路、目标和大格局提出了意见。

10月5—7日，现场考察苏南运河整治工程。

11月17日，被聘为交通部南京长江二桥技术专家顾问。

11月25—27日，参加宝钢马迹山矿石码头一期工程初步设计审查会。

12月25日，被聘为江苏大丰港工程技术顾问。

是年，主持长江口深水航道治理工程评估会，并在向国务院汇报会议上作重要发言。

1998 年

1月，去江阴长江大桥现场冒雨解决施工技术问题。

3月，被聘为中国土木工程学会第七届理事会名誉理事。

3月27日，参加"半圆型防波堤设计和应用"鉴定会，任鉴定委员会主任。

4 月 15—17 日，在珠海与李国豪、邹觉新共同参加伶仃洋大桥顾问委员会第一次会议，审查工程可行性研究方案，提出不宜选择桥梁边孔设置多个辅助墩的方案等建议。

5 月 8 日，参加舟山野鸭山国际煤炭中转项目工程可行性研究报告专家评审会，任专家组组长。对工程建设方案、环境保护、投资估算等提出了建议。强调补充水文测验和模型试验进一步研究确定码头轴线方位。

10 月 11—12 日，在汕头市参加"汕头 LPG 码头工程环氧树脂涂层钢筋应用情况"考察会，针对我国第一个使用涂层钢筋的码头工程，提出了环氧树脂涂层钢筋堆存、切割和混凝土浇筑等方面的建议。

1999 年

1 月 26 日，参加"内河航道工程技术交流大会"首次大会交流。

1 月 30 日，京唐港董文才来访，谈地连墙再上台阶，刘济舟提出上部钢筋涂环氧防腐措施。

2 月 15 日，参加中国工程院春节团拜会，江泽民主持，朱镕基致辞，李鹏等参加。

2 月 25 日，参加"江阴长江大桥专家顾问组第四次会议"，上午现场观看吊装钢箱梁，听取桥面铺装试验报告，下午讨论并作发言。

3 月 10 日，被聘为交通部长江口深水航道科学试验中心学术委员会委员。

3 月，分别对长江口深水泊位选址、长江口一期工程疏浚典型施工方案提出规划和施工建议。

5 月，审查了由一航局提交的《座底式基床抛石整平船研制报告》和一航局二公司提交的《陆域预制沉箱采用半潜驳出运下水新工艺开发应用》，对施工设备和施工工艺提出意见。

7 月 8 日，接受《地理知识》编辑刘晶采访，报道《五十年风雨建港路》发表在《地理知识》1999 年第 10 期上。

7 月 15 日，长江口航道疏浚一期工程（−8.5 米）开工。

8月24日，与王汝凯讨论长江口二期方案，提出改变半圆体，采用12米直径沉埋圆筒的建议。

8月，发表《努力提高水运工程钢筋混凝土结构的使用寿命》一文，强调提高钢筋混凝土结构耐久性、保证使用年限的必要性，指出从整体技术经济效益和百年大计的角度，去探索综合防腐蚀技术措施的研究。

9月6—10日，参加"长江口二期结构设计方案竞赛评审会议"，对21个方案进行评审。

10月1日，参加国庆50周年庆典，在天安门观礼。

12月16日，《大连中远六万吨级船坞湿法施工》获中港1999年度科技进步奖二等奖，这是我国第一次采用"湿法施工"建成的船坞。

是年，对交通部水运行业标准《海港工程混凝土结构防腐蚀技术规范》《集装箱码头工艺设计规范》和《LNG码头标准》修编提出审查意见。

2000 年

7月21日，对"汕头港航道及外拦门沙整治二期工可"进行了审查，对工程的总体布置方案、防漏沙措施提出意见，并给出了采用薄壁圆筒方案时的注意事项。

7月，被评为交通部1998—1999年度优秀共产党员。

被聘为交通部2000—2003年度专家委员会委员。

8月5日，被聘为河北省科技发展顾问。

9月6—7日，阔别厦门海堤建设45年后，参加厦门海堤《移山填海话当年》首发式，并作发言。

10月20—22日，参加"港口水工建筑物耐久性研究课题"鉴定验收会，主持第二组"钢筋混凝土电化学脱盐防腐保护成套技术研究"和"海工高性能混凝土成套技术研究"鉴定会，分别任鉴定委员会主任和副主任。

11月14日，应邀到国际工程咨询公司参加长江口一期工程鉴定预备会，参加会议的还有潘家铮院士、交通部翁孟勇副部长。

11月17—18日，应邀参加外高桥三期工程初步设计评议和外高桥四期陆域总平面专家咨询会，现场查看外高桥114港区，强调水工结构应考虑使用寿命，推荐使用钢筋环氧热喷涂技术。

12月1—2日，应邀参加"河口研究中心第四次学术委员会"会议，讨论"十五"发展规划、二期扩建工程可行性。

12月5—6日，应邀考察北海港区一、二期码头和集装箱堆场、钦州港作业区和防城港，提出重要建设意见。

12月25日，应邀参加天津港技术发展中心"十五"规划与2010年规划研讨会。

12月27日，应天津大学李炎保教授邀请，为天津大学研究生做《新世纪港口工程技术发展若干问题》学术交流报告。

2001 年

2月16日，参加交通部"九五"攻关"国道主干线设计集成系统""深水枢纽建设关键技术"国家验收会，任专家组副组长。

3月18日，受林平亚邀请，审阅《中资长江口一期鉴定报告》，并提出建议：为适应上海及长江航运迅速发展，充分发挥一二期工程的整体效应，应抓紧建设二期工程。

4月23日，参加"环氧树脂涂层钢筋应用技术研讨会"，会上做综合论述。

6月6—7日，在交通部参加"长江口干流航道发展规划"专家委员会讨论会，对船型、经济效益方面提出了建议。

9月，被土木工程学会聘为第二届"詹天佑土木工程大奖"评委会委员。

11月6日，参加"防城港5万吨级进港航道工可评估会"，任专家组组长。不赞成大量填筑规划，提出应关注保护红树林、湿地的建议。

12月16日，被聘为中国水运建设行业协会顾问。

是年，发表《"九五"期间我国港口工程的科技发展》一文，总结我国"九五"期间港口建设、深水航道开发和科技理论等方面取得的成绩及存在的问题，并对未来发展提出了建议。

2002 年

1 月，被聘为交通部第一航务勘察设计院高级技术顾问。

1 月 21 日，现场技术指导长江口深水航道治理工程 1000 吨浮吊吊沉 1 号大圆筒试验至晚上 11 点。

1 月 30—31 日，参加华东师范大学河口海岸动力沉积和动力地貌综合国家重点实验室第三届学术委员会第一次会议，会上发言并被聘为顾问。

2 月 6—7 日，应交通部第四航务工程局邀请，参加"巴基斯坦瓜达尔港一期工程初步设计审查会"，并提出减小风险和投资的建设方案建议。

4 月 1—16 日，参加长江口二期工程评标会议。

5 月 2 日，访天津市新华南路实验小学，返母校天津工商学院附中（今天津市实验中学）照相留念。

6 月 3—4 日，应邀参加"河北省沿海港口发展战略研讨会"。

7 月 1 日，建党 81 周年庆祝大会，做"长江口深水航道治理工程"与大圆筒试验段学术交流。

7 月 26 日，获河北省院士特殊贡献奖。

8 月 5—14 日，参加"中国水运工程建设技术 50 年"审稿会，审稿、讨论并给出书面意见。8—9 日，参加交通部专家委员会"长江口大圆筒试验段工程专家研讨会"。

8 月 15—16 日，应中国交通建设集团邀请，参加《港口工程结构可靠度设计统一标准》修订工作会，被聘为技术顾问。

8 月 24—25 日，应邀参加"曹妃甸通路工程海域使用可行性论证报告和环境影响报告评审会议"，现场视察曹妃甸岛并主持会议、提出意见。

8 月 29—30 日，主持交通部 2003 年标准规范立项评审会议。

11 月 8 日，在中日友好医院病床上给范期锦写信，对长江口深水航道治理工程的结构型式提出建议。

11 月 14 日，心脏支架手术后三天，入党 50 周年，中日友好医院照相留念，剪贴"我自豪，我是共产党员"的标语。

11 月 21 日，出院，此后再未离京外出。住院期间仍关心长江口工程和曹妃甸大堤工程建设。

12月27日，给范期锦写信，建议长江口工程半圆沉箱加固方案，采用袋砂、降堤顶。

2003 年

1月，多次与范期锦电话沟通长江口工程技术问题。

2月23日，家中听取王汝凯、卢永昌、李伟仪、邹觉新汇报圆筒方案，提出改进意见。

2月，审查曹妃甸港区通路工程施工图设计，对曹妃甸港区通路工程的平面布置情况、主要工程技术参数进行了统计和总结。

3月3日，应邀对《港口规划与建设》写序言，为《工程结构生命过程可靠度研究》出版写推荐意见。

7月8日，在家中听取南京长江大桥第三大桥指挥部工程处章登精、沈斌介绍施工工艺。审阅后，10日提出书面意见。

7月22日，在家中与林鸣、凤懋润讨论南京长江大桥第三大桥南塔墩施工工艺问题。

10月26日，就曹妃甸建设问题向河北省省长季允石写信谏言，意见得到采纳。

2004 年

1月13日，在中日友好医院边输液边写对"曹妃甸港区总体规划"的审查意见。

1月29日，在家中与唐山市计委郭春含、郭福清，中交水运规划设计院王荣明、孟乙民、张廷辉谈曹妃甸布局挖入式方案，建议服从重工企业自主经营理念。

2月4日，寄信给徐光、白景涛、金镣，谈挖泥船选型和机制改革问题。

5月21日，应中国工程院邀请，参加"重大土木工程使用寿命与耐久性标准的研究"会议。

5月25—26日，应交通部第一航务工程勘察设计院邀请，审阅秦皇岛煤码头五期工程工可报告，建议设计方案应多考虑管理科学、煤炭装卸运输工艺研究节能问题。

6月2日，参加中国工程院第七次院士大会暨10周年院庆，与胡锦涛等中央领导合影。

11月4日，应潘德强邀请，审阅《港口工程检测与评估技术规范》并提出意见。

11月29—30日，参加"上海港外高桥——五期总结新技术"会议。

12月16—17日，应邀参加"港口工程可靠度、安全等级、使用年限研究"部审会，对提高港口工程结构使用年限提出建议。

2005 年

1月7日，应邀对"箱筒基础防波堤资料"提出函审意见。

2月，接受河北日报社专访，谈了对曹妃甸港未来建设的设想和建议。

2月24—26日，作为特邀专家参加长江口三期工程可行性研究审查会。

3月12日，参加京唐港32号泊位初步设计审查会，提出意见。

4月16日，应邀对"水运工程建设标准定额专家库"审查。

5月14—15日，在中日友好医院住院期间，审阅《水运工程混凝土结构设计规范》与《水运工程抗震设计规范》修订工作大纲，并提出修改意见。

6月，审阅《港口工程维修技术规范》制定工作大纲和《波浪对地基土软化作用及工程措施》成果报告，并提出意见。

7月4日，中国港湾建设集团总公司总裁孟凤朝来访，谈大土木、大型挖泥船、加强工艺研究等问题。

7月31日，评审"外高桥集装箱码头建设集成创新技术研究"与"多级排队网络系统与港口物流网络设计研究"，提出书面意见。

8月1日，评审"基于Internet的港航EDI增值技术"，提出意见。

9月22—23日，参加唐山港京唐港去16—19号泊位工可审查会。

10月8—9日，参加《长江口深水航道治理三期工程可行性研究报告》评估会，做了发言并提出意见，一起参加会议的还有潘家铮院士。

10 月，发表《装卸工艺与管理是港口工程的龙头》一文，指出港口的发展必须紧紧抓住装卸工艺与管理这个龙头，不断研究创新，领先国外。

12 月 13 日，应邀对大连新 45 万吨油码头平面与水工结构提出建议。

2006 年

1 月 23 日，参加"水运工程建设标准体系表修订工作大纲"审查会，提出加强工艺管理的建议。

3 月 30 日，河北大学吕志毅教授来访，确认工商学院母校关系。

4 月 7 日，被聘为曹妃甸钢铁项目国内专家委员会和国外专家咨询小组成员。

4 月 19—20 日，应邀参加"整体箱板式高桩码头结构"研讨会，提出用钢管桩代替钢桩的建议。

4 月 27 日，大连理工大学贡金鑫教授与李荣庆博士来访，讨论"中国标准与欧洲、美国、日本对比研究大纲"，给出应重点关注宏观策略方面的研究建议。

5 月 9 日，应邀参加"长江口深水航道治理工程成套技术"成果鉴定会，并作发言。参加会议的有陈吉余院士、梁应辰院士和邱大洪院士。

6 月 15 日，应邀对张文成《一座金山、震惊地中海——追忆周恩来总理一九七二年亲自接待马耳他总理明托夫》和《我国援助马耳他干船坞建设总结》提出修改、补充意见。

10 月 31 日，应邀审查"先张法钢绞线预应力混凝土管桩成果鉴定"并提出函审意见。

12 月 9 日，审阅《港口工程结构可靠度设计统一标准》，提出应重点加强实测资料收集、进一步完善结构可靠度分析理论的意见。

2007 年

1 月，应邀为《桩基施工手册》作序，为《现代集装箱港区规划设计与研究》提出审查意见。

3 月 14 日，应邀对"集装箱轮胎吊（RTG）橡胶轮胎翻新技术的开发"和"55m 整节大直径 PHC 管桩研制与应用"提出审查意见。

5 月，针对老码头改造提出三点意见：①港口与城市和谐；②装卸工艺改造创新；③水工结构适应性与耐久性。

8 月 27 日，到海南宾馆参加"水运建设科技人才培养座谈会"。

9 月 12 日，审查交通部 22 项"2008 年标准立项资料"。

11 月 2 日，参加交通部专家委员会会议，对标准的制定和修订提出意见：标准要动态管理，40 年未变不合时宜，提高水工结构安全度，修改航道标准，桥梁留孔照顾小船通航。

2008 年

1 月 30 日，听取上海航道局方伟和南京水利科学研究院蔡正银汇报人工岛填筑成果、沙土液化研究、波浪作用下柔性人工岛稳定性研究。

12 月 2 日，针对遮帘桩地连墙码头提出"提高可靠度，高强拉杆控制初应力，外加面板"的建议。

12 月 5 日，在《老交通话交通》上发表《圆梦》一文，论述长江口深水航道治理情况。

2009 年

3 月 30 日，给中国港湾建设集团建议书，关注台湾海峡海底沙漠开发。

4 月 4 日，与刘德豫谈水利工程总结文章以及山区航道建设。

9 月 22 日，参加党支部活动——交通部老年活动站国庆 60 周年联欢会。

9 月 23 日，听取上海航道院汇报长江口治理情况，并提出建议。

10 月 21 日，为《水运工程施工通则》提出书面审查意见。

2010 年

1 月 1 日，写下对未来的信心："2010 年对我是有特殊意义的一年。庚寅年是我的本命年，我 84 岁（俗称坎），当然我不信。恰好中央保健委送我这本日记本，小樱送我一支红笔。我要用它记录下来 2010 年我是如何走过来的，真实地表达我的自信与毅力，迎接未来。"

1 月 2 日，与曹佑安电话中讨论长江口深水航道治理问题和下一步需研究的整治措施。

2 月 10 日，就钱正英院士组织的浙江省沿海发展规划研究问题，同梁应辰院士电话讨论。

3 月 14—15 日，长江口深水航道治理工程通过竣工验收。

11 月 26 日，病情严重，入院治疗。

2011 年

5 月 19 日，被交通运输部授予"长江口深水航道治理工程建设杰出人物"称号。

8 月 25 日，因病在北京逝世。

附录二　刘济舟主要论著目录

论文

[1] 刘济舟，郭大慧，武可贵. 港口工程地基爆破处理技术 [J]. 水运工程，1991（9）：1-4.

[2] 刘济舟，丁承显. 上海港罗泾煤码头工程粉煤灰地基加固专栏，前言 [J]. 水运工程，1995（5）：21.

[3] 刘济舟，司元政，郭大慧. 谈粉煤灰在港口工程中的应用 [J]. 粉煤灰，1997（6）：33-35.

[4] 刘济舟. 努力提高水运工程钢筋混凝土结构的使用寿命 [J]. 水运工程，1999（8）：8-9.

[5] 刘济舟. "九五"期间我国港口工程的科技发展 [J]. 水运工程，2001（10）：5-9.

[6] 刘济舟. 装卸工艺与管理是港口工程的龙头 [C] // 港口工程分会技术交流论文集. 2005：107-108.

[7] 刘济舟. 水运工程更需要监理 [J]. 中国交通建设监理，2007（10）：27-28.

著作

［1］刘济舟，等编. 水运工程技术四十年［M］. 北京：人民交通出版社，1996.

参考文献

［1］邓红. 民国时期教会大学学生状况初探——以天津工商大学学生为例［J］. 河北大学学报，2001，26（3）：182-185.

［2］吕志毅. 河北大学前身——天津工商大学创建背景［J］. 河北大学学报（哲学社会科学版），2001，26（3）：179-181.

［3］黄立志. 1921-2011：天津工商大学历史脉络演进［J］. 天津电大学报，2012，16（1）：73-77.

［4］阎玉田. 踞栎津之阳：天津工商大学［M］. 北京：人民出版社，2010.

［5］中国人民政治协商会议天津市委员会文史资料委员会编. 天津文史资料选辑［M］.1996，72.

［6］中国人民政治协商会议天津市河西区委员会文史资料委员会编.《河西文史资料选辑》（四）. 41-47.

［7］张士伟. 近代天津工商学院与中法教育交流［J］. 华北电力大学学报（社会科学版），2009（6）：119-122.

［8］李雪，张刚. 煌煌北国望学府，巍巍工商独称尊——津沽大学［J］. 科学中国人，2009（6）：32-37.

［9］张士伟. 近代天津工商学院与中法教育交流［J］. 华北电力大学学报（社会科学版），2009（6）：119-122.

［10］黄立志. 1921-2011：天津工商大学历史脉络演进［J］. 天津电大学报，

2012，16（1）：73-77.

［11］吕志毅. 河北大学史［M］. 保定：河北大学出版社，2001.

［12］卢长武. 筑港苦旅：新中国沉箱结构纪实［M］. 北京：人民交通出版社，2013.

［13］交通部行政史［M］. 北京：人民交通出版社，2008.

［14］厦门市关心下一代工作委员会编印. 移山填海话当年［M］. 厦门：鹭江出版社，2000.

［15］中共厦门市委党史研究室编. 移山填海［M］. 北京：中共党史出版社，2008.

［16］叶飞. 叶飞回忆录［M］. 北京：中国人民解放军出版社，2007.

［17］司元政. 我国的港口建设情况［J］. 港口工程，1989（1）：12—19.

［18］黄希桢. 北仑港矿石中转码头工程设计简介［J］. 水运工程，1980（12）：1-4.

［19］汪宗华. 北仑港的胶带输送机系统［J］. 水利电力施工机械，1984（7）：1-13.

［20］张菁. 以质量和创新支撑推动水运工程发展——中国工程院院士刘济舟先生访谈录［J］. 综合运输，2008（10）：78-81.

［21］牟挺洪. 连云港庙岭煤码头设计简介［J］. 水运工程，1984（11）：56-62.

［22］《日照港志》编纂委员会：日照港志［M］. 济南：齐鲁书社，1996.

［23］交通部基本建设局. 石臼港工程建设顺利进行的诀窍在哪里？［J］. 经济管理，1983（11）：15-17.

［24］柴长清，顾民权. "六五"期间我国煤炭出口港的建设［J］. 海洋工程，1988，6（3）：1-8.

［25］柴长清. 石臼港的沉箱重力式码头［J］. 水运工程，1983（9）：13-17.

［26］刘崇义. 座底浮坞载运沉箱下水新工艺［J］. 海岸工程，1982（1）：16-20.

［27］张鲁生，金同悌. 对石臼港沉箱施工质量的调查［J］. 港口工程，1983（5）：37-42.

［28］崔宝昌. 石臼港沉箱预制下水工艺方案选择［J］. 港口工程，1983（5）：10-12.

［29］杨永和. 座底式浮船坞的性能及技术参数的选择［J］. 港口工程，1983（5）：13-17.

［30］刘济舟，等编. 水运工程技术四十年［M］. 北京：人民交通出版社，1996.

［31］黄振荣，蒋坚. 石臼港煤码头箱型钢梁喷铝防腐使用六年后的检查介绍［J］.

港口工程，1991（2）：51.

［32］叶柏荣，等. 真空预压法在天津新港的应用［C］// 中国土木工程学会第四届土力学及基础工程学会会议论文集. 1983（12）：542-547.

［33］刘济舟，郭大慧，武可贵. 港口工程地基爆破处理技术［J］. 水运工程，1991（9）：1-4.

［34］刘济舟，丁承显. 上海港罗泾煤码头工程粉煤灰地基加固专栏，前言［J］. 水运工程，1995（5）：21.

［35］刘济舟、司元政、郭大慧. 谈粉煤灰在港口工程中的应用［J］. 粉煤灰，1997（6）：33-35.

［36］中港第一航务工程局. 大连中远6万吨级船坞湿法施工新工艺的研究与实践［J］. 中国港湾建设，2000（10）：18-22.

［37］刘济舟. 努力提高水运工程钢筋混凝土结构的使用寿命［J］. 水运工程，1999（8）：8-9.

［38］中国土木工程学会. 中国土木工程学会史［M］. 上海：上海交通大学出版社，2013.

［39］刘济舟. “九五”期间我国港口工程的科技发展［J］. 水运工程，2001（10）：5-9.

［40］刘济舟. 装卸工艺与管理是港口工程的龙头［C］// 港口工程分会技术交流论文集，2005（10）：107-108.

［41］刘济舟. 水运工程更需要监理［J］. 中国交通建设监理，2007（10）：27-28.

［42］姜琳. 中国能建造航母吗？［J］. 科技与企业，2002（9）：10-12.

［43］唐山港. 唐山港地连墙板桩码头［M］. 南京：河海大学出版社，2009.

［44］唐山港. 唐山港京唐港区粉沙质海岸泥沙研究与整治［M］. 南京：河海大学出版社，2009.

［45］王成环. 京唐港附近海域粉砂质泥沙运动规律与整治措施［J］. 港工技术，2000（1）：5-11.

［46］董文才. 遮帘式深水板桩码头建设实践和经验研究［J］. 港工技术，2005（12）：20-25.

［47］张素娟. 建设曹妃甸深水大港促进北方经济发展［J］. 经济地理，2000，20（2）：115-118.

［48］曾进. 长江口拦门沙治理孙中山的未竟心愿［J］. 中国国家地理，2009（10）：346.

［49］谢宗惠. 我国河口治理工程的伟大创举——长江深水航道治理工程的社会效益观［J］. 中国水运报，2008（1）.

［50］范期锦. 长江口深水航道治理工程成套技术［R］. 全国水运工程技术创新会，2007.

［51］中国土木工程学会编著. 中国土木工程学会史［M］. 上海：上海交通大学出版社，2013.

［52］葛存榴，刘怀仁. 连云港西大堤工程爆炸法处理软基工法［J］. 水运工程，1993（5）：49–55.

［53］杨进. 连云港钢板桩岸壁码头工程设计［J］. 桥梁建设，1980（4）：35–42.

［54］张嘉陵. 大直径预应力钢筋混凝土管桩推广和应用的探讨［J］港口工程，1987（2）：21–26.

［55］孙一冰. 马耳他共和国马尔萨什洛克港防波堤工程［J］. 水运工程，2008（1）：35–45.

［56］郁祝如，经东风. 大连中远六万吨级船坞湿法施工［J］. 水运工程，2000（1）：42–48.

［57］天津市地方志编修委员会编著. 天津通志港口志［M］. 天津：天津社会科学院出版社，1994.

后 记

  笔者曾在攻读博士期间随导师一起拜访刘济舟院士，探讨中外标准对比研究的工作大纲，但具体时间已经记不清楚了。在采集工作工程中，翻阅刘院士的日记本，才知道那天是 2006 年 4 月 27 日。虽然这是我与刘院士的唯一一次接触，但刘院士博学、严谨的学者风范给我留下了深刻印象。

  作为水运工程领域的研究人员，在进行采集工作之前，我们知道刘济舟院士在我国水运工程界的重要地位，而对他之前的人生道路和做出的具体技术贡献，不甚了解。在做这项工作时，我们感到身上的担子异常的重，这不仅来源于我们自己相关知识的匮乏，更因为这是刘济舟院士的第一本传记。

  将刘院士的一生真实而生动地展现出来实属不易。同时，我们深深感到，仅仅做一次"资料普查"是远远不够的。就像中国科协王春法书记提起的那样，传记应将个人努力与历史背景相结合，放在水运技术事业的发展过程中去叙述，要让人有所收获，有所感悟。为此，我们不但研读了刘济舟院士所有论文、著作、信件和档案，更广泛阅读了刘院士参与的工程相关技术资料和历史背景资料，有关地方文史资料、交通系统机构发展史等文献。

  我们希望通过这部传记，不仅能使读者了解刘院士的一生，充分看到刘济舟院士的学术成长特点和在我国水运发展中所做出的贡献，更能使读者在阅读的同时，看到中国水运科技事业的发展历程和辉煌成绩。需要指出的是，由于资料所限，刘济舟院士对中国水运建设发展的贡献绝不仅限于本传记中所述，例如他在广西防城港、桂平航运枢纽以及其他各大港口的规划、建设过程中也都倾注了很多精力，发挥了重要作用。

采集小组成立以来，在"采集工程领导小组办公室"的指导下，采集小组各成员通力合作，各尽其责，各展所能，圆满完成了刘济舟院士学术成长资料采集工程。

每当回顾刘院士的学术成长资料采集工作，心中总是无限感慨。在整个学术成长采集工程中，我们每次的采访、资料的搜集都像是一次探索，每每得到重要信息时，都无比激动，喜出望外。在不断的资料采集过程中，刘院士在学术上的每一个发展历程，人生的每一次重要转折，甚至音容笑貌，都逐步清晰起来。

追随院士成长的足迹，采集小组的脚步也踏遍了沿海各大港口。走过厦门海堤，仿佛可见当年热火朝天的建设场面；踏上日照港煤码头，仿佛可见当年刘院士威震三军、指挥若定的气度；走访天津工商学院，巍然屹立 90 余载的主楼中，又仿佛看到刘院士当年的意气风发……

本传记的撰写是课题组成员通力合作的结果，在商定采集工作计划和撰写大纲以后，就自己熟悉的方面，或提供资料，或联系受访者，或撰写初稿。本课题的口述访谈由李荣庆、杨林虎、刘樱、黄根朴、翁克勤、杨涛完成；口述访谈稿整理、学术成长全宗整理由李荣庆和杨林虎完成；传记导言、第一章至第九章、第十二章、结语和后记由李荣庆完成，第十章和第十一章由杨林虎完成，最后由李荣庆统稿，中交水运规划设计院吴澎总工程师对报告进行了校审。

这里要特别感谢徐光、邹觉新、李悟洲、范期锦、吴冠英、胡震雷等前辈，本课题的完成，不仅得到他们的大力支持和帮助，他们还通读书稿，提出了不少建设性的修改意见。

感谢中国科协，人生有多少个一年的时间，而因为中国科协牵头组织的老科学家学术成长资料采集工程，我们人生中得以有一年的时间来了解刘院士的人生和中国水运科技发展状况，对于从事水运工程技术的我们，又是何其幸运的一件事！

感谢北京市科技咨询中心，他们耐心为分管的每个采集小组处理问题，无数次的联络沟通，为项目的顺利完成保驾护航。

感谢刘院士儿子刘军和儿媳刘樱，他们为采集小组提供了大量珍贵的照片和资料，广泛联系刘院士的同事和好友，他们十二分的信任让我们感到压力的同时又倍增无限动力。

感谢交通运输部档案馆、水运局和人教司的朋友们，他们热情地帮助采集小组搜索刘院士的有关技术资料和档案。

感谢刘院士的同事和朋友，他们是（以采访时间为序）：中国工程院梁应辰院士、国家勘察设计大师林雄威、原中交水运规划设计院副总工程师杜廷瑞、国家勘察设计大师牛恩宗、原唐山港口投资有限公司总经理董文才、南京水利科学研究院教授魏汝龙、原交通部总工程师邹觉新、原长江口航道管理局副局长金镠、长江口航道管理局总工范期锦、国家勘察设计大师王汝凯、原中交四航局总工程师麦远俭、原交通部第一航务工程局副总工程师柴长清、国家勘察设计大师顾民权、原中交第一航务勘察设计院副院长刘永绣、日照港（集团）有限公司副董事长孔宪雷、原石臼港建港指挥部副指挥、日照市港务局局长刘丙寅、大连理工大学教授洪承礼、上海国际港口工程咨询有限公司董事长郁勤耕、河北大学教授吕志毅、天津市实验中学特级教师史巧玲、中国工程院郑皆连院士。

感谢唐山港口实业集团有限公司、日照港集团档案馆、长江口航道管理局、中交四航局、中交四航院、中交一航院、厦门市档案馆、厦门市城建档案馆、临沂市档案馆、中交一航局、天津市实验中学、河北大学、天津市和平区新华南路小学、广西交通规划勘察设计院提供的档案和资料。

特别感谢课题承担单位中交水运规划设计院，此类课题的研究尚属首次，院领导及科技处为我们的工作提供了大力支持。

本书不是一本充满华丽辞藻的文学传记，我们尽可能客观地陈述刘院士的经历，并做到论从史出。感谢那些在资料采集过程中给予帮助的所有人，由于作者水平有限，文中如有不恰当之处，敬请批评指正。

李荣庆

2015 年 3 月 5 日元宵节于北京

老科学家学术成长资料采集工程丛书

已出版（76种）

《卷舒开合任天真：何泽慧传》　　《此生情怀寄树草：张宏达传》

《从红壤到黄土：朱显谟传》　　　《梦里麦田是金黄：庄巧生传》

《山水人生：陈梦熊传》　　　　　《大音希声：应崇福传》

《做一辈子研究生：林为干传》　　《寻找地层深处的光：田在艺传》

《剑指苍穹：陈士橹传》　　　　　《举重若重：徐光宪传》

《情系山河：张光斗传》　　　　　《魂牵心系原子梦：钱三强传》

《金霉素·牛棚·生物固氮：沈善炯传》《往事皆烟：朱尊权传》

《胸怀大气：陶诗言传》　　　　　《智者乐水：林秉南传》

《本然化成：谢毓元传》　　　　　《远望情怀：许学彦传》

《一个共产党员的数学人生：谷超豪传》《没有盲区的天空：王越传》

《含章可贞：秦含章传》　　　　　《行有则　知无涯：罗沛霖传》

《精业济群：彭司勋传》　　　　　《为了孩子的明天：张金哲传》

《肝胆相照：吴孟超传》　　　　　《梦想成真：张树政传》

《新青胜蓝惟所盼：陆婉珍传》　　《情系粱菽：卢良恕传》

《核动力道路上的垦荒牛：彭士禄传》《笺草释木六十年：王文采传》

《探赜索隐　止于至善：蔡启瑞传》《妙手生花：张涤生传》

《碧空丹心：李敏华传》　　　　　《硅芯筑梦：王守武传》

《仁术宏愿：盛志勇传》　　　　　《云卷云舒：黄士松传》

《踏遍青山矿业新：裴荣富传》　　《让核技术接地气：陈子元传》

《求索军事医学之路：程天民传》　《论文写在大地上：徐锦堂传》

《一心向学：陈清如传》　　　　　《铃记：张兴钤传》

《许身为国最难忘：陈能宽》　　　《寻找沃土：赵其国传》

《钢锁苍龙　霸贯九州：方秦汉传》《虚怀若谷：黄维垣传》

《一丝一世界：郁铭芳传》　　　　《乐在图书山水间：常印佛传》

《宏才大略：严东生传》　　　　　《碧水丹心：刘建康传》